처음 시작하는 서양철학사

처음 시작하는
서양 철학사

강영계 지음

해냄

개정판 서문

인간의 바람직한 삶을 위한 철학

이 책의 목적은 무엇인가? 우선 철학의 역사를 파악하는 것이다. 그러기 위해서는 철학과 역사 두 가지 모두를 제대로 알아야 한다. 철학은 '지혜 사랑'에 대한 체계적·비판적·합리적 탐구 이론이자 학문이며, 역사는 인류 문명과 문화의 발자취에 대한 기록이다.

다음으로 서양철학사를 배우는 목적은 현재의 나와 우리, 세계가 가지고 있는 지혜 사랑의 특징을 고찰함으로써, 바람직한 인간상을 형성하기 위한 미래지향적 지혜 사랑의 방향을 설정하는 데 있다. 마지막으로 이 책의 목적은 바람직한 인간의 삶에 토대가 되는 앎의 가치[인식론], 실천적 행동의 가치[윤리학], 그리고 아름다움의 가치[미학]를 심도 있게 탐구해서 정립하는 데 있다.

오래전에 이 책을 처음 펴낸 후 적잖은 문제점들을 발견하고 수정과 보충을 통해서 개정판을 만들어야겠다고 내내 생각했다. 당시에는 한국인이 직접 쓴 서양철학사가 거의 없었으므로, 나 나름대로 긴 시간에 걸친 독서와 사고의 결과를 토대로 서양철학을 체계적으로 정리해서 일반인은 물론이고 청소년도 쉽게 접할 수 있는 서양철학사를 펴내겠다는 것이 원래의 의도였다.

이 책은 전문적인 서양철학사가 아니다. 철학에 관심을 가진 일반인이나 청소년이 한층 더 심오한 의미를 간직한 지혜 사랑의 길로 들어설 수 있는 기회를 발견하기를 바라며 쓴 책이다.

최근 서양철학은 고대로부터 현대에 이르기까지 비교적 일차원적인 특징보다는 다차원적 사색의 특징을 많이 보여주고 있으며, 또한 과거 어느 때보다도 철저한 자기반성과 자기성찰적 면모를 보여주고 있다. 고대 그리스부터 현대 유럽과 영미 철학은 플라톤의 이데아 완전성과 기독교 신의 절대성을 암암리에 견고한 토대로 삼아왔다. 그와 같이 전통의 기초가 굳건한 서양철학은 완전하고도 절대적인 학문으로서 서양의 문명 및 문화와 불가분의 관계를 맺어왔다.

마르크스의 공산주의사회는 완전한 사회, 곧 천국을 지향했으며, 니체의 힘에의 의지는 기독교의 신에 버금간다. 서양철학은 문명과 문화의 무기가 되었고, 서양을 대표하는 영국·프랑스·독일 등이 대변하는 서양철학은 거의 '학문의 왕' 행세를 해왔다. 그러나 철학은 인간의 삶을 지배하고 질식시키는 무기가 되어서는 안 된다. 더군다나 인간의 삶을 억압하는 권력이 되어서도 안 된다.

현대에 들어와서 프로이트의 정신분석학이나 보드리야르의 허무주의 사회철학에서 일차원적 철학, 다시 말해서 비밀리에 정치경제 권력의 하수인 노릇을 하면서 으스대던 철학이 해체되는 모습을 분명히 볼 수 있었다. 특히 프랑스의 포스트모더니즘이 주장하는 해체주의가 소위 일차원적 철학을 붕괴시키고자 하는 노력이 얼마나 성공할지 주목되는 상황이다.

지금도 지구상 곳곳에서 자유와 평등 그리고 박애(이것들은 철학의 궁극적 목표들이다)가 실현되지 못하고 있다. 수많은 사람들이 전쟁, 가난, 질병, 정치적 압박, 열악한 환경으로 인해 고통 받고 있으며 지옥 같은 삶을 근근이 영위하고 있다. 소위 서양철학의 금자탑을 장식했다고 하는 영국·프랑스·스페인 등은 아프리카·동남아시아·태평양 군도·남아메리카 등의 수많은 나라들을 식민지로 삼고 학대와 착취를 일삼았다.

나는 지금 서양철학사를 다시 음미하면서 과연 그것이 가치가 있는지를 고민하며 철두철미한 자기반성의 시간을 가지고 있다. 최소한 나는 서양철학사를 통해서 철학이라는 지혜 사랑이 공공연하게 사회나 정치, 경제 권력에 묻어 다녔으면서도 아예 그러한 사실에 등 돌린 채 진리를 탐구한다고 주장해 왔음을 알고 있다. 이는 서양인들의 입을 통해서 거의 2천 년간 널리 전해졌다.

21세기에 들어와서 우리는 거대 담론을 붕괴시키고자 하는 미세 담론의 해체주의를 볼 수 있었고, 다원주의와 상대주의도 과감하게 접할 수 있었다. 이 책을 읽는 독자들은 가능하면 완전성과 절대성의 사고방식을 띠는 기존 철학의 틀을 깨어버리고 다원주의적 미세 담론의 차원을 맛보기 바란다.

완전성과 절대성은 아늑한 감옥이다. 오랜 시간 동안 감옥에 익숙해진 죄수는 감옥 밖의 자유가 너무 버거워서 자유로부터의 도피를 택하고 감옥을 벗어날 줄 모른다. 완전성과 절대성은 허구이며 이데올로기다. 가장 나쁜 정치 형태는 전체주의 정치, 공산주의 정치, 독재주의 정치 등이다. 이런 정치 형태에서는 깨어나지 못한 자가 절대 권력을 휘두르고, 깨어나지 못한 백성이 감옥 생활을 한다. 나는 인간의 자각을 염두에 두고 이 책을 썼다.

이 책에서 칸트철학을 상세히 소개한 이유는, 그가 18세기에 영국경험론과 대륙합리론을 종합했기 때문이다. 특히 칸트는 철저한 인식론을 근거 삼아 미학과 윤리학을 탐구하면서 무엇보다도 삶의 윤리적 가치인 자유를 강조했다. 또한 인식론과 윤리학 및 미학과 형이상학을 종합하고 통합하고자 했다.

이 책 말미에서는 상업주의와 기계문명이 판치는 현대사회를 허무주의로 낙인찍고 해결책을 구하는 보드리야르의 허무주의적 사회철학을 소개했다. 그리고 이에 대응해서 21세기 응용윤리학을 맨 끝부분에 다루었다. 응용윤리학은 20세기 중반 등장했는데, 이때 생명윤리학이나 환경윤리학, 직업윤리학 등이 함께 나타났다. 21세기에 접어들어 정보기술과 인공지능기술이 급속도로 발달하면서 삶의 가치는 거의 도외시되고 오직 삶의 효용성만 부각되는 부정적인 측면이 매우 강하게 나타나고 있다. 이러한 사태를 철저하게 검토하고 대응책을 마련해야 한다는 의도에서 나는 21세기 응용윤리학도 간략하게 다루었다.

철학은 바람직한 인간의 삶을 창조하는 데 그 의미가 있다. 바람직한 삶이란 남녀노소 그리고 인종을 불문하고 협력과 신뢰를 바탕으로 인간 상호 간에 나눔과 베풂을 실현하는 삶이 아닌가.

이제 개정판을 내면서 나는 단군이 펼치고 세종대왕이 실현한 홍

익인간 사상, 곧 널리 인간을 이롭게 한다는 사상을 떠올린다. 왜냐하면 내가 서양철학사를 통해서 이해하는 철학의 핵심은 널리 인간을 두루 이롭게 하는 것이기 때문이다.

2025년 9월
강영계

초판 서문

인간과 세계의 의미에 대한 끊임없는 탐구

우리 인간은 철이 들면서부터 무수히 많은 물음을 던지고 또 답을 찾는다. 모든 것을 한 번쯤은 의심하고, 답이 나오면 "아하, 이렇게 쉽게 풀리는 것을!" 하고 중얼거리며 스스로 놀라워한다.

그 많은 물음들 가운데서 일생 동안 우리를 혼란에 빠뜨리고 당황하게 만드는 것은 아마도 '나는 누구이고 무엇인가'라는 물음일 것이다. 인류는 길고 긴 역사를 지나오는 동안 예술, 종교, 철학 등의 정신활동을 통해서 그 답을 찾아보려고 했다. 특히 철학은 체계적인 답을 제시함으로써 인간과 세계의 의미를 밝히려고 했다.

일찍이 소크라테스는 델피 신전의 무녀에게서 "너 자신을 알라"는 말을 듣고 사람들의 무지를 깨우치려고 애썼다. 우리의 앎은 형식과 내용의 두 측면을 가지고 있다. 앎이 어느 한쪽에만 치우칠 때 문화는 절름발이가 되고 만다.

'침묵은 금'이라는 속담이 있는가 하면 '한마디 말이 사람을 살린다'는 속담도 있다. 말의 형식과 내용에 관해 언급하고 있는 속담들이다. 앎 역시 마찬가지다. 형식적으로만 아는 것과, 알차게 내용적으로 아는 것은 다르다. 철학한다는 것은 형식과 내용에 있어서 앎을 알차게 가꾸어가는 것을 뜻한다.

앎은 사유를 바탕으로 삼는다. 사유는 긴 역사 속에서 끊임없이 형성되어 왔다. 철학적 사유는 그중에서도 근본적인 사색이기 때문에 논리 법칙, 존재의 근거, 가치의 기준, 앎의 원리와 한계, 아름다움과 추함의 원리 등에 관한 탐구를 끈질기게 수행해 왔다.

우리는 누구나 현실 세계를 살고 있으며 허다하게 많은 문제점에 직면하여 괴로워한다. 오늘날 우리는 환경파괴, 전쟁의 위협, 기계적인 삶, 자본주의의 절대적 지배, 인간성의 상실 등 절박한 문제들 앞에서 해결책을 찾지 않으면 삶의 종말을 맞이할지도 모른다는 불안감에 휩싸여 있다.

나는 이 문제점들을 해결하는 하나의 실마리를 마련하기 위해서 '철학 이야기'를 써보기로 했다. 현재 우리를 괴롭히는 문제들은 많은 부분 서양 문명의 산물이다. 그렇기 때문에 서양의 철학 사상을 알 필요가 있다. 서양철학사의 핵심은 '인간과 세계의 의미에 대한 끊임없는 탐구'에 있으므로 이를 깊이 있게 음미한다면, 우리의 현재 위치를 확인하고 문제를 해결하는 데 커다란 도움이 될 것이다.

'사람다운 사람'이란 나이에 걸맞게 생각할 줄 아는 사람을 일컫는다. 어린이는 외부의 대상에만 관심이 있다. 청소년은 자신의 내면에 빠져 세상의 고민을 다 짊어지고 살아간다. 어른은 외부와 내면 사이의 조화를 찾으면서 체계 있는 삶을 꾸려가려고 한다. 노인은 초월적인 것에서 삶의 의미를 찾는다. 서양철학사를 훑어보면 그것이 마치 정상적인 한 인간의 성장과정과도 비슷하다는 것을 알 수 있다.

서양의 철학 사상을 정확히 이해한다면 그것을 무조건 받아들이기 전에 비판 정신을 가지고 취사선택하는 안목을 가질 수 있을 것이다. 그때 비로소 우리는 고유한 독자적 사상과 문화를 확립하고 고차원의 정신세계를 형성할 수 있다.

이 책이 목적으로 하는 것은 다음과 같다. 우선 나는 누구나 쉽게 서양철학에 다가갈 수 있도록 설명하려고 했다. 그러므로 꼭 필요한 곳 말고는 나 자신의 비판적 입장을 배제했다. 다음으로 나는 서양철학의 무수한 갈래들을 일관성 있게 정리하고자 애썼다.

이 책을 정리하면서 가장 많이 참고한 것은 지금까지 나 자신이 철학해 온 흔적들이다. 그 동안 집필한 몇 권의 저서와 쿠르트 프리틀라인의 『서양철학사』, 에두아르트 젤러의 『그리스철학사』 등에서 많은 부분을 직간접으로 인용하고 참고했다. 그러나 무엇보다도 이 책의 핵심적인 내용을 이루는 것은 장기간에 걸쳐 나 자신이 '철학해 온 여정'임을 밝힌다.

2000년 여름
강영계

차례

개정판 서문 | 인간의 바람직한 삶을 위한 철학 5
초판 서문 | 인간과 세계의 의미에 대한 끊임없는 탐구 10
들어가는 글 | 우리는 왜 철학을 하는가 18

제1부 그리스철학

1장 자연철학 시대: 자연 세계의 근본 알맹이는 무엇인가

물 한 방울로 철학을 탄생시키다 탈레스 33
영원한 축복 상태를 꿈꾸다 피타고라스 39
"우주의 원질은 불이다" 헤라클레이토스 43
영원불변하는 하나의 세계 엘레아학파 46
세계를 만드는 네 가지 뿌리 엠페도클레스 50
물질세계의 구성 요소는 원자이다 데모크리토스 54

2장 인간 본성의 시대: 참다운 앎에 이르는 길

인간 본성을 묻는 철학의 시작 자연의 탐구에서 사람의 탐구로 59
"인간은 만물의 척도" 프로타고라스 62
아무것도 없으며 아무것도 알 수 없다 고르기아스 65
"너 자신을 알라" 소크라테스 68

3장 체계의 시대 : 자연과 인간의 체계에 대한 생각

이데아를 꿈꾼 위대한 철인 플라톤　77

모든 학문의 아버지 아리스토텔레스　84

4장 윤리·종교의 시대 : 스토아철학에서 신플라톤주의까지

세상을 관조하는 금욕주의적 태도 스토아철학　93

정신적 쾌락을 추구하다 에피쿠로스　98

세계를 '일자'의 유출로 보다 플로티노스　102

제2부 중세철학

5장 교부철학 시대 : 신의 나라와 지상의 나라

중세 초기의 몇 가지 이단설 그노시스주의, 마르키온주의, 마니교　113

기독교를 최초로 옹호한 사람들 교부철학자들　118

성자로 거듭난 탕아 아우구스티누스　125

6장 초기 스콜라철학 시대 : 신앙이 우월한가, 이성이 우월한가

스콜라철학의 아버지 보에티우스　139

신의 존재를 증명하고자 하다 안셀무스　146

누구도 말리지 못한 사랑의 화신 아벨라르　150

7장 중세철학의 전성기 : 신을 향한 정신의 여행

철학의 군주 아퀴나스　155

신을 향한 영혼의 순례와 사랑 보나벤투라　*164*

8장 중세철학의 말기 : 이성의 깃발을 치켜들다
신앙과 이성을 구분하다 스코투스　*169*
자연 탐구의 문을 열다 윌리엄 오컴　*174*

제3부 르네상스 철학

9장 자연과학의 성장, 사고의 해방 : 하늘에서 지상으로의 이동
인간의 믿음과 앎의 힘이 향하는 곳 쿠사누스　*185*
의학·철학·신학을 종합한 '미신 신봉자' 파라셀수스　*192*
모든 것들과 하나의 통일 브루노　*194*
세계는 '신의 자기 출산'이다 뵈메　*199*

제4부 근세철학

10장 경험론 철학 : 진정한 근대정신의 시작
"아는 것이 힘이다" 베이컨　*209*
자연주의적 세계관을 펼치다 홉스　*216*
인식론의 창시자 로크　*222*
"존재하는 것은 지각되는 것이다" 버클리　*229*
비판적 경험론과 실증주의 흄　*232*

11장 합리론 철학 : 이성에 대한 절대적 신뢰

"나는 생각한다. 고로 존재한다" 데카르트 *241*

"인간은 인간에 대해 신이다" 스피노자 *251*

우주와 인간의 균형과 조화를 위하여 라이프니츠 *258*

제5부 칸트와 독일관념론 철학

12장 칸트철학의 이론과 발전 : 우리의 마음이 자연에 법칙을 부여한다

영국경험론과 대륙합리론, 프랑스 계몽철학의 통합 칸트의 비판철학 *271*

절대 자아를 확립하다 피히테 *292*

모든 존재는 신으로 복귀하려 한다 셸링 *298*

변증법 철학의 구축 헤겔 *301*

제6부 현대철학

13장 삶의 철학과 실존주의, 철학적 인간학 : 인간이란 무엇인가

삶의 철학을 탐구하다 쇼펜하우어, 니체, 베르그송 *319*

실존과 본질 키르케고르, 야스퍼스, 하이데거, 사르트르 *327*

철학적 인간학을 추구하다 셸러, 카시러 *338*

14장 해석학과 현상학 : 직관적으로 파악해 분석하고 기술한다

삶 자체의 의미를 해석하다 딜타이 *347*

이해와 유희로 성립하는 철학적 해석학 가다머 351
은유와 상징의 해석 리쾨르 354
사태 자체로 탐구의 눈을 돌리다 후설 357

15장 언어철학과 정신분석학 : 언어를 규명해 인간존재를 분석하다

언어는 기호의 체계이다 소쉬르 363
언어는 존재의 집이다 비트겐슈타인, 하이데거 366
세계의 심층구조를 밝히다 레비스트로스 373
심층 심리와 정신분석학 프로이트, 융, 아들러 377
상상과 상징과 실재 라캉 385

16장 마르크스주의, 실용주의, 논리실증주의
: 형이상학과 형이하학의 규명과 투쟁

인간 해방과 사회혁명을 꿈꾸다 마르크스, 엥겔스 389
실용적인 것이 진리이다 퍼스, 제임스, 듀이 394
형이상학적 명제에 반대한 논리실증주의 카르나프, 에이어 399

17장 포스트모더니즘, 현대 프랑스 철학, 21세기 응용윤리학
: 해체의 모험과 새 시대의 탐구

이성 중심적 합리주의에 대한 근본적 비판 푸코, 데리다, 리오타르 405
생성과 변화의 철학 들뢰즈 418
시뮬라크르와 시뮬라시옹 보드리야르 422
과학기술은 인간중심적이어야 한다 21세기 응용윤리학 425

찾아보기 429

들어가는 글

우리는 왜 철학을 하는가

이 책에서 필자는 과거의 위대한 철학자 또는 사상가 들이 세계와 인간을 어떻게 생각했는지를 밝히고자 한다. 더 구체적으로 말해서 고대로부터 현대에 이르기까지 앎, 존재, 가치, 아름다움 등의 문제가 어떤 관점에서 탐구되었는지를 밝히고자 한다.

이러한 탐구의 궁극적인 목적은 과거의 철학 사상을 살핌으로써 현재와 미래에 타당한 사고를 하게 하는 데 있다. 고대 그리스의 궤변철학자 프로타고라스는 "인간은 만물의 척도"라고 주장했다. 프로타고라스의 주장에 따르면, 내가 한 눈으로 볼 때의 책상과 두 눈으로 볼 때의 책상은 서로 다르기 때문에 결국 똑같은 하나의 책상은 없다는 결론에 도달하게 된다. 우리는 프로타고라스의 사상을 읽으면서 '그렇다면 진리란 무엇인가? 참다운 앎이란 과연 없는 것인가?'라는 질문을 스스로 던져볼 수 있다. 그러한 질문이야말로 앎의 진리에 관한 탐구의 시작이다.

철학은 '왜'라는 질문에 답을 찾아가는 여정

인간은 물음을 던지고 그 답을 찾으면서 일생을 보낸다. 물음은 삶과 세계를 이해하는 첫걸음이다. '왜 철학을 하는가'도 역시 하나의 물음이다. 이 물음에 대한 답을 찾는 것이야말로 참다운 '철학함'이라 할 수 있다. 그 답을 찾기 위해서는 먼저, 철학이 아님에도 불구하고 우리가 흔히 철학으로 잘못 생각하고 있는 것들이 어떤 것인지, 그리고 철학은 어떤 구성 요소들로 이루어져 있는지를 살펴볼 필요가 있다.

'부모에 대한 효성', '국가에 대한 충성', '감각의 확실성' 등은 한 사회에서 건전한 상식일 수 있으나, 진지한 의심이나 경탄을 결여한 것들이다. 그것은 대체로 엄밀한 검토를 거치지 않고 습관적으로 전해진다. 미신이나 신비를 철학으로 여기는 태도 역시 비판을 결여하고 있다. 풍수지리나 토정비결 또는 사주팔자나 성명철학을 확신한다고 주장하는 사람들은 그것들을 맹신하는 경우가 많다. 사이비종교에서 흔히 주장하는 신비적 체험을 참다운 철학으로 주장하는 태도도 비판을 결여하고 있다.

한편, 철학과에 다니는 학생들은 물론이고 고등학교나 대학교에서 철학을 직접 가르치는 이들 중에 전문적인 철학사를 달달 외우면서 은근히 자신을 위대한 사상가라 여기는 사람이 있다. 하지만 철학사에 대한 지식은 '철학함'에 대한 부분적 지식일 뿐, 그 자체가 '철학함'일 수는 없다.

그렇다면 우리는 왜 철학을 하는가? 답은 먼 곳에 있지 않다. 우리는 '왜?'라는 물음을 던지고 그 답을 찾기 위해 철학을 한다. 아리스토텔레스는 "인간은 본성상 앎을 추구한다"고 말했다. 이를 쉽게 풀어 말한다면 "인간은 진리를 추구하고 선을 행하고자 하며 아름다움을 실현하려고 한다"가 될 것이다.

인간은 수많은 물음들을 던짐으로써 자신을 탐구한다. 나아가 자신이 있을 수 있는 삶과 세계의 가장 근본적인 원리를 탐구한다.

"이 책을 읽고 있는 나는 누구인가?"

"하루도 빠짐없이 나를 사랑한다고 애절한 음성으로 전화하는 너는 도대체 누구인가?"

"자본주의, 사회주의 등의 이데올로기는 과연 무엇인가?"

수많은 물음들 중에서 가장 일상적인 물음은 '무엇'의 물음이다. '무엇'은 물음의 시발점이자 씨앗이다. 그러나 한층 더 포괄적인 물음이 있다. 그것은 '어떻게'라는 물음이다.

"이 사과나무는 어떻게 성장하는가?"

"한 여자는 한 남자를 어떻게 사랑하는가?"

'어떻게'라고 묻는 것은 물음의 과정이다. '어떻게'에서 우리는 '무엇'을 넘어서서 어떤 사물이나 사태의 모습뿐만 아니라 그것의 형성 과정까지도 문제로 삼는다.

하지만 '무엇'은 물론 '어떻게'도 아직 근본적인 물음이 아니다. 그렇다면 본질적인 철학적 물음은 어떤 것인가? 그것은 '왜'라는 물음이다. 흔히 우리는 '어떻게'와 '왜'라는 물음을 혼동한다. 다음의 대화를 살펴보자.

"너는 왜 저 남자를 사랑하니?"

"저 남자하고 결혼하기 위해서지."

"단지 그것 때문에 그토록 끔찍하게 사랑한단 말이야?"

"언제나 같이 있고 싶어서이기도 해. 저 사람을 하루라도 만나지 못하면 나는 미칠 것 같아."

연인들이 결혼하거나 함께 있는 것은 사랑의 과정이지 결코 사랑의 원리가 아니다. 앞서의 대화에서 '왜'는 참다운 의미의 '왜'가 아니고 삶의 과정으로서 '어떻게'의 의미를 가지고 있다.

"당신은 왜 저 여인을 사랑합니까?"
"나의 감정을 확인하기 위해서입니다."
"오직 그 이유 하나만으로 저 여인을 사랑합니까?"
"나와 너 그리고 우리 인간의 삶과 세계의 근원을 체험하기 위해서 저 여인을 사랑합니다."

이런 정도의 대화라면 가히 철학적인 물음인 '왜'의 뜻을 충분히 포함한다고 말할 수 있다. 철학은 고대로부터 현대에 이르기까지 논리와 앎 그리고 사물(존재자)과 가치 및 아름다움에 관해서 근원적인 물음인 '왜'를 던지고 답함으로써 그 원리를 찾으려고 했다.

'철학함'의 씨앗은 의심과 경탄에 있다

일상생활은 '지나감'과 '덧없음'으로 물들어 있다. 하이데거의 말을 빌리지 않더라도 우리의 하루하루는 무의미한 지껄임과 호기심 그리고 절망으로 가득 차 있다. '철학함'은 일상생활에 대한 반성과 비판이 일어날 때 비로소 가능하다.

철학(philosophy)은 '지혜(sophia)'와 '사랑(philia)'이 합쳐서 된 말로 '지혜에 대한 사랑'을 뜻한다. 지혜란 진리와 선과 아름다움에 대한 통찰이다. 철학은 고대 그리스의 플라톤과 아리스토텔레스를 거치면서 앎에 대한 이론[인식론], 사물과 그것의 근거 또는 원리에 대한 이론[형이상학 또는 존재론], 가치에 대한 이론[윤리학], 아름다움에 대한 이론[미학] 그리고 질서 있는 사고의 표현에 대한 이론[논리학] 등 몇 가지 기본 분야로 나뉘어 발달해 왔다.

철학은 이러한 기본 분야들로 형성되기 때문에 '기초학'으로 불리기도 한다. 철학은 학문의 방법론으로서 개별 과학들(언어학, 심리학, 역사학, 생물학, 물리학 등)의 원리나 성립 근거를 밝혀줄 뿐만 아니라, 우리가 미래를 긍정적으로 구성할 수 있도록 토대를 제공해 준다. 그러므로 철학은 기본 분야를 가지면서도 개별 과학과 결합해서 역사철학, 법철학, 정치철학, 교육철학, 과학철학, 종교철학 등의 형태로 구체화된다.

철학적 사고를 가능하게 하는 원초적 힘은 의심과 경탄이다. 의심이 없는 곳에서는 어떤 문제도 제기되지 않는다. 문제가 제기되어 그것을 해결할 때 우리는 경탄을 금할 수 없다. 첨성대를 예로 들어보자. 사람들은 첨성대가 신라 시대의 유물이겠거니 하며 건성으로 지나쳐버린다. 그러나 어떤 사람은 다음과 같이 의심한다.

'신라인들은 첨성대를 왜 만들었을까? 첨성대의 건축구조를 알아내면 신라인들이 첨성대를 만든 이유를 알 수 있지 않을까?'

이 사람이 이런 물음을 가지고 신라 시대의 사회 배경에 대한 책들을 읽고 또 첨성대의 건축양식과 구조에 관한 연구서들을 읽은 후, 다음과 같은 결론에 도달했다고 하자.

'신라인들의 주요 산업은 농업이었다. 그들은 별을 관찰함으로써 기후의 변동을 예측할 수 있다고 믿고 별을 정확히 관찰할 수 있는 구조를 가진 석조물을 건축한 것이었다.'

이 사람은 손뼉을 치면서 스스로 경탄을 금치 못할 것이다. 그러나 경탄이 끝나면 다시 의심을 제기한다. 의심이 해결되면 새로운 경탄이 나타난다. 그럼으로써 인간의 지혜는 성숙한 문화를 형성하게 되는 것이다.

'철학함'의 씨앗은 일상성이 아니라 의심과 경탄에 있다. 의심과 경탄은 반성과 비판의 모습을 띤다. 과거의 철학사를 암기하는 것은 단순히 일상생활의 일부에 지나지 않는다. 서양철학사를 의심과 경탄 속에서 읽으면서 반성하고 비판할 때, 서양철학사는 비로소 '철학함'으로 새롭게 싹틀 수 있을 것이다.

철학과 문화의 복잡한 실타래를 풀어갈 반성과 비판의 작은 열쇠

프랭크 틸리(1865~1934)라는 철학사가는 과거 철학자들의 업적을 요약해 줄 뿐 아니라 미래의 철학적 탐구를 위한 재료들을 제공해 주는 데 철학사의 가치가 있다고 보았다. 그의 말을 근거로 삼을 때, 우리는 철학사의 가치를 다음과 같이 몇 가지로 정리할 수 있다.

① 삶과 세계의 원리에 대한 체계적인 생각이 어떤 시대에, 어떤 지역에서, 어떻게 전개되었는지 알 수 있다.
② 어떤 곳에서는 철학과 문화가 일관성 있게 전개된 반면, 또 다른 곳에서는 처음에 위대한 철학 사상이 발생했음에도 불구하고 단절되어 버린 까닭이 무엇인지 탐구할 수 있다.
③ 다양한 철학 사상과 문화가 혼합된 상태에서 독자적인 사상을 창출하지 못한 민족이 있다면 그 근거가 무엇인지 탐구할 수 있다.
④ 과거와 현재의 사고 양태를 반성하고 비판함으로써 건전하고 타

당한 미래의 삶과 세계에 대한 개방된 자세를 계획할 수 있다.

라틴어 쿨투라(cultura: 문화)의 동사형은 콜레레(colere)이다. 콜레레는 원래 '일하다, 경작하다, 거주하다, 염려하다, 평가하다' 등의 뜻을 갖고 있었다. 그것이 로마 시대에 들어와서 '영혼의 도야(cultura animi)'라는 뜻으로 바뀌었으며, 인간의 정신적 업적, 예컨대 학문, 예술, 종교, 도덕, 기술 등을 일컬어 '문화'라고 부르게 되었다. 넓게 보면 철학도 문화의 한 분야이지만, 철학은 철학 이외의 다른 문화 영역들에 지대한 영향을 끼쳤고, 반대로 그러한 영역들로부터 막대한 영향을 받아왔다.

우리가 철학의 흐름을 제대로 파악한다면, 시대적으로나 지역적으로 철학과 그 밖의 문화들이 어떤 상호 관계 속에서 전개되어 왔는지를 보게 될 것이다. 철학과 문화의 상호 관계를 파악한다는 것은 곧 나와 우리의 위치와 모습을 옳게 붙잡을 수 있다는 것, 나아가 보다 바람직한 인간의 미래상을 계획할 수 있다는 것을 뜻한다.

오늘날 우리의 문화적인 모습은 말 그대로 혼란하고도 혼미하다. 어떤 정신분석학자의 말을 빌리자면 우리의 문화 의식(또는 정신)의 구조는 양파와도 같다. 양파의 맨 겉껍질이 현대 과학과 기술 그리고 기독교라고 한다면, 중간 부분은 유교적 정신이며, 그보다 더 안쪽 부분은 불교 정신, 가장 핵심이 되는 부분은 샤머니즘이다. 이들 여러 종류의 정신이 얽히고설켜 있으면서도, 가장 밑바탕에 있는 것은 샤머니즘이기 때문에 더욱 난해하다는 것이다.

우리는 21세기를 살아가고 있다. 몇 년 전 한국은 선진국의 대열에 합류하였다. 성숙한 선진국의 구성원이 되기 위해서는 나와 남과 우리를 함께 알고 세계 시민으로서의 인격체를 형성하는 것이 우선적인 과제이다.

철학함은 철저한 체계적, 비판적 그리고 합리적 지혜 사랑의 학문이다. 서양철학사를 통찰하고 철학함으로써 우리는 나와 사회와 세계에 대한 안목을 키울 뿐만 아니라, 나와 사회와 세계를 살 만한 가치가 있는 곳으로 만들 수 있는 지혜 사랑을 가다듬을 수 있을 것이다.

함께 철학적 사유를 키워나가는 가운데, 복잡하게 얽힌 오늘날의 철학과 문화의 실마리를 풀어나갈 반성과 비판의 작은 열쇠를 발견하기를 바란다.

제1부

그리스 철학

그리스인들은 강인하고 적극적인 성격을 지녔다고 알려졌다. 그리스 영토가 산악이 많은 반도였기 때문에 그리스인들은 살아남기 위해서 강한 의지력으로 항해술을 발달시키고 상업에 몰두했다. 그들은 살기 좋은 지중해의 섬들을 식민지로 삼았다. 그리스 식민지는 소아시아 연안에서 이집트, 시실리, 이탈리아 남부까지 확장되었다. 그리스인들은 전혀 다른 습관과 전통, 제도, 종교를 가진 민족들과 접촉하면서 산업과 무역을 발달시켰고 새로운 도시를 건설했다. 이 식민지들을 통해서 그리스인들은 새로운 체험을 했으며 정치, 경제, 사회, 종교, 학문 등에 걸쳐서 풍요로운 문화 수준을 얻을 수 있었다.

그리스인들은 원래 지식욕이 강했고, 아름다움을 탐구하는 예리한 감각이 있었으며, 실천적인 성격을 갖고 있었다. 그들이 식민지를 개척하여 다른 민족의 문화에 접촉하고 무역과 산업을 통해 재산을 가지게 된 것은 '물 만난 물고기'와도 같은 상황을 가져다주었다.

기원전 8세기, 그리스 문학의 처음을 장식한 시인 호메로스는 서사시 『일리아드』와 『오디세이』를 남겼다. 두 작품은 웅장한 한편, 아직 어린 아이의 천진난만함, 즐거움, 대담함 등으로 가득 차 있었다. 그러나 호메로스의 작품이 지녔던 특징은 기원전 6세기경부터 점차 사라졌다. 그리스 문학은 세상을 비판적 안목으로 바라보았으며, 인간의 내면을 깊숙이 바라보기 시작했다. 그리고 염세적인 성격과 주관성을 강하게 나타냈다.

기원전 6세기 시인들의 특징은 윤리적 반성에 있다. 이솝이나 솔론, 포킬리데스 같은 시인은 인생이 무엇인지 예리하게 분석하고 비판하기 시작했다. 그들은 삶을 비관적으로 보았기 때문에 교훈적인 시를 쓰게 되었다. 그들은 현실에 강한 불만을 품고 새로운 삶의 가능성을 탐구했다. 이러한 정신은 후에 윤리학이나 정치학의 발달에 크게 공헌했다.

기원전 8세기부터 기원전 6세기까지 그리스의 정치는 도시국가 중심이었다. 호메로스의 서사시에 나오는 도시국가는 인구 2만 명 정도의 도시를 말한다. 도시는 계급사회를 이루고 있었고 정치형태는 군주제였다.

점차 소수의 사람들이 재산을 축적하고 문화를 소유함에 따라서 군주제는 귀족제로 이행되었다. 그러나 시간이 지나면서 힘을 가진 2~3인이 세력을 소유하여 과두정치의 형태가 나타났다. 그 뒤 독재자들이 나타나서 모든 권력을 거머쥐었지만 기원전 6세기에 이르러 시민들이 독재자들을 몰아내고 정권을 장악함으로써 민주제가 들어서게 되었다. 그리스의 철학 사상은 이상과 같은 문학과 정치적 배경과 밀접한 관계를 가지고 점차 자신의 고유한 모습을 가지게 되었다.

한 사람이 가진 신앙은 그 사람의 생각에 중대한 영향을 미친다. 그리스인들에게도 상황은 마찬가지였다. 그들은 올림포스의 신들이 인간과 같은 열정과 감정을 가진 것으로 보았다. 신들은 인간과 관계하여 자식까지 낳을 수 있었다. 또한 종교 예배는 신비적이었다.

원래 그리스인들은 올림포스의 신들만을 숭배했으나 기원전 6세기를 전후하여 트라키아의 신 디오니소스 숭배가 흘러들어왔다. 디오니소스는 포도주의 신으로, 데메테르는 곡식의 신으로 모셔졌다. 시간이 지나면서 오르페우스교가 디오니소스 신을 흡수하게 되었다. 비밀 예배는 오르페우스교의 금욕주의적 제도로 변했다. 오르페우스교는 영혼의 불멸과 순회를 믿었다. 이러한 특징은 후에 피타고라스학파, 파르메니데스, 헤라클레이토스 그리고 플라톤의 철학에 이르기까지 깊은 영향을 끼쳤다.

그리스철학은 자연에 눈뜬 사람들의 자연철학 시대, 인간 본성을 물은 인간 본성의 시대, 자연과 인간의 체계에 대한 생각을 확립한 체계의 시대, 종교와 윤리 문제에 관심을 집중시킨 윤리·종교의 시대 등 크게 네 시기로 구분하여 설명할 수 있다.

1장
자연철학 시대

자연 세계의
근본 알맹이는 무엇인가

물 한 방울로 철학을 탄생시키다

탈레스

탈레스는 이집트를 여행할 때
만물에게 생명을 주는 나일강의 풍요를 경험했다.
그는 만물이 물로 이루어져 있다고 생각했고,
따라서 물이 만물의 근원적 물질이라고 보았다.

탈레스(B.C. 624?~B.C. 546?)는 후계자 아낙시만드로스, 아낙시메네스와 함께 밀레투스학파의 철학자로 일컬어진다. 그들이 밀레투스섬 출신이기에 붙여진 이름이었다. 탈레스는 상인 가문 출신으로 기하학과 천문학에 대한 지식이 깊었고, 페르시아 정복 때 리디아 왕을 따라가 조언하는 등 정치적 현명함도 가지고 있었던 인물로 그리스의 일곱 현인(클레오불로스, 솔론, 킬론, 비아스, 탈레스, 피타코스, 페리안드로스) 중 한 사람으로 꼽힌다.

물은 세계의 원질이다

그는 이집트 여행 때 피라미드의 그림자 길이를 측정하여 피라미드의 높이를 계산했다. 또 천문학에도 관심을 보여, 기원전 585년 5월 28일에 일어났던 일식을 예언하기도 했다. 항구에서 배까지의 거리를 측정할 수 있는 도구를 만들었으며, 작은곰자리를 북쪽 방향의 지침으로 삼게 했다고도 전해진다. 수학적 탐구에 열중했으며, 뛰어난 과학적 감각도 가지고 있었다.

탈레스는 밤중에 별자리를 보며 걷다가 시궁창에 빠져서 하녀의 웃음을 사는가 하면, 올리브기름을 짜는 기계로 큰돈을 벌기도 했다. 풍년이 들 것을 예견한 탈레스가 미리 여러 곳에서 올리브기름 짜는 기계를 비싼 돈을 주고 빌려두었던 것이다. 그의 예견대로 풍년이 들자 농민들은 탈레스에게 와서 올리브기름을 짤 수밖에 없었다.

탈레스는 이집트를 여행할 때 만물에게 생명을 주는 나일강의 풍요를 경험했다. 그는 만물이 물로 이루어져 있다고 생각했고, 따라서 물이 만물의 근원적 물질이라고 보았다. 그는 지구가 마치 나뭇조각처럼 물 위에 떠서 움직이는 것이라고 생각했다.

탈레스가 말한 자연 세계 만물의 시초[arché: 아르케]는 원래의 재료, 곧 '원질'을 뜻한다. 그것은 시간적 시초가 아니라 논리적 시초이다. 닭과 달걀을 놓고 어떤 것이 시간적으로 먼저냐고 묻는다면 의견이 팽팽히 맞설 것이다. 그러나 닭과 달걀의 논리적인 시초가 무엇이냐고 묻는다면 답은 당연히 '생명'이다. 그 물음은 '닭과 달걀에게 있어서 가장 근본적인 것은 무엇이냐'라는 것이기 때문이다. 탈레스가 물을 만물의 시초라고 한 것은 이와 마찬가지 의미를 지닌다.

탈레스는 눈으로 보이는 구체적이고 생생한 현상을 넘어서서 그러한 현상의 근원이 되는 원리 또는 원질을 생각했다. 즉 최초로 자연 세계의 근원을 추상적 사고를 통해 밝히고자 했다. 그리고 자연 세계 전체의 근본원리를 밝힘으로써 세계에 관한 체계적인 사색을 시도했다.

간단한 도구를 사용하는 것은 침팬지, 고릴라, 오랑우탄 등 유인원에게도 가능하지만 추상적 사고는 오직 인간에게만 부여된 능력이다. 추상적 사고는 사물의 구조와 본성을 밝혀낸다. 예를 들어, 우리는 단지 눈으로만 설악산을 보는 것이 아니다. 산의 전체 형세와 구조까지 생각함으로써 산의 성질을 밝히고 나아가서 산을 어떻게 보존하고 이용할 것인가까지도 생각한다. 즉 우리는 설악산에 관해서 추상적으로 사고하는 것이다. 탈레스에게서 우리는 추상적 사색의 시발점을 찾을 수 있다.

탈레스는 원질로서의 물이 생명과 영혼을 가지고 있다고 보았다. 우리나라의 샤머니즘 또한 만물을 정신적이며 살아 있는 것으로 여긴다. 산이나 바위 또는 큰 나무와 솥뚜껑마저도 혼백을 가지고 살아 있는 것으로 여겨져 외경의 대상이 되었다. 초기 자연철학 시대에는 대부분의 사상가들이 원질을 생명과 영혼을 가진 것으로 보았는데, 이러한 경향을 일컬어 '물활론' 또는 '물질영혼론'이라고 한다.

탈레스의 철학 이론은 입으로만 전해지다가 나중에 아리스토텔레스에 의해 정리되었다. 그의 이론을 정리하면, 우선 만물은 신들로 충만하며, 지구는 물 위를 떠다니는 평평한 나뭇조각과 같고, 물은 만물을 생기게 하는 원인이라고 요약할 수 있다.

아낙시만드로스의 무한정자

탈레스와 함께 밀레투스섬 출신이며, 탈레스의 후계자로 일컬어지는 철학자로는 아낙시만드로스(B.C. 610~B.C. 546?)와 아낙시메네스(B.C. 585?~B.C. 525?)가 있다. 이들을 비교해 보면 몇 가지 공통적인 특징을 발견할 수 있다. 전통을 존중하고 비판 정신이 강하며, 사색에 의해 이론을 변화시킴으로써 독창적 이론을 만들었다는 것이다.

아낙시만드로스는 탈레스의 제자이자 친구였다. 그의 저술인 『자연론』은 그리스어로 기록된 최초의 산문 작품으로, 단편만 전해오고 있다. 그것은 그리스 최초의 철학적 저술이었다. 아낙시만드로스는 천문학, 기하학, 우주론에 깊은 관심을 보였다. 그는 최초로 세계지도를 구상했으며 해시계를 만든 사람으로 전해진다. 그는 우주를 계획된 체계적 전체로 이해했다. 또 최초로 물리학적·합리적 생각을 바탕으로 우주 발생사를 탐구했다. 또한 지구가 우주공간을 자유롭게 떠다닌다고 생각하는 한편, 생물은 수분에서 생긴다고 여겼다. 생물이 수분으로부터 발생해 건조한 것으로 변화함으로써 생명의 모습을 바꾼다고 생각한 것이다.

그러나 아낙시만드로스는 탈레스가 주장한 것과 달리 물은 원질이 될 수 없다고 보았다. 왜냐하면 물은 너무 구체적이므로 그것보다 더 근원적이며 무엇이라고 정할 수 없는 어떤 것이 근본적일 것이기 때문이었다. 따라서 그는 무제한적이고 무한한 것이 원질이라고 생각하여 그것을 '무한정자(無限定者)'라고 했다. 이러한 사실은 아낙시만드로스가 감각적 인식을 넘어서서 순수하게 이성적, 합리적으로 사고하기 시작했다는 것을 알려준다. 아낙시만드로스는 "만물은 영원히 자신이 생긴 곳으로 복귀한다"고 말했다. 이것은 만물이 영원히 운동하고 있다는 사실을 지적한 말이다.

탈레스가 구체적이고 감각적인 '물'을 자연 세계의 근원으로 보았다면, 아낙시만드로스는 물보다 더 근원적이고 추상적인 어떤 것, 곧 '무한정자'를 자연 세계의 근본 내지 원리라고 한 것이다. 예컨대 "사람의 근원은 무엇인가"라는 물음이 던져졌을 때, 한 사람은 "사람의 근원은 유인원과 비슷한 원시인이다"라고 답했고, 또 한 사람은 "사람의 근원은 이성이다"라고 답했다고 가정해 보자. 이때 후자의 답은 전자에 비해서 훨씬 더 철학적이고 추상적이며 순수한 사유를 반영한 것으로 볼 수 있다.

사물이 생기는 원리를 생각한 아낙시메네스

아낙시메네스는 아낙시만드로스의 제자로 알려져 있다. 이오니아 산문으로 작성된 아낙시메네스의 글 가운데 남아 있는 것은 몇 개의 단편에 불과하다. 아낙시만드로스는 탈레스를 비판했지만 아낙시메네스는 탈레스와 아낙시만드로스를 비판하면서 동시에 둘을 조화시켰다.

아낙시메네스는 자연 세계의 근원을 '공기'로 보았다. 공기가 감각경험의 대상이라는 점에서 아낙시메네스는 아낙시만드로스보다 이성적 사고에서 한 걸음 퇴보한 감이 있다. 아낙시메네스는 "우리의 영혼이 우리를 결합시키는 공기인 것처럼 호흡과 공기가 전 세계를 둘러싸고 있다"고 말했다. 그리스인들은 인간이 죽으면 지하 세계에서 환상이나 그림자로서 살아가는데, 인간이 죽을 때 공기나 숨은 인간을 떠난다고 믿었다.

아낙시메네스는 탈레스의 '물'이 너무 구체적인 것이어서 그것으로부터 불이나 바위 등이 생길 수 없다고 보았다. 또 그는 아낙시만드로스의 '무한정자'가 너무 추상적이므로 그것으로부터 구체적인 나무나 불이 생길 수 없다고 보았다. 따라서 그는 물보다 추상적이지만 무한정자보다 구체적인 공기를 만물의 근원이라고 보았다. 이러한 생각은 탈레스와 아낙시만드로스를 비판하면서 종합하는 것이다. 여기에서 이미 서양의 비판적 정신을 엿볼 수 있다.

아낙시메네스는 선배들보다 한 걸음 더 나아가서 원질(공기)로부터 어떻게 사물이 생기는가에 관심을 가졌다. 어린아이는 처음에 '무엇'에만 관심을 가져서 "이것은 코, 이것은 손, 저것은 사탕" 등에 집착하지만, 조금 더 크면 사물의 발생이나 생성에 관심을 보인다. "아기는 어떻게 생기는가"와 같은 물음은 사물의 생성에 관한 것이다. 아낙시메네스는 사물을 생기게 하는 근본원리를 '농축'과 '희박' 두 가지로 보았다. 원질인 공기의 희박에 의해서 불이 생기고 그것의 농축에 의해서 물이나 흙이 생긴다는 것이다. 아낙시메네스는 자연 세계의 근원 재료로서 공기를, 그리고 공기로부터 사물을 생기게 하는 원리로 농축과 희박의 원리를 제시한 것이다.

영원한 축복 상태를 꿈꾸다
피타고라스

피타고라스학파는 만물이 질서와 법칙에 따라 움직인다고 믿었으며
사물은 가장 기본적인 공간의 알맹이로부터 생긴다고 보았다.
이때 기본적인 공간 형태는 수이다.

사모스섬 출신인 피타고라스(B.C. 580?~B.C. 500?)는 피타고라스학파의 창시자로 알려져 있다. 그는 여러 곳을 두루 여행했으며 그러한 여행 견문을 통해서 심원한 사상을 얻어낸 것으로 전해진다. 피타고라스는 기원전 529년경 독재자 폴리크라테스에 반대하며 고향을 등지고 남부 이탈리아의 그리스 식민지로 이주했다. 그는 남부 이탈리아의 크로토나에 정착해 윤리 및 종교, 정치적 목적을 위한 공동체를 설립했고, 자신을 추종하는 사람들이 정치적 덕을 발달시키며 국가의 선을 위해서 행동하기를 배우는 것을 이상으로 삼았다. 그러기 위해서는 도덕 훈련이 필요했다. 개인은 선배와 스승, 국가를 존중해야 하며, 감정을 자제하고 영혼을 안정시킴으로써 스스로를 통솔하기를 배워야 했다.

피타고라스가 설립한 공동체는 시민을 훈련하기 위한 실천적 단체였다. 그곳에서 회원들은 우정의 덕을 닦은 것으로 여겨진다. 회

원들은 음악, 의학 그리고 특히 수학 연구에 몰두하면서 자급자족하는 삶을 터득했다. 이 공동체는 일종의 종교 집단적 성격을 가졌으며, 모든 회원은 비밀스런 예배에 참석했다. 그들은 영혼의 미래 운명이 현재의 삶에 달려 있다고 생각했으므로, 선하고 순수하게 살아야 다음 세상에서 보다 훌륭한 존재로 태어날 수 있다는 윤회사상을 믿었다. 회원들은 당시 하층민에게 퍼져 있던 종교운동을 교육 받은 귀족층으로 이끌어 올렸다. 그러나 이러한 공동체의 성격은 다른 도시국가들의 정치적 권위에 배치되었기 때문에 박해를 당하게 되었고, 결국 피타고라스는 메타폰툼에 피신해 있다가 그곳에서 기원전 500년경에 사망했다.

그 사이 피타고라스의 추종자들이 이탈리아를 떠나서 그리스 본토에 자리 잡고 피타고라스학파를 형성했다. 피타고라스학파의 가장 두드러진 공적은 수(數)이론이다. 이후 학자들은 피타고라스의 수이론을 체계적으로 발달시켰다.

누가 '천체의 음악'을 듣는가

피타고라스학파의 철학자들은 수학과 천문학 연구에 몰두했다. 하늘에는 무수한 별들이 질서정연하게 운동하고 있는데 이 운동은 법칙적이며 규칙적이다. 피타고라스학파의 철학자들은 하늘의 별뿐만 아니라 지구상의 만물 역시 질서와 법칙을 가지고 있다고 믿었다. 봄 여름 가을 겨울은 물론이고, 아침에 해가 뜨고 저녁이면 지는 것, 그리고 동물이나 사람이 자신을 보존하며 후손을 퍼뜨리는 것 등 모든 것이 법칙에 따른다는 것이다.

피타고라스학파의 철학자들은 칠현금의 가락이 현의 길이에 비례하며 음조의 관계가 수에 의해서 표현된다고 생각했다. 그들은 만물이 수로부터 생기고 성립한다고 믿었다. 그들이 생각한 수는 오늘날 우리가 머릿속에서 단지 추상적으로만 생각하는 수와는 전혀 다르다. 그들은 각각의 사물이 가장 기본적인 공간의 알맹이로부터 생긴다고 보았다. 즉 가장 기본적인 공간 형태들이 수에 해당한다. 그들은 점은 하나로, 선은 둘로, 평면은 셋으로, 입체는 넷으로 나타냈다. 불을 구성하는 가장 작은 부분은 이면체, 물을 구성하는 가장 작은 부분은 이십면체, 공기를 구성하는 가장 작은 부분은 정팔면체의 형태를 띤다. 음계 구성을 보면 팔음음계가 가장 아름다우며, 가장 아름다운 여인은 팔등신이다.

피타고라스학파의 철학자들은 만물이 규칙, 질서 그리고 조화를 목표로 삼는다고 보았으며, 가장 조화로운 우주를 예찬했다. 그들은 항성, 5개의 유성, 태양, 지구 그리고 지구 반대편의 별들이 중심에 놓인 불 주위를 돌아감으로써 천체가 구성된다고 믿었다. 천체 운동으로 인해 신비스럽고도 조화로운 '천체의 음악'이 웅장하게 연주되지만, 사람은 그 음악에 전혀 익숙하지 않으므로 그런 음악이 연주되는지 알지 못한다. 반면 시인들은 계절의 소리는 물론이고 달과 별의 소리도 듣는다고 했다.

피타고라스학파의 철학자들은 가장 조화로운 마음을 가진 자들은 '천체의 음악'을 들을 수 있다고 믿었다. 천문학에서 지구중심설은 고대 그리스에서는 찾아볼 수 없었는데, 이는 중세 기독교 사상과 결부되어 강하게 주장된 사상이기 때문이다.

그들은 조화롭고 순수한 영혼을 가져야 한다는 생각에서 영혼 윤회설을 믿었다. 영혼이 현세의 삶에서 순수한 정도에 도달하지 못할 경우 윤회를 통해서 순수하게 될 수 있다고 생각했다. 윤리적 개념도 물질의 개념과 마찬가지로 수의 원리를 가진다고 보았다. 그래서 사랑과 우정을 '8'로 표현했다. 사랑과 우정 역시 팔음음계와 마찬가지로 조화로운 화음에 해당하기 때문이다. 그들은 정의를 '4'로, 결혼을 '5'로, 그리고 서약은 신성한 수 '10'으로 표현했다.

피타고라스학파의 궁극적 목표는 태어나고 죽는 것으로부터 해방되어 영원한 축복 상태에 도달하는 것이었다. 그들의 윤리적 목표는 덕인데, 이것은 영혼 안에서 이성적인 것과 비이성적인 것이 조화를 이루는 것이다. 따라서 그들은 엄격한 생활의 규율과 자기 성찰을 통해서 덕을 이루고자 했다. 그리고 위에서 말한 영혼의 순화(카타르시스)에 도달하기 위해서 콩을 먹지 않는다든지 흰옷을 입는다든지 하며 엄격한 금욕 생활을 지켰다. 피타고라스학파의 수이론은 후에 플라톤의 이데아 이론에 커다란 영향을 미쳤다.

"우주의 원질은 불이다"
헤라클레이토스

헤라클레이토스는 우주의 원질은 끊임없이 변화한다고 생각했다.
그래서 그는 우주의 원질을 불로 보았다.
불은 언제나 불로만 있지 않고 계속해서 변화하기 때문이다.
그의 생각은 헤겔 변증법의 중요한 밑거름이 되었다.

에페소스 출신의 헤라클레이토스(B.C. 540?~B.C. 480?)는 귀족 가문 태생의 철학자이다. 그는 민주정치에 대해서 불만을 지니고 있었으며, 일생 동안 귀족이길 고집했다. 사람을 평가하는 데 있어 독립적인 생각을 가졌는데, 언제나 그릇된 점을 찾으려 했고 비판적이면서 동시에 비관주의적이었다. 그래서 그는 '어두운 사람(Skoteinos)'으로 일컬어진다.

헤라클레이토스는 호메로스를 비롯해서 헤시오도스, 피타고라스 그리고 크세노파네스를 비난하면서 많이 아는 것이 사람을 현명하게 만드는 것이 아니라 '스스로 배우는 것'이 사람을 현명하게 만든다고 주장했다. 그는 민주정치를 정치적 타락의 대표적 유형으로 보고 그것을 혐오하여 모든 공공 생활을 멀리한 채 은둔하여 체념과 비통함 속에서 깊은 사색의 생활을 했다. 그가 집필한 『자연론』은 현재 단편들만 전한다.

헤라클레이토스는 만물을 지배하는 법칙을 일컬어 로고스(이성)라고 했다. 그의 로고스는 곧 불이다. 그는 우주의 원질은 고정된 것이 아니라 끊임없이 변화하고 활동하는 것으로 보았다. 그래서 그는 우주의 원질을 불로 보았다. 불은 언제나 불로만 있는 것이 아니라 물이 되고, 물은 흙이 되며, 또 거꾸로 흙은 물이 되었다가 다시 불이 된다. 그래서 그는 "위로 행하는 길과 아래로 행하는 길은 하나다"라고 했으며 불을 만물의 근원이라고 했다.

불 자체는 끊임없이 운동하고 변화한다. 불은 켜지면 꺼지고 또 꺼진 다음 다시 되살아난다. 이와 마찬가지로 모든 것은 자신과 반대되는 것으로 변화하기 때문에 헤라클레이토스는 모든 것을 반대의 통일이라고 보았다. 이것을 우리는 동양의 음양 사상과 비교할 수 있다. 만물은 차가움과 따뜻함, 어둠과 밝음 등의 음양으로 되어 있지만, 음은 양이 되고 양은 음이 된다. 따라서 만물은 음과 양의 통일이라고 말할 수 있다. 헤라클레이토스는 모든 사물이 자체 내에서 대립이나 반대를 통일시킨다고 보았다. 음악의 화음은 높은 음과 낮은 음의 결합, 곧 반대의 통일에서 성립한다. 이러한 헤라클레이토스의 생각은 후에 헤겔 변증법의 중요한 밑거름이 되었다.

"같은 강물에는 두 번 발 담글 수 없다"

헤라클레이토스는 당시의 혼란스런 민주정치에 혐오감을 느꼈지만, 우주 자체는 조화로운 것으로 보았다. 우주의 진행 과정을 우연적인 것으로 보지 않고 질서와 규칙에 의해서 움직인다고 생각했다. 사람의 일생을 살펴보자. 사람의 생애는 짧다. 그 짧은 기간을 살아가는 동안, 얼마나 많은 고통과 기쁨 그리고 또 얼마나 많은 모순을 체험하며 살아가는가. 사람이 아무리 제멋대로 일생을 산다고 해도 천년만년 살 수 있는 것이 아니다. 엄연한 자연법칙을 따를 수밖에 없다.

헤라클레이토스는 만일 세계에 반대나 투쟁이 없었더라면 세계는 결국 침체되어 사그라지고 말았을 것이라고 생각했다. 지구상에 여자만 있거나 남자만 있다면 인류는 멸종하고 말 것이다. 사람은 미워하다가 사랑하고 또 사랑하다가 미워한다. 우리의 삶 역시 반대의 통일을 나타낸다. 헤라클레이토스는 "같은 강물에는 두 번 발 담글 수 없다"고 하며 이 세상이 끊임없이 변화하고 있음을 강조하면서도 "삶과 죽음, 깨어 있음과 잠자는 것, 그리고 청년과 노인은 똑같다"고 말함으로써 반대의 통일을 이야기했다.

불은 모든 조화의 근원이고 세계에 생명력을 불어넣는 힘이며, 사람에게는 이성으로 나타나서 진리를 알게 해주는 우주의 원리이다. 그의 이론은 일원론이면서도 불이 세계의 원리이자 동시에 만물이 불로부터 생긴다는 이론이다. 그의 철학은 결국 모든 것이 신이라는 범신론적 색채를 띤다.

영원불변하는 하나의 세계

엘레아학파

파르메니데스는 '참답게 있는 것'은 감각이 아닌
이성에 의해 파악된다고 보았다.
'참답게 있는 것'은 생성과 소멸을 겪지 않으며
무한하고 불변하며 나누어질 수 없는 '일자(一者)'이다.

파르메니데스(B.C. 515?~B.C. 450?)는 남부 이탈리아의 엘레아 출신으로서 크세노파네스의 제자이며 제논의 스승이다. 이 세 사람은 엘레아학파를 형성했다. 당시 파르메니데스는 정치적인 힘을 소유했고 고귀한 품성을 지닌 철학자였다. 그의 『진리와 의견』은 현재 단편들만 전해지고 있다.

헤라클레이토스는 만물은 변한다고 말하면서도 만물의 근원을 불변하는 불이라고 했다. 그러나 불 역시 끊임없이 변화하는 것이라면 그는 불이 변하면서도 변하지 않는다는 모순된 주장을 전개한 셈이다. 만물이 변한다는 것은 감각적 인식이고, 로고스가 불변하는 원리라는 것은 이성적 인식이다.

파르메니데스는 참다운 것은 감각의 대상이 아니라고 보았다. 우리도 보통 눈과 귀에 의한 앎이 자주 착각을 일으킨다는 사실을 안다. 아침에는 멋있게 보이던 사람이 오후에는 추하게 보일 수 있다.

기분 좋을 때 아름답게 들리던 음악이 기분 나쁠 경우에는 짜증스럽게 들린다. 파르메니데스는 감각으로 얻는 앎은 이랬다 저랬다 변하기 때문에 참다울 수 없다고 믿었다. 그는 우리가 감각적으로 인식한 것은 가상에 지나지 않고, 그러한 거짓된 상에 대한 앎은 그릇된 앎이며 속견에 불과하다고 생각했다. 그렇다면 '참답게 있는 것'을 알 수 있는 것은 오직 순수한 이성적 사고 이외의 다른 것이 아니다. 파르메니데스에 의하면 '참답게 있는 것'은 생기지도 않고 소멸하지도 않으며 무한하고 불변하며 나뉠 수 없기 때문에 '일자(一者)' 즉 하나이다. 이러한 생각은, 감각경험의 세계는 참답지 못한 그림자에 불과하며, 순수한 사유에 의해서 파악되는 영원불변하는 하나의 세계가 참답다는 것을 반영한다. 불교에서는 깨달음의 경지를 '한맛'이라고 한다. 깨달은 사람이 보기에는 선이나 악이나 모두 하나이다.

　파르메니데스는 순수한 사유(이성적 사고)로 세계를 파악할 경우 경험 세계는 헛된 그림자에 불과하다고 말했다. 그러나 과연, 뼈아픈 고통이나 절실한 경제 문제, 그리고 생생한 현실 세계가 모두 헛되고 그릇된 것이고 단지 정신적 관념만이 영원불변한 참다운 것이라고 말할 수 있을까. 그것은 의문이다.

크세노파네스, '신은 하나이고 모든 것이다'

　크세노파네스(B.C. 560?~B.C. 478?)는 파르메니데스의 스승으로 알려졌으며 엘레아학파의 창시자이다. 그는 시인이자 회의론자였으며 신학자였다. 그리스인들의 관습과 믿음을 비판했고, 인간을 신으로 떠받드는 태도 및 다신론을 공격했다. 호메로스의 작품에 등장하는 다신론을 비판함으로써 범신론의 입장을 대변했으며, 세계의 본질은 '하나이며 모든 것'이라고 보았다. '하나이며 모든 것'은 신성(神性)과 똑같은 것으로서 시작과 끝이 없고 항상 자기 자신으로 남아 있어서 불변한다. '하나이며 모든 것'은 '하나의 신'으로서 세계를 초월해 있는 것이 아니라 세계로부터 분리될 수 없다. 이는 세계는 하나의 통일이므로 신과 자연도 서로 분리되는 것이 아니라 하나라는 범신론의 입장을 보여준다. 이러한 크세노파네스의 사상을 체계화시킨 사람이 파르메니데스이다.

제논, '날아가는 화살은 정지해 있다'

제논(B.C. 490?~B.C. 430?)은 '변증법의 시초'로 알려져 있으며, 그의 대화 방법은 후에 궤변철학자들과 소크라테스, 플라톤에게 큰 영향을 미쳤다.

제논은 세계는 하나이므로 사물의 복수는 부정된다고 주장했다. 만일 모든 사물들이 공간 안에 있고, 공간 자체 역시 존재해야 한다면, 공간은 다시금 공간 안에 있어야 한다. 이러한 반복이 쓸데없이 무한히 진행되므로 사물들의 복수는 부정된다. '여럿'이라는 복수는 감각의 산물이므로 그릇된 앎이고 순수 사유에 의해서 세계를 파악할 경우 세계는 오직 하나일 뿐이다. 제논은 사물의 운동도 부정한다. 운동은 상대적인 것으로서 감각적 앎의 결과에 불과하다. 제논이 주장한 다음의 두 가지 증명은 유명하다.

① 날아가는 화살은 정지해 있다 : 날아가는 화살은 날아가는 매

순간 일정한 공간을 차지하는데, 그 공간은 정지해 있으므로 결국 날아가는 화살은 정지해 있다.
② 거북이와 아킬레스가 달리기를 할 때 출발점에서 거북이가 조금이라도 아킬레스보다 앞에 있다가 달리기 시작하면 제아무리 번개 같은 아킬레스라도 거북이를 앞지를 수 없다 : 아킬레스와 거북이가 달리는 매 순간 그들은 일정한 공간을 차지하며, 이 공간은 정지해 있는 것이므로 결국 아킬레스와 거북이는 정지해 있다. 따라서 아킬레스는 영원히 거북이를 앞지를 수 없다.

제논의 증명은 일종의 궤변이지만, 그는 누구를 속여서 이용하거나 돈을 벌기 위해 그런 궤변을 늘어놓은 것이 아니라 순수한 사고에 의해서 파악되는 앎을, 그리고 그러한 앎의 대상인 참다운 세계의 본질을 보여주기 위해서 그와 같은 증명을 제시했다.

궤변철학자들은 사회적 이익이나 금전 획득을 목적으로 청년들에게 궤변을 가르치고 돈을 받았다. 그러나 제논은 논리적 증명의 참과 거짓을 가리기 위한 수단으로 궤변을 활용했다는 점에서 궤변철학자들과 구분된다.

세계를 만드는 네 가지 뿌리
엠페도클레스

> 엠페도클레스는 물, 불, 흙, 공기 네 뿌리들을 혼합시키는 힘은 사랑이고,
> 그것들을 분리시키는 힘은 미움이라고 했다.
> 사랑은 끌어당기는 힘이고, 미움은 떨쳐버리는 힘이다.

엠페도클레스 이전까지 철학자들의 관심은 '자연 세계의 근원이 무엇인가'라는 물음에 쏠려 있었다. 그러나 엠페도클레스에 이르러 세계의 근원이 하나가 아니라 여럿이라는 주장이 제기되었고, 세계의 생성과 소멸은 여러 근원들의 결합과 분리에 의해 설명되기 시작했다. 엠페도클레스(B.C. 490?~B.C. 430?)는 시칠리아의 아크라가스 출신으로 의사·마술사·예언가로 이름이 있었으며, 웅변술의 교사이자 정치가로서 영향력을 지니고 있었다. 그가 쓴 『자연론』은 일부만 전해지고 있다. 그는 자신이 영원불변하는 신적 존재임을 증명하기 위해서 활화산인 에트나산에 몸을 던진 것으로 전해진다.

화산에 몸을 던진 철학자

엠페도클레스는 자연 세계의 근원, 곧 원질이 물, 불, 흙, 공기의

서로 다른 네 가지 성질을 가진 것이라고 보았다. 이것들이 결합해서 사물이 생기며 사물이 소멸하면 원래의 원질로 되돌아간다고 생각했다. 이러한 생각은 고대 중국에도 있었다. 중국인들은 세계가 사대(四大)인 물, 불, 공기, 흙의 결합에 의해서 생긴다고 보았다. 세계의 생성·변화를 오행(五行: 물, 불, 나무, 쇠, 흙)에 의해 설명하려고 한 것도 엠페도클레스의 생각과 비슷하다. 엠페도클레스로부터 우리는 감각경험의 세계와 원질의 합리적 관계를 파악할 수 있게 되었다. 감각세계의 사물이 가지는 성질은 원래 원질들의 결합이나 혼합에 의해서 생긴 것이다.

엠페도클레스의 공적 중 또 하나는 그가 다원적 원질 이론과 아울러 생성·변화의 원리를 제시했다는 점이다. 원질들이 어떻게 결합되며 또 어떻게 무엇에 의해서 분리되는지의 문제가 엠페도클레스 이전까지는 명백하게 논의되지 못했다. 엠페도클레스는 물, 불, 흙, 공기 등의 네 뿌리들을 혼합시키는 힘은 사랑이고, 그것들을 분리시키는 힘은 미움이라고 했다. 사랑은 끌어당기는 힘이고 미움은 떨쳐버리는 힘이다. 아직 미숙한 생각이긴 하지만 엠페도클레스의 사랑과 미움에 관한 이론은 자연 세계의 생성과 소멸을 설명하는 데 있어서 한 걸음 발전된 것이다. 그렇지만 그는 사랑과 미움의 근거가 어떤 것인지를 해명하지는 않았다.

'씨앗 중의 씨앗'을 찾으려 한 아낙사고라스

엠페도클레스와 비슷한 입장이면서도 엠페도클레스의 사상을 한층 더 발전시킨 사람이 아낙사고라스(B.C. 500?~B.C. 428?)이다.

그는 소아시아의 클라조메네 출신으로, 아테네에 정착해서 당시 위대한 정치가였던 페리클레스의 친구가 되었다. 아낙사고라스는 명상에 몰두하여 천체 이론을 탐구하면서 그것에서 최고의 행복을 찾았다. 그는 후원자인 페리클레스의 적들로부터 무신론자로 고소당해 아테네를 떠난 뒤, 람프사코스에 이주하여 그곳에서 사망했다. 아낙사고라스는 뛰어난 수학자이며 천문학자요, 동시에 철학자였다. 그의 『자연론』은 단편만 남아 있는데, 그것은 단순하고 명료한 산문으로 작성되어 있다.

아낙사고라스는 엠페도클레스보다 한 걸음 더 나아가 감각세계의 다양함과 변화를 최고의 영원한 존재로부터 이끌어내려고 했다. 산이나 들에 나가면 갖가지 꽃이며 풀과 새, 형형색색의 돌을 보게 된다. 우리는 우선 "도대체 이것들은 무엇에서 생겼을까"라고 묻고 "이것들이 어떻게 생겼을까"라고 물으며, 더 나아가서 "이 모든 것들이 있게 한 가장 근본적인 것은 무엇일까"라고 물을 수 있다. 아낙사고라스는 무수한 사물들의 성질이 있고 그러한 성질이 생길 수 있는 것은 무수한 원질이 있기 때문이라고 설명했다.

아낙사고라스는 나눌 수 없는 가장 작은 것들로서의 원질을 일컬어 '씨앗'이라고 했는데 그것은 원자와 비슷한 개념이다. 이 씨앗이 모여서 물, 불, 흙, 공기가 되고 물, 불, 흙, 공기가 혼합해서 사물들이 생긴다. 이 씨앗이 혼합되거나 분리됨으로써 사물의 생성과 소멸이 생긴다. 그런데 아낙사고라스가 보기에 이 세계는 일정한 목적과 법칙에 따르고 있으며 질서 있는 것이다. 그렇다면 씨앗을 목적과 법칙에 맞춰 질서 있게 정리해 주는 최고의 원리가 있는 것이 분명했다. 그래서 아낙사고라스는 '씨앗 중의 씨앗'을 생각하게 되었다.

그는 최고의 씨앗을 지성적, 이성적 존재로 보고 그것을 '누스(Nous: 그리스어로 이성·지성·정신·영혼 등을 의미)'라고 불렀다. 최고의 씨앗인 누스는 물질이 아니면서 다른 모든 씨앗을 혼합하거나 분리함으로써 조화롭고 질서 있는 자연 세계의 생성·변화를 가져온다고 생각했다.

물질세계의 구성 요소는 원자이다

데모크리토스

데모크리토스가 생각한 원자(아토마)는 하나의 성질을 가지고 있다.
사물은 나선형의 운동을 하는 원자들로 구성된다.
그의 원자론은 '양(量)의 원자론'으로 유물론적 우주관에 입각하고 있다.

데모크리토스(B.C. 460?~B.C. 370?)는 그의 선배 레우키포스와 함께 원자론학파의 창시자이다. 그는 상업도시인 아브데라 출신으로 여러 나라를 여행했으며, 자연학·형이상학·윤리학·역사에 관하여 방대한 저술을 남겼다. 뿐만 아니라 그는 탁월한 수학자이기도 했다.

데모크리토스는 자연 세계에 있는 사물들의 다양함과 변화를 설명하기 위해 아낙사고라스와 마찬가지로 여러 가지 원질들을 근본적이라고 보았다. 사물들은 형태를 가지고 운동함으로써 우주 세계를 구성하며, 사물들의 형태와 운동은 근원적인 원자의 형태 및 운동으로부터 생긴다. 예컨대 사과가 쪼개지는 것은 사과가 원자로 되어 있고, 원자 사이에는 공허한 공간이 있으므로 가능하다.

그러나 데모크리토스의 원자(아토마)는 아낙사고라스의 씨앗처럼 각기 서로 다른 성질을 가지고 있는 것이 아니라 모두 똑같은 성질을 가지고 있다. 이런 의미에서 우리는 엠페도클레스나 아낙사고라스의 원자론을 '질(質)의 원자론'이라고 부르고, 데모크리토스의 원자론을 '양(量)의 원자론'이라고 부른다.

데모크리토스의 원자는 성질은 모두 똑같은 반면에 그 모양은 각각 둥근 모양, 다각형, 계란형, 꺾쇠 모양, 구멍 형태 등으로 다르다. 원자는 무질서한 혼돈 속에 공허한 공간을 통해서 우주 전체에 흩어져 있다. 원자는 나선형의 운동을 하면서 서로 비슷한 모양끼리 뭉쳐 사물을 형성한다. 정신 역시 원자들의 운동을 기초로 삼으며, 건조한 상태에서 일어나는 불의 원자와 영혼 원자를 특히 바탕으로 삼는다.

'유물론적 우주론'으로 독자적인 윤리관을 세우다

아울러 데모크리토스는 세계의 다양함 및 변화를 가장 합리적으로 설명한 사람이다. 그는 우주 자연과 정신 현상이 모두 물질적인 원자에 의해서 성립한다고 보았다. 이러한 생각은 유물론적 일원론이다.

데모크리토스는 세상에 존재하는 신들 역시 원자들로 구성되었다고 믿었다. 신들은 사람보다 오래 살지만 그들 또한 불멸하지는 않는다. 사람들은 꿈이나 상상 속에서 신들을 볼 수 있으며 신들은 인간사에 전혀 간섭하지 않는다. 신들은 원자들로 구성되었기 때문에 원자들의 운동법칙에 따른다는 것이 데모크리토스의 생각이었다.

데모크리토스는 당시에 그리스 사회에서 통용되던 종교나 도덕을 떠나서 독자적인 윤리관을 확립한 사상가이다. 그는 우주가 물질적 원자들로 구성되었다고 하면서 유물론적 우주론을 주장했다. 그러나 앎의 문제에 있어서는 오로지 이성만이 진리를 알 수 있다고 생각했고, 그로부터 출발해서 이성의 목소리가 윤리 문제에 대한 잣대가 된다고 보았다.

데모크리토스는 사람들이 추구할 만한 가치가 있는 '선'이자 모든 현명한 사람들의 목적이 '부동심(아타락시아)'이라고 했다. 부동심은 동요하지 않는 영혼의 상태이다. 우리는 "모든 게 마음먹기에 달렸다. 거울이나 호수와 같은 마음을 가져라"라는 말을 가끔 한다. 데모크리토스는 사람이 희망, 공포, 사랑, 질투 등의 온갖 감정으로부터 자유롭게 되면 부동심에 이를 수 있다고 믿었다. 그렇게 하기 위해서는 자연 세계의 생성과 변화를 냉철하게 관찰하고 동시에 삶의 행동에 있어서 절제, 순수함, 신중함, 자선, 이웃 사랑 등의 덕을 실천해야 한다는 것이 데모크리토스의 생각이었다. 이러한 덕들은 사람으로 하여금 행복, 곧 최고의 선인 부동심에 도달하게 한다. 여러 덕들 가운데 으뜸은 정의와 자선이다. 그러므로 데모크리토스는 이렇게 말했다.

"언제나 정의롭고 법에 알맞은 행동을 하려는 올바른 마음을 가진 사람은 밤낮 즐겁고 강하며 근심으로부터 자유롭다."

"누구도 같은 강물에 두 번 발을 담글 수 없다.
강도 같지 않고, 사람도 같지 않기 때문이다."

― 헤라클레이토스

2장
인간 본성의 시대

참다운 앎에
이르는 길

인간 본성을 묻는 철학의 시작
자연의 탐구에서 사람의 탐구로

소피스트는 현명한 사람, 지혜의 교사를 뜻하는 말이다. 이들은 사람의 교육과 사회적 성격에 대해 물음으로써, 자연 문제에서 인간 문제로 철학의 관심을 이동시켰다.

그다음 세대의 사상가들에게 영향을 끼친 데모크리토스의 가장 커다란 업적은 윤리적인 사고에 대한 것이었다. 사람은 이성에 의해서 진리를 알 수 있을 뿐만 아니라, 이성에 의해서 마음이 흔들리지 않는 행복의 상태에 도달할 수 있다는 것이 데모크리토스의 생각이었다. 그리스의 초기 자연철학자들은 마치 아이들처럼 바깥 세계, 곧 자연 세계를 구성하는 근원적인 것이 무엇인지, 자연 사물들은 어떻게 그리고 왜 변하는지를 물었다. 그들은 '나는 무엇인가' 또는 '인간이란 도대체 무엇인가'를 본격적으로 물을 단계에 아직 이르지 못하고 있었다.

데모크리토스는 그리스철학의 흐름에 있어서 하나의 커다란 다리 역할을 맡았다. 그를 다리로 삼아, 자연에 관한 탐구는 이제 사람의 본성에 관한 탐구로 넘어갔다. 데모크리토스는 자연철학에 있어서 하나의 호수와도 같다. 그의 원자론은 그 이전 사상가들의 생각을 종합한 것이기 때문이다. 그는 한 걸음 더 나아가서 사람이 도달할 수 있는 최고의 행복은 무엇이고 어떻게 하면 행복에 이를 수 있는지를 생각함으로써 '인간의 본성'을 묻는 철학의 시발점을 장식했다.

정치·문화적 변화 속에 등장한 소피스트

궤변철학은 그리스 최초의 계몽주의 철학이라고 볼 수 있다. 당시 소피스트(궤변철학자들)가 나타난 것은 우연이 아니었다. 그것은 새로운 정치와 문화가 형성되었기 때문에 가능한 일이었다. 기원전 5세기에 접어들자 아테네의 정치는 민주주의 헌법을 바탕으로 정치 참여가 보장되어 개인들의 목소리가 커졌다. 시민 각자가 투표권을 가지게 되었고 법률도 토론에 의해 결정되었다. 지금까지 불변하는 것으로 여겨졌던 사고방식이나 습관은 변화 가능한 것으로 인식되었다. 이제 사람들은 새로운 문화와 교육을 요구하게 되었고, 따라서 삶이 무엇이며 인간의 본성이 무엇인지 묻기 시작했다.

프로타고라스는 교육의 근본은 정치적 덕이라고 했다. 사람들이 정치적 덕을 실행해야만 그릇된 사회를 고치고 보람 있는 삶을 영위할 수 있다고 믿었다. 프로타고라스를 비롯한 소피스트는 전통에 대하여 강한 의심을 제기했다. 국가·사회·종교·도덕·윤리 등은 그것들이 성립되는 시초를 따져 보면 결코 절대적으로 불변하는 것일 수 없었기 때문이다.

소피스트는 인간이란 역사적으로 발전해 온 존재라고 생각하여 역사주의의 시초를 마련했으며, 원시시대의 인간이 자연 상태에서 도덕과 종교를 만들었다고 생각함으로써 자연법의 시초를 마련했다. 소피스트의 생각은 계몽운동의 성격을 바탕으로 삼고 있었고, 사회혁명을 꾀하려고까지 했다. 그들은 그리스인과 미개인, 자유인과 노예는 평등하다고 생각했고, 여성의 사회적 지위도 남성과 똑같아야 한다고 암암리에 주장했다.

지혜의 교사에서 궤변철학자로

'소피스트'는 원래 현명한 사람, 철학자 또는 실제적인 삶의 지혜를 가르치는 교사를 가리키는 말이었지만, 그들이 타락함으로써 궤변철학자라는 뜻으로도 쓰이게 되었다. 소피스트는 이치에 맞지 않는 말을 마치 가장 이치에 어울리는 것처럼 꾸미는 궤변을 제자들에게 가르치고 그 대가로 돈을 받았다.

소피스트는 사람의 교육과 사회적 성격에 대해 묻기 시작함으로써, 자연 문제에서 인간 문제로 관심을 돌렸다. 그럼에도 불구하고 모든 것을 의심하는 눈초리로 바라보며 이기적이라는 평가를 받음으로써 궤변철학자라는 악평까지 듣게 되었다.

"인간은 만물의 척도"

프로타고라스

프로타고라스는 인간이 모든 문제의 중심에 있다고 주장하며 상대주의적 입장을 취했다. 그는 인간이 영원불변한 진리를 주장하거나 증명할 수 없다고 말했다.

궤변철학을 대표하는 프로타고라스(B.C. 485?~B.C. 410?)는 아브데라 출신으로서 플라톤의 말에 의하면 '지혜의 교사'이다. 그는 40년 이상 시칠리아와 남부 이탈리아 그리고 아테네에서 청년들을 가르쳤다. 그의 저술로는 『신들에 관하여』와 『지식과 무지에 관하여』가 있으나 현재는 단편만 전하고 있다. 『신들에 관하여』 첫 부분에 나오는 무신론적 견해 때문에 고소를 당해 사형선고를 받았고 그의 저술들은 공공장소에서 불태워졌다. 그는 사형을 면하기 위해 시칠리아를 향해 가던 중 배 안에서 사망했다.

프로타고라스의 모든 문제들 가운데 가장 핵심이 되는 문제는 사람이다. 그는 인식의 문제에 있어서 철저한 경험론의 입장을 지녔는데, 영혼의 삶 전체가 감각에서 형성된다고 믿었다. "저 책상은 붉다"고 할 때의 인식은 감각에 의해서 이루어진다. "저 책상은 붉다"는 인식은 주관적인 인식으로서 객관적인 책상과는 전혀 무관하다. 시간과 장소 그리고 감각기관의 상태에 따라 같은 책상에 대해서도 "저 책상은 붉다" 또는 "저 책상은 노랗다"라고 말할 수 있다는 것이다. 붉은빛 아래서는 당연히 붉고, 노란빛 아래서는 당연히 노랗게 보일 것이기 때문이다.

프로타고라스는 인간이 영원하며 불변하는 진리를 주장하거나 증명할 수 없다고 말했다. '제 눈에 안경'이라는 말이 있다. 똑같은 산을 앞에 놓고도 "저 산은 높다" 또는 "저 산은 낮다"라고 사람마다 제각기 주장한다. 그래서 그는 '인간은 만물의 척도'라고 말했다. "만물은 불변하는 것이 아니라 이럴 수도 있고 저럴 수도 있다"는 그의 입장은 상대주의이다. 또 감각을 앎의 척도로 삼기 때문에 그의 견해는 감각주의적 경험론이다. 나아가 모든 것에 확실한 것이 있을 수 없다고 의심하는 그의 태도는 회의론에 속한다. '인간은 만물의 척도'라는 말을 더 쉽게 표현하면 다음과 같다.

인간은 만물의 척도이다. 즉 인간이란 존재하는 것은 존재하며 존재하지 않는 것은 존재하지 않는다고 하는 것의 척도이다.

프로타고라스와 그의 제자 에우아틀로스의 궤변 논쟁에 관한 재미있는 일화가 있다. 스승과 제자의 첫 소송은 수업료와 관련된 것이었다. 원래 에우아틀로스는 스승에게 수업료를 내기로 했다. 그런데 스승에게서 배울 것은 다 배우고도 수업료를 낼 생각을 전혀 하지 않았다. 프로타고라스는 고약한 제자라고 생각해 에우아틀로스를 법원에 고발했다.

법정에 선 스승이 이렇게 궤변을 폈다.

"에우아틀로스는 어떤 경우라도 수업료를 지불해야만 합니다. 만일 그가 이 소송에서 이긴다면 우리의 애초 합의에 따라 그는 수업료를 지불하지 않으면 안 됩니다. 만일 이 소송에서 그가 진다면 판결에 따라서 그는 수업료를 지불해야 합니다."

에우아틀로스는 이렇게 반박했다.

"나는 어떤 경우든 수업료를 지불하지 않아도 됩니다. 내가 만일 이 소송에서 이긴다면 저는 판결에 따라 수업료를 지불할 필요가 없습니다. 그러나 만일 제가 진다면 애초 약속대로 소송에 이기지 못했기 때문에 수업료를 지불할 필요가 없습니다."

재판관은 이들의 궤변을 듣고 해결 불가능한 문제라고 판단해 재판을 무기한 연기했다고 한다.

아무것도 없으며 아무것도 알 수 없다
고르기아스

> 감각적 경험론의 극단에 이르면 모든 것을 의심하게 된다.
> 고르기아스는 모든 진지한 철학과 현실적 학문을 부정해,
> 허무주의자로 일컬어진다.

남부 이탈리아의 레온티니 출신인 고르기아스(B.C. 483?~B.C. 376?)는 조국의 사절로 아테네를 방문했다가 많은 영향을 받았다. 그의 사상은 자연철학 시대, 변증법 시대, 수사학 시대 등 세 시기로 구분되기도 하지만, 확실한 증거는 없다.

그는 『비존재자에 관하여』에서 모든 진지한 철학과 현실적 학문을 부정한다. 그래서 고르기아스는 허무주의자로 일컬어진다.

우리는 모든 것을 극단적인 의심의 눈초리로 바라보는 사람들을 주변에서 자주 보곤 한다.

"네가 말하는 것은 하나도 이해하지 못하겠어. 왜냐하면 너는 네 생각만 이야기하기 때문이야."

"그게 무슨 말이니? 나는 오히려 너를 전혀 모르겠다. 너야말로 다른 사람은 전혀 안중에 두지 않고 혼자 생각하고 혼자 말하기 때문에 나는 정말 너를 모르겠다."

감각적 경험론의 극단에 이르면 모든 것을 의심하게 되는데, 고르기아스는 그러한 입장을 대변한다. 그는 다음과 같이 주장했다.

① 우리는 어떤 것이 생기고 없어지는 것 그리고 그것이 있다는 것을 확실하게 파악할 수 없으므로 아무것도 있을 수 없다.
② 만일 우리가 그 어떤 것을 알 수 있다고 하더라도 우리는 그 앎을 아무에게도 전달할 수 없다. 왜냐하면 말은 사물과 어떠한 공통점도 가질 수 없기 때문이다.

소피스트가 후대의 철학자들에게 남긴 것

정치사회적으로 복잡해진 그리스 사회에서 소피스트는 주관을 강조하고 이기주의에 빠지게 되어 야망에 가득 찬 청년들에게 지식을 가르치고 보수를 받았다. 결국 사람들이 수단과 방법을 가리지 않고 목적 달성에만 관심을 가지게 됨으로써 선과 악의 구분이 흐려졌고, 법률은 가볍게 여겨졌으며, 강한 권력을 소유하는 것이 마치 정의로운 것처럼 생각되었다.

시간이 흐를수록 소피스트는 방종한 감각 쾌락에 몰두하는 것을 두둔하는 셈이 되었으며, 대화술을 궤변과 역설에 사용했다. 그들은 뜻 없이 공허한 말장난만 일삼는 꼴이 되어 궤변철학자라는 악평을 떨쳐버리기 힘들게 되었다.

그렇지만 소피스트가 후대의 철학자들에게 끼친 영향은 매우 중요하다. 소위 궤변철학이 당시까지 존재했던 철학자들의 여러 학설을 이용했기 때문에 그러한 학설이 후대에 전해진 것이다. 또한 궤변철학은 철학적으로 엄밀하게 생각하는 방법을 널리 알려주었으며, 독립하여 독창적으로 생각하는 자세를 후대의 철학자들에게 전해주었다.

"너 자신을 알라"
소크라테스

소크라테스는 자신의 생각을 드러내지 않고
상대의 입장에 동조하는 척하면서도, 아무것도 알지 못하는
사람처럼 끈질기게 질문하여 상대가 스스로 무지를 폭로하게 했다.

밀물이 들면 썰물이 있게 마련이다. 타락한 궤변철학에 의해서 교육뿐만 아니라 사회질서와 윤리 그리고 법까지도 혼란한 지경에 이르자 이에 대한 강력한 반대 운동이 일어났다. 그러한 운동은 소크라테스가 이끌었다.

소크라테스(B.C. 470?~B.C. 399)는 모든 사람들이 공감할 수 있는 공통의 가치를 제시함으로써 백성의 윤리의식을 끌어올리고 동시에 청년들의 가치관을 고양하려고 했다. 그는 건전한 사회에서 사람들이 행복한 삶을 살아가는 것에 대해 모든 관심을 집중했다.

소크라테스는 아테네 출신으로 조각가인 소프로니스코스와 산파인 파이나레테의 아들로 태어났다. 청년 시절에는 아버지를 따라서 조각하는 일에 종사했다. 아무런 저술도 남기지 않았으나 그에 관한 이야기는 플라톤, 크세노폰, 아리스토텔레스 등에 의해서 조금씩 전해졌다.

그는 작은 키에 뚱뚱했으며 눈이 나쁜 데다 매부리코였다. 입이 크고 두꺼웠고 옷을 아무렇게나 입었는데, 행동도 세련되지 못하고 투박했다. 그렇지만 일단 그가 입을 열고 말을 시작하면 인간적 매력이 넘쳐흘렀고 유창한 대화 솜씨가 사람들을 사로잡아서 신체적인 흠은 전혀 문제 되지 않았다고 한다. 아내인 크산티페가 벌이를 제대로 못 한다며 그에게 구정물을 끼얹은 이야기는 크산티페를 악처로 유명하게 만들었다.

소크라테스는 길거리, 시장, 운동장 등에서 정치, 결혼, 우정, 사랑, 예술, 무역, 종교, 과학 등 인간의 모든 문제들, 특히 도덕 문제에 관해 남녀노소를 불문하고 모든 사람들과 기꺼이 논의했다. 그는 나무나 돌과 같은 것으로부터는 배울 것이 없다고 생각해서 자연 세계에 대해서는 별 관심을 보이지 않았다. 말년에는 아테네의 신들을 믿지 않으며 청년들을 타락시킨다는 이유로 고소를 당해서 사형선고를 받았다. 제자들의 도움으로 탈주할 수도 있었으나 '악법도 법'이라고 생각한 그는 세상 사람들에게 정의가 어떤 것인지를 보여주기 위해서 독약이 든 잔을 받고 일흔 살에 세상을 떠났다.

참다운 앎에 이르는 소크라테스의 대화

소크라테스는 상대방과의 끈질긴 대화를 통해서 참다운 앎에 이르는 길을 추구했다. 우리는 이것을 '소크라테스의 대화' 또는 '소크라테스의 방법'이라고 부른다. 소크라테스는 언제나 두 가지 방법을 함께 사용했다. 하나는 반어법 또는 역설의 방법이고 또 하나는 산파술인데, 앞의 것은 부정적인 생각의 과정인 반면에 뒤의 것은 긍정적 생각의 과정이다.

예컨대 정의에 관해 대화할 때, 소크라테스는 우선 자신의 생각은 나타내지 않고 상대방의 입장에 동조하는 척하면서도 전혀 아무것도 알지 못하는 사람처럼 끈질기게 질문해서 상대방이 스스로 자신의 무지를 폭로하게 했다. 원래의 생각과 반대되는 것을 말함으로써 상대방을 무지의 상태에 몰아넣는 방법을 일컬어 '반어법' 또는 '역설의 방법'이라고 한다. 소크라테스가 사용한 반어법의 예를 하나 살펴보겠다.

소크라테스　정의란 무엇인가?
트라시마코스　강자의 모든 행위는 정의입니다.
소크라테스　강자는 사람인가, 아닌가?
트라시마코스　물론 사람이지요.
소크라테스　사람은 옳게 행동할 때도 있고 그릇되게 행동할 때도 있겠지?
트라시마코스　그럼요.
소크라테스　강자도 사람이니까 옳게 행동하기도 하고 그릇되게 행동하기도 하겠지?
트라시마코스　그렇습니다.
소크라테스　강자가 옳게 행동할 경우 그것은 정의이지만, 그릇되게 행동할 경우에도 그것은 정의일까?
트라시마코스　그것은 불법입니다.
소크라테스　그렇다면 처음에 자네가 강자의 모든 행위는 정의라고 한 것이 이치에 맞는가?

이렇게 되면 대화 상대방은 자신의 원래 생각을 부정하게 되고 무지의 상태에 빠진다. 결국 "나는 내가 아무것도 모른다는 사실을 안다"는 말을 할 수밖에 없다.

소피스트는 지식을 팔고 그 대가로 돈을 받았지만, 소크라테스는 사람들이 스스로 참다운 인식을 이끌어낸다고 생각했기 때문에 젊은이들을 가르치면서 아무런 보수도 요구하지 않았다. 그러므로 후세에 와서 소피스트는 궤변철학자 또는 지식을 소유한 자로 불리는 반면, 소크라테스는 지혜를 사랑하는 자, 즉 철학자로 일컬어진다.

소크라테스는 막연하고 추상적인 이야기를 통해 자신의 생각을 발전시킨 것이 아니라, 구체적인 사례를 통해서 대화 상대방으로 하여금 윤리 문제에서 참다운 앎에 도달하게 했다. 이러한 방식은 긍정적인 방법이며, 그것은 '산파술'이라고 불린다. 산파는 산모가 출산하는 것을 도와주기만 할 뿐, 직접 아이를 낳지는 않는다. 아이를 낳는 사람은 산모이다. 마찬가지로 소크라테스는 참다운 앎을 산출해 내고 그것에 도달하는 것은 각각의 사람이며 자신은 단지 옆에서 도와주는 산파와 같다고 생각했다.

용기나 정의는 아무나 마음대로 말하는 우연적인 것이 아니다. 소크라테스는 구체적인 경우를 참조함으로써 누구에게나 타당한 용기나 정의 등의 윤리 개념을 이끌어내려고 했다. 따라서 그는 영혼의 깊은 내면에서 불변하는 보편타당한 윤리 개념을 시민들의 의식에 각성시켜 주려고 했다.

소크라테스가 본 '선하게 산다는 것'

소크라테스는 사람이 내면의 본성을 파악하면 선한 삶을 살 수 있다고 믿었다. 내면의 본성을 안 사람이 그것에 어긋나게 행동할 수는 없기 때문이다. 소크라테스는 "누구도 본질적으로 악을 행할 수 없다"고 생각해 사람의 내면적 본성을 선하다고 보았다. 그러면 악은 어디에서 생기는가. 선한 본성을 제대로 알지 못하는 것에서 악이 생긴다는 것이 소크라테스의 견해이다.

소크라테스에 의하면 선하게 산다는 것은 덕스러운 삶을 영위하는 것이고, 그 사람의 행동이 내면적 본성과 일치하는 것이다. 내면에 선을 지니고 살아가는 사람은 즐거워 보인다. 내면적 본성을 알고 선을 실행하는 것은 덕스러운 삶이며, 그러한 삶은 행복한 삶이다. 소크라테스에게 있어서 덕은 곧 행복의 열쇠인 셈이다. 명언 "너 자신을 알라"는 소크라테스가 델피 신전의 무당에게서 들은 말이다. 소크라테스가 이 말을 통해 전달하고자 하는 것은, 사람의 본성인 선을 알고 그것을 실행하면, 곧 덕스럽게 살면 행복해진다는 것이다.

소크라테스의 후계자들

소크라테스의 후계자들은 몇 가지 서로 다른 방향에서 소크라테스가 주장한 삶의 모범을 따르고자 했다. 그래서 그의 후계자들은 덕에 치중하는 사람들과, 행복에 치중하는 사람들의 두 부류로 구분된다. 그중에서 가장 으뜸가는 제자는 플라톤이다. 그는 스승의 모든 이론을 가장 질서정연하게 체계적으로 발전시켰다. 후세 사람들은 그를 완전한 소크라테스주의자라고 부른다. 플라톤 이외의 후계자들은 불완전한 소크라테스주의자라고 불린다. 그들은 키니코스학파, 키레네학파 및 회의학파 사람들이다.

키니코스학파의 철학자들은 외부 세계를 떠나서 모든 욕심을 버리고 자기 자신 속으로 은둔할 때 덕스러운 삶을 살아갈 수 있다고 믿었다. 그들은 선을 추구했으며 자족(自足)을 방해하는 모든 것을 악으로 보았다. 대표적인 철학자는 디오게네스(B.C. 412?~B.C. 323?)이다. 그는 사회와 민족의 의무 그리고 외적 선과 가치는 물론이고, 친구나 혈연관계 등을 무시했다. 후에 키니코스학파 철학자들은 '철학적 거지', '세계시민적 거지'로 일컬어졌고 플라톤은 그들을 '사치스러운 돼지'라고 불렀다. 알렉산드로스 대왕이 디오게네스를 신하로 쓰기 위해서 찾아갔을 때, 자신의 소원은 왕이 햇빛을 가로막지 않는 것이라고 말한 사실은 널리 알려져 있다. 그는 대낮에도 등불을 들고 거리를 다녔는데, 그 이유를 묻자 "인간을 찾기 위해서"라고 대답했다고 한다.

키레네학파는 키니코스학파와 반대로 향락과 쾌락을 얻기 위해서 수단과 방법을 가리지 않았다. 이 학파의 창시자는 키레네 출신 아리스티포스(B.C. 435?~B.C. 366?)이다. 그의 목적은 행복이며, 행복은 쾌락에서 성립한다. 더 나아가서 행복은 단순한 감각 쾌락이 아니라 현명한 통찰을 통한 향락에서 성립한다. 세상과 삶의 지혜를 누리는 향락이야말로 순수한 정신적 향락이며, 그것은 행복을 가져다준다.

회의학파는 윤리적 덕을 이론적 토론의 대상으로 삼았으며, 모든 것의 통일이 행복이라는 것을 증명하고자 했다. 그러나 회의학파는 마치 궤변철학자들과 같이 말장난에 그치는 증명만을 일삼아 개인의 이익만 추구하는 방향으로 기울었다.

회의학파로는 메가라학파와 엘리스학파 두 부류가 있는데, 특히 메가라학파의 유불리데스는 '거짓말쟁이의 추리'로 유명하다. 다음은 유불리데스가 펼친 거짓말쟁이의 추리이다.

크레타 사람인 에피메니데스는 모든 크레타 사람들이 거짓말한다고 말한다. 그렇다면 그 역시 거짓말하는 것이다. 그렇다면 그의 말은 거짓이고 크레타 사람들은 거짓말하지 않는다. 그렇지만, 그렇다면 모든 크레타 사람이 거짓말한다고 한 크레타 사람인 그 자신도 그의 말로써 거짓말하지 않는다.

"우리가 인식하고 있지 않은 것들을 발견할 수 없고 탐구할 필요도 없다고 생각할 때보다, 그것을 탐구해야만 한다고 생각할 때 우리는 더 나아지고 덜 게을러질 거라는 사실, 바로 이 사실을 위해 난 반드시, 말뿐 아니라 행동으로도 싸울 것이다." —소크라테스

3장
체계의 시대

자연과 인간의
체계에 대한 생각

이데아를 꿈꾼 위대한 철인

플라톤

보편개념에 일치하는 객관 대상이 이데아이다.
예컨대 인간은 남녀노소는 물론이고 흑인, 백인 등
수없이 많은 모습을 가진다. 이런 모습들은 그림자들이고,
이 그림자들의 원래 형태는 보편개념으로서의 인간이다.

동양에 공자가 있었다면, 서양에는 플라톤(B.C. 428?~B.C. 347?)이 있었다. 그렇게 말할 수 있을 만큼 플라톤은 교육이나 정치에 있어 공자와 유사한 생각을 가지고 있었다. 그는 공자처럼 일생 동안 제자들의 교육에 열성을 바쳤으며, 이상적인 국가를 실현하기 위해 몇 차례에 걸친 장거리 여행도 했다. 플라톤은 아테네 출신으로 코드로스 왕족 혈통을 물려받았다. 플라톤의 그리스어 뜻은 '넓이' 또는 '폭'이며, 플라톤이란 이름은 후에 얻은 것이다. 그의 이름은 원래 '아리스토클레스'였다.

플라톤은 청년 시절에 예술교육을 받고 시로 된 희곡을 썼지만 스스로 모든 작품을 없애버렸다. 스무 살 때 소크라테스를 만난 뒤 예술의 길을 포기하고 소크라테스의 가장 충실한 제자로 남았다. 30대 후반에 긴 여행길에 나서서 메가라의 유클리드를 방문했으며, 이후에는 남부 이탈리아에 가서 피타고라스학파의 철학자들과

교분을 가졌다.

플라톤은 자신의 정치적 이상을 실현시킬 목적을 가지고 시라쿠사의 전제군주인 디오니시우스 1세를 방문했으나, 그와 의견 충돌을 일으킨 결과 포로가 되어 에기나의 노예시장으로 팔려가는 신세가 되었다. 다행스럽게도 우연히 그곳에 있던 친구인 쾌락주의자 아니케리스의 도움으로 풀려날 수 있었다.

아테네에 돌아온 플라톤은 아카데모스의 숲속에 '아카데미아'라는 학교를 세우고 제자들을 가르쳤다. 플라톤은 이상국가 설립의 꿈을 버리지 못하고 기원전 367년경 재차 시라쿠사를 방문해 새로운 통치자 디오니시우스 2세를 움직이려 했으나 결국 그의 이상은 좌절되고 말았다. 플라톤은 기원전 360년경 세 번째로 시라쿠사를 방문했으나 디오니시우스 2세와 불화를 일으켜 감금되는 신세가 되었다가, 피타고라스학파의 아르키타스와 몇몇 친구들의 도움으로 석방될 수 있었다. 아테네로 되돌아온 플라톤은 아카데미아에서 계속 제자들을 가르치다 기원전 347년경에 세상을 떠났다.

플라톤 철학은 거대한 호수이다

플라톤은 모두 22편에 이르는 엄청난 양의 '대화편'을 저술했다. 『편지』『소크라테스의 변호』그리고 몇 편의 시를 빼고 그의 모든 저술은 대화 형식으로 꾸며졌기 때문에 우리는 플라톤의 저술을 일컬어 '대화편'이라고 말한다. 그의 저술은 크게 세 가지로 구분되는데, 첫 번째는 소크라테스의 사상을 거의 그대로 따르는 청년 시대의 것들이고, 두 번째는 궤변철학을 비판하거나 자신의 고유한 철학을 제시하는 것들이며, 세 번째는 우주나 신화 등을 다룬 것들이다.

플라톤은 선배들의 다양한 철학들을 모두 받아들이고 자기 나름대로 변형시킴으로써 거대한 호수와도 같은 철학 세계를 만들었다. 그는 소크라테스의 철학 방법과 인간 중심적 통찰에 성실하게 머물면서 여러 철학자들의 생각을 체계적으로 정리했다. 플라톤은 삶의 의미, 지식, 행동 그리고 사회제도 등에 관해서 탐구했으며, 궁극적으로는 불변하는 실재가 무엇인지 묻고 변화하는 세계와 영구불변하는 세계의 관계를 탐구했다.

플라톤은 감각 현상을 의심하는 소피스트의 견해와, 순수한 개념적 지식을 주장하는 소크라테스로부터 큰 영향을 받았다. 그는 만물이 변한다는 헤라클레이토스에 동의하면서도 '만물의 변화'를 감각 현상에만 제한했다. 그는 엘레아학파에 동의해 참다운 세계가 불변한다는 것을 인정했지만, 참다운 세계를 '이데아의 세계'라고 했다. 그는 원자론자들에 동의해 실재(세계의 근원)가 다수라는 것을 인정했지만, 다수의 원자들을 다수의 이데아들로 대치했다. 또 그는 아낙사고라스에 동의해 이성이 세계를 움직이는 동적인 것이라고 보았으며, 불변하는 실재는 이성적이라고 생각했다.

'실재'란 여러 가지 의미로 쓰이지만, 플라톤이 말하는 실재는 피타고라스의 '수'나 아낙사고라스의 '씨앗'과 같은 것의 '원형'이라고 할 수 있다. 예를 들어 거울에 비친 얼굴은 '참다운 얼굴'의 모사물이므로 '참다운 얼굴'을 실재라고 말할 수 있다.

불변하는 세계의 이데아들

플라톤 철학의 알맹이는 이데아 이론이다. 이데아 이론은 플라톤의 고유한 학설을 담고 있는 『국가론』 제7권의 첫 부분 '동굴의 비유'를 보면 잘 알 수 있다. 그 내용을 간략하게 소개하면 다음과 같다.

컴컴하고 긴 동굴이 있다. 동굴의 막힌 끝부분을 향해서 사람들이 죄수처럼 묶인 채 앉아 있다. 이 사람들은 어둠이 세상의 전부라고 생각하고 있다. 그런데 누군가가 동굴 군데군데 횃불을 밝혀놓는다. 그러면 불빛이 반사되는 그림자들이 동굴 벽면에 어른거리기 시작한다. 사람들이 고개를 돌리면 그림자가 보이고 이제 사람들은 어둠이 참다운 것이 아니고 그림자가 참다운 것이라고 믿는다. 갑자기 묶인 사슬이 풀려 한 사람이 동굴 입구 쪽으로 걸어 나온다. 그는 동굴 입구로 나서자마자 햇살에 눈이 부셔서 아무것도 보지 못한다. 그러나 곧 그는 햇살 아래 똑똑한 사물들의 모습을 인식하게 된다.

이 예문에서 알 수 있는 것처럼 플라톤은 앎의 단계와 있는 것들(존재자들)의 단계가 일치한다고 보았다.

소크라테스는 선이나 정의는 불변하는 보편개념이라고 가르쳤다. 플라톤은 보편개념은 머릿속에만 있는 공허한 것이 아니고 그것에 일치하는 참다운 존재를 가진다고 보았다. 예컨대 3이라는 수가 있을 경우 그것은 칠판에 쓰인 3일 수 있고, 크게 소리내어 발음하는 3일 수 있으며, 책에 있는 3일 수 있다. 하지만 그것은 지우거나 불에 태우면 없어진다. 그렇다면 우리는 어떤 근거에서 3을 여러 가지 방식으로 표현할 수 있는가. 공책에 쓴 3은 개별적인 수임에 비해서 그러한 3이 생길 수 있는 근거로서 변하지 않는 3은 이데아로 존재한다는 것이 플라톤의 생각이었다.

플라톤은 앎의 단계를 추측, 신념, 수학적 앎과 참다운 앎으로 구분했다. 추측과 신념에 의해 상식적인 의견을 가지지만 수학적 앎과 이성적인 참다운 앎에 의해 불변하는 실재, 곧 이데아를 알 수 있다는 것이 플라톤의 주장이었다. 보편개념에 일치하는 객관 대상이 곧 이데아이다. 예컨대 인간은 남녀노소는 물론이고 흑인, 백인 등 수없이 많은 모습을 가진다. 이런 모습들은 그림자들이고 이 그림자들의 원래 형태는 보편개념으로서의 인간이다.

이데아는 사물들의 원형이고 따라서 유개념(類槪念)에 일치한다. 현실 세계의 꽃, 나무, 책상, 집 등은 모두 그것들의 원형이 되는 이데아들 때문에 있다. 구체적인 사물뿐 아니라 용기, 정의, 덕, 아름다움 등의 추상적인 개념들도 불변하는 이데아들이 있기 때문에 존재한다. 이 여인의 아름다움, 저 소녀의 아름다움 등은 각기 다르지만 불변하는 아름다움으로서의 보편개념에 일치하는 '아름다움 자체'로서의 이데아가 이 여인이나 저 소녀의 아름다움을 있게 해준다.

이데아 세계와 감각세계

우리는 보다 높고 보편적인 개념들이 보다 낮고 좁은 개념들을 포괄한다는 사실을 알고 있다. '인간'과 '소녀'를 놓고 보면 인간 개념은 소녀 개념을 포괄한다. 마찬가지로 플라톤은 이데아들도 보다 높은 단계의 것들과 그에 속하는 보다 낮은 단계의 것들이 있다고 생각했다. 그러나 이러한 이데아들의 질서와 체계를 가능하게 하기 위해서는 최상의 이데아가 있어야만 한다. 플라톤은 그것을 '선(善)의 이데아'라고 불렀다. 선의 이데아는 오늘날 우리가 생각하는 신과 비슷하다. 선의 이데아는 완전한 것이고, 다른 모든 것은 선의 이데아와 똑같이 되기 위해서 완전함을 추구한다.

이 세상의 만물은 끊임없이 변화한다[헤라클레이토스]. 플라톤은 변화하는 사물의 세계를 일컬어 '감각세계', 곧 '현상계'라고 부른다. 그러나 감각은 확실한 것에 대한 앎을 가져다주지 못한다. 이성에 의해서 사고할 경우 참다운 세계는 변하지 않는다[파르메니데스]. 플라톤은 이 세계의 두 측면, 즉 변화와 불변을 모두 바라보았다. 즉 변화하는 세계는 감각적 현상계이며, 이 현상계를 있게 한 원형의 세계는 불변하는 이데아의 세계이다. 세계 또는 어떤 것이 질적으로 다른 두 가지 요소에 의해서 구성된다는 입장을 '이원론'이라고 하는데, 플라톤은 세계에 대한 이원론의 입장을 대변했다. 플라톤의 이데아 세계와 감각세계에 대한 견해는 앞에서 소개한 '동굴의 비유'를 참조하면 쉽게 이해할 수 있다.

정의가 실현되는 이상국가

플라톤은 사람이 사람답게 살기 위해서는 머리에 자리 잡고 있는 이성과, 가슴에 자리 잡고 있는 정서 그리고 배에 자리 잡고 있는 욕구를 옳게 사용하고 조화시켜야 한다고 주장했다. 이들 능력이 올바르게 사용될 경우 각각의 능력은 기본적인 덕에 도달한다. 이성을 제대로 사용하면 지혜가 되고, 정서나 감정을 옳게 사용하면 용기가 되며, 욕구가 올바르면 절제의 덕에 이른다. 지혜와 용기와 절제의 덕이 각각 잘 발휘되면 세 가지 덕들이 모여서 정의의 덕이 실현된다. 그러므로 플라톤에게 있어서 사람이 지닌 최고의 덕은 곧 정의이다.

플라톤은 아리스토텔레스에 앞서서 이미 인간을 사회적 존재로 보았다. 그는 이상적인 국가 안에서 비로소 인간의 최고의 덕인 정의가 실현될 수 있다고 생각했다. 플라톤에게 있어서 개인은 작은 세계, 국가는 큰 세계에 해당된다. 국가는 개인과 마찬가지로 유기적 존재이다. 플라톤은 사람이 이성적 사유와 감정 그리고 욕구라는 영혼의 세 가지 능력들을 가진다고 보았다.

국가도 개인과 유사하게 왕과 무사, 생산자로 구성된다. 플라톤은 철학 탐구가 가장 훌륭하고 현명한 지배의 결과를 산출한다고 믿었기 때문에 철인왕을 국가의 최고 신분에 놓았다. 철인왕의 아래 신분은 무사나 파수꾼이다. 무사는 용기의 덕을 실천하고 백성의 안전을 보장하며 청년의 교육을 담당함으로써 국가를 보호하는 역할에 전념한다. 마지막 신분은 농부, 어부, 선원으로 산업에 종사하는 사람들이다. 이들은 침묵과 절제의 덕을 실천하면서 국가의 안정에 기여한다.

플라톤은 각각의 신분이 최선을 다할 때 지혜·용기·절제의 덕이 실현됨으로써 국가의 정의가 확립될 수 있다고 믿었다. 이러한 플라톤의 윤리 국가관은 분명히 그의 이데아 이론을 바탕으로 삼은 것이다. 그러므로 그의 국가는 이상국가이다. 그는 그러한 국가를 현실적으로 실현하기 위해서 시라쿠사를 방문해 디오니시우스 2세를 설득했던 것이다.

모든 학문의 아버지

아리스토텔레스

아리스토텔레스가 생각한 세계는 맨 아랫부분에 무생물보다 더 완전한 재료를 소유한 제1질료가 있고, 맨 윗부분에 순수 형상이 있으며, 그 사이에는 개별 사물들이 있는 세계이다. 개별 사물들은 재료(질료)와 원리(형상)로 되어 있다.

그리스 북부 반도인 칼키디케의 스타기라에서 태어난 아리스토텔레스(B.C. 384~B.C. 322)는 마케도니아 필리포스 왕의 주치의인 니코마코스의 아들이었다. 그는 17세에 플라톤의 아카데미아에 들어가서 20년을 그곳에서 보냈는데, 나중에는 선생으로서 학생들을 가르쳤다. 기원전 347년경 플라톤이 세상을 떠나자, 아리스토텔레스는 아소스, 무시아, 미틸레네 등을 여행하고 아테네로 돌아와서 수사학 학교를 건립할 계획을 세웠다. 그는 5년간 필리포스 왕의 아들 알렉산드로스의 가정교사 노릇도 했다. 기원전 335년경 아리스토텔레스는 아테네에 학교를 세웠는데, 이 학교에서는 그와 제자들이 걸으면서 대화를 통해서 수업을 했기 때문에 후에 '소요(逍遙)학파'라는 이름을 얻게 되었다. 그는 피티아스와 결혼했으나 곧 이혼했다. 아리스토텔레스는 12년간 아테네의 리케이온에 세운 학교에서 가르쳤다.

기원전 323년 알렉산드로스 대왕이 죽은 후 아리스토텔레스는 마케도니아에 반대하는 사람들에 의해서 신을 믿지 않는다는 이유로 고소를 당했다. 그는 칼키스로 도피했으나 위장병이 악화되어 이듬해 그곳에서 사망했다. 아리스토텔레스는 일생 동안 약 400권에 이르는 저서를 쓴 것으로 알려졌지만 상당수는 소실되었다. 그는 오늘날 모든 학문의 시초가 되는 분야의 기초를 마련했으므로 '만학의 아버지'라고 일컬어진다.

컴퓨터언어의 시조가 된 아리스토텔레스

실천과 이론은 구분되면서도 상호 밀접하게 연관되어 있다. 된장국을 끓인다고 해보자. 된장국을 어떻게 끓이는지 모르는 사람은 제맛 나는 된장국을 끓일 수 없다. 된장국의 재료인 된장, 감자, 호박, 파 등의 재료에 대한 지식이 있고 또 어떤 불에 얼마 동안 끓여야 하는지를 경험한 사람이 된장국을 맛깔나게 끓일 수 있다. 실천과 이론이 조화롭게 결합될 경우 바람직한 삶이 나타난다.

아리스토텔레스는 스승 플라톤의 견해를 따르면서도 매우 비판적인 입장을 보였다. 그는 플라톤의 관념론 입장에 반대하고 어떤 주장이 정당하기 위해서는 학문적 증명 방식이 반드시 제시되어야 한다고 믿었다. 항상 참다운 전제가 있고 그것에서 정확하게 추리된 판단(언명)만 정당할 수 있었다.

아리스토텔레스는 모든 주장들이 궁극적으로 '실체, 관계, 성질, 양, 장소, 시간, 행위, 상태, 수동, 위치' 같은 기본 개념(범주)으로 귀결된다고 생각했다. 다음의 판단을 예로 들어보자.

"나는 너와 마찬가지로 오늘 괴로워하는 저 여인을 어두운 이곳에서 사랑하고 있다."

이 판단에서 '나, 너, 저 여인' 등은 실체이고 '괴로워하는'은 상태이며 '오늘'은 시간이고 '사랑하고 있다'는 행위이다.

아리스토텔레스는 소위 형식논리학의 아버지로서 현재 우리가 사용하고 있는 컴퓨터언어의 시조이기도 하다. 그의 논리학의 체계는 개념론, 판단론, 추리론으로 형성된다. 개념이 모여서 판단이 되고, 판단이 모여서 추리가 된다. 아리스토텔레스는 정확한 추리만 학문적으로 가치가 있다고 보았다. 왜냐하면 그릇된 추리는 오류를 범함으로써 우리에게 거짓을 알려주기 때문이다. 예컨대 "김 양은 동물이다. 고양이는 동물이다. 그러므로 김 양은 고양이이다"와 같은 추리는 형식상 오류가 없는 것 같지만 명백히 그릇된 추리이다. 아리스토텔레스는 오류 추리의 근거를 찾는 것을 논리학의 핵심과제로 삼았다.

"저 사람은 늙어서 죽었다. 이 사람도 늙어서 죽었다. 그러므로 사람은 늙으면 죽는다."

이와 같이 개별 경험 사실을 바탕으로 일반 원리에 도달하는 것을 귀납추리라고 한다. 거꾸로 일반 원리를 개별 사실에 적용하는 것은 연역추리이다. 예를 들면 "소금은 짜다. 이 국은 소금이 들어 있으므로 짜다. 저 국도 소금이 들어 있으니까 짜다."

아리스토텔레스는 연역추리가 사고의 정확성과 보편성을 보장해 준다고 보고 학문은 연역추리에 의해서 전개되어야 한다고 주장했다.

무엇이 참답게 존재하는가

동양적 사고의 특징이 보존과 종합에 있다고 한다면, 서양적 사고의 특징은 비판과 분석 및 발전에 있다고 말할 수 있다. 특히 아리스토텔레스는 플라톤의 이데아 이론을 매우 날카롭게 비판했다. 플라톤은 감각적 현실 세계를 그림자로 보고 현실 세계가 아닌 다른 세계, 곧 이데아 세계가 참답다고 보았다. 아리스토텔레스는 참다운 실재는 현실 세계 안에 있는 각각의 사물, 즉 개물(個物)이고 개물과 떨어진 이데아는 없다고 했다.

예컨대 책상은 나무라는 재료와, 공부하는 것이라는 원리 두 가지에 의해서 참다운 개별 사물이 된다. 모든 나무가 모두 책상일 수 없고 '공부하는 것'이라는 원리가 나무에 작용해야만 책상이 된다. 아리스토텔레스는 나무를 질료(재료), 그리고 '공부하는 것'을 형상(원리)이라고 불렀다. 그렇다면 그는 플라톤의 불변하는 이데아를 개별 사물을 구성하는 원리로 끌어내린 셈이다.

아리스토텔레스가 생각하는 세계

아리스토텔레스는 자연과학 일반과 특히 생물학에 많은 관심을 보였다. 그는 사물들[세계]을 무생물과 생물로 구분하고 생물을 다시 식물, 동물 및 인간으로 구분했다. 무생물은 그저 존재하기만 하며 질료적(재료적) 측면에 충실하다. 식물이 영양 섭취의 능력을 갖고 있고, 동물이 감각 작용과 운동을 소유했다면 인간은 이성을 소유한다. 무생물로부터 인간에 이르기까지의 단계를 살펴보면 무생물은 능력(작용)이 거의 없지만 재료는 충분하고, 이에 반해 인간은 재료는 불충분하지만 능력은 탁월하다.

무생물(무기물)보다 더 완전한 재료를 소유한 것이 있다고 생각한 아리스토텔레스는 그것을 '제1 질료'라고 불렀고, 인간보다 더 완전한 능력(작용)을 가지고 아무런 재료도 없는 것을 일컬어 '순수 형상' 또는 '신'이라고 불렀다.

아리스토텔레스가 생각하는 세계는 맨 아랫부분에 제1 질료가 있고 맨 윗부분에 순수 형상이 있으며 그 사이에는 개별 사물들이 있는 그러한 세계이다. 개별 사물들은 현실태이다. 그러나 개별 사물들은 앞에서 본 것처럼 재료(질료)와 원리(형상)로 되어 있다. 아리스토텔레스는 재료를 가능태라고 하고 원리를 능동태라고 했다. 재료에 원리가 가해지면 개별 사물이 되기 때문에 가능태에 능동태가 작용함으로써 현실태로서의 개별 사물이 나타난다.

또한 아리스토텔레스는 세계의 사물들이 변화하는 원인을 네 가지로 보았다. 사물은 형상인(形相因), 질료인, 목적인, 운동인에 의해서 다양하게 변화한다. 집을 예로 들 경우, 형상인은 설계도에 해당하고 질료인은 건축 재료에 해당한다. 또 목적인은 완성된 건물에, 그리고 운동인은 집 짓는 사람에 해당한다. 세계의 모든 사물들은 이 네 가지 원인에 의해서 변화한다.

아리스토텔레스는 플라톤의 관념적 이데아를 부정하고 따라서 이데아 세계와 현상세계를 구분하는 이원론을 반대했다. 그러나 그가 비록 개별 사물들만 실재한다고 주장하여 일원론을 전개했다고 할지라도 개별 사물이 재료와 원리로 구분된다고 본 점에 있어서 그는 여전히 플라톤적이므로 그의 세계관을 일컬어 '이원론적 일원론'이라고 말할 수 있다.

어떻게 행복한 삶을 이끌어갈 수 있는가

모든 사람은 본성상 참다운 인식을 추구한다고 아리스토텔레스는 말했다. 또한 그는 모든 사람은 행복한 삶을 살아가려고 한다고 말했다. 그는 덕과 행복을 밀접한 관계에 있는 것으로 보았으며, 선이란 덕스러운 삶을 살아갈 때 이루어지고 선한 삶이 곧 행복한 삶이라고 보았다.

그러면 우리는 어떻게 덕스러운 삶을 이끌어나갈 수 있는가. 아리스토텔레스는 그의 윤리학에 관한 저술 『니코마코스 윤리학』에서 덕을 실천적 덕과 이론적 덕으로 크게 나누어 살펴보았다. 실천적 덕은 중용을 지킬 때 제 가치를 지닌다. 용기라는 덕의 경우, 무모함이나 비겁함을 버리고 중용을 지킬 때 참다운 용기가 된다. 전쟁에 임해 마구 돌진하거나 또는 무조건 후퇴만 한다면 그러한 행동은 용기와는 거리가 멀다. 마땅히 돌진해야 할 때 돌진하고 후퇴해야 할 때 후퇴한다면 그러한 행동은 중용에 해당하는 참다운 용기이다. 절제나 정의의 덕에 있어서도 역시 중용을 지킬 때 참다운 덕을 행할 수 있다. 그러므로 아리스토텔레스가 말하는 중용은 산술적인 중간이 아니라 '가치론적 절정'이라고 말할 수 있다.

그런데 실천적 덕을 참다운 덕으로 만들 수 있는 덕이 있으니 그것은 바로 이론적 덕이고, 이것을 다른 말로 표현하면 지혜의 덕이다. 그러므로 아리스토텔레스는 '관조하는 삶'이야말로 행복한 삶이라고 했다. 지혜는 '자유로운 덕'이면서 동시에 최고의 덕으로서 행복한 삶에 도달하게 해준다. 용기나 정의가 무엇인지 모르고 단지 실천적으로만 행동한다면 그것은 중용과는 거리가 멀다. 실천적인 덕이 중요하긴 해도 그것이 이론적 덕, 곧 '지혜'에 의해서 참다운 방향과 의미를 얻을 때 비로소 사람은 행복한 삶을 살아갈 수 있다.

아리스토텔레스는 행복의 최고 단계는 자유로운 이성 활동과 최고의 덕 그리고 지혜와 결합되는 쾌락이라고 보았다. 행복에 의해서 사람은 외부의 물질적 자극과 구속 그리고 신체의 결함을 극복해 자신의 내면에 있는 신적 본성에 관한 깨달음을 얻는다. 그러나 아리스토텔레스는 선과 덕은 구체적이며 현실적인 인간이 실현해야 하는 것으로 보았고, 플라톤처럼 선을 현실 세계와 동떨어진 것으로 생각하지는 않았다.

아리스토텔레스와 국가론

아리스토텔레스가 본 국가는 그 내면에서 백성의 덕과 행복의 실현을 찾아야만 하는 조직체이다. 그는 사람을 '정치적 동물'이라고 했으며, 국가란 원래부터 있는 것이 아니라 사람들이 모여서 만든 조직체라고 믿었다.

아리스토텔레스는 국가의 정치형태가 여러 가지로 변하는 과정을 날카롭게 관찰했다. 의식수준과 문화가 가장 낮은 단계의 백성은 가장 재능 있고 능력 있는 자의 통치를 받아들이는데, 이러한 국가형태는 왕국이다. 그러나 어느 순간 가장 힘 있는 인물이 나타나서 독재를 시작하면 전제국가(독재국가)가 나타난다. 그러나 귀족들이 독재정권을 타파하고 권력을 장악하면 귀족주의의 지배 형태가 등장한다. 그렇지만 귀족 신분을 가진 사람들이 지배하는 것을 물리치고 단 몇 사람의 힘센 자들이 정권을 소유할 경우 과두정치가 나타난다. 그러나 백성들 자신이 직접 정치에 참여해서 과두정치를 붕괴시키면 민주주의가 등장한다.

아리스토텔레스는 위의 여러 정치형태가 순환적으로 나타나서 국가의 정치형태가 변화한다고 보았다. 그러나 그는 민주주의의 경우 사회의 가장 하층에 있는 천민이 지배함으로써 폭민 정치의 위험이 도사리고 있다고 생각했다.

아리스토텔레스는 한 사람이 국가를 지배하는 왕정과, 폭민 정치의 위험이 있는 민주주의의 중간에 있는 귀족주의가 모든 문화 단계에서 백성들을 위해 가장 선한 정치를 실현할 수 있을 것으로 보았다.

4장
윤리·종교의 시대

스토아철학에서
신플라톤주의까지

세상을 관조하는 금욕주의적 태도
스토아철학

스토아철학자들은 충동과 욕구로부터 해방되어 세상을 관조하는 금욕주의적 태도를 견지하려 했다. 세계가 물질적 구조로 이루어져 있으며, 세계의 각 부분에 신의 정신이 있다고 생각했다.

아리스토텔레스가 세상을 떠났을 무렵 그리스는 쇠망의 길로 들어섰다. 세상은 로마가 지배하기 시작했다. 그러나 로마인들은 지배적 사상이 없었으므로 사상적으로는 그리스철학을 그대로 답습했다. 우리는 이 시기를 일컬어 '헬레니즘 시대'라고 부른다. 이 시기에 그리스에는 새로운 변화가 일어났다. 알렉산드로스 대왕은 일찍이 보기 힘든 영토 확장을 꾀했다. 그 결과 여러 민족들 간의 교류가 잦아지고 문화적 혼합이 나타나기 시작했다. 아테네는 더 이상 세계의 중심이 되지 못했으며, 로도스나 알렉산드리아 등의 도시가 학문적으로 더 번창했다. 동방과 로마의 문화 및 윤리관이 그리스로 유입되었으며, 정치적 타락의 와중에 각 개인이 평등하다는 세계시민적 사상이 싹텄다.

사람이 나이 먹어 늙고 또 세상이 바뀌면 혼란을 겪으면서도 무엇인가 자신의 고유한 것을 지키려고 애쓰기 마련이다. 특히 사람답게 살아야 한다는 윤리적인 욕구가 높아지며 동시에 이 세상이 아닌 초월적인 세계의 행복을 동경하는 종교적 욕구도 강해진다. 혼란한 시대에 처한 개인들은 살아남기 위해서 실천 문제에 특히 관심을 쏟았다. 때문에 지금까지 있었던 순수하게 이론적인 자연철학, 앎의 문제, 존재의 문제에 대한 관심은 자연히 등한시되었다.

이제 철학자들은 어느 때보다 인간의 내면으로 깊이 파고들어가서 이론의 탐구보다 윤리 문제에 대한 답을 찾으려고 했다. 그리스 말기의 윤리·종교 시대를 장식하는 철학의 경향들로는 스토아철학, 에피쿠로스 철학, 회의론 철학 그리고 신플라톤주의를 들 수 있다. 이 새로운 경향들 중에서 스토아철학은 소크라테스학파에 속하는 키니코스 철학으로부터, 에피쿠로스 철학은 키레네 철학으로부터 많은 영향을 받았으며, 회의론 철학은 메가라학파로부터 크게 영향 받았다. 또 신플라톤주의는 비록 순수한 형태의 그리스철학의 영역에 속했으나 중세 기독교철학에 커다란 영향을 미쳤다.

회랑에 모여 사유하고 토론하다

그리스 말에 철학자들은 기둥들이 지붕을 떠받치는 회랑이나 홀을 거닐면서 담론하였다. 그런 회랑이나 홀을 '스토아'라고 했으므로 후에 스토아철학, 스토아학파의 철학자들이라는 개념이 생겨났다.

스토아철학자들은 윤리적 삶의 법칙을 찾고 그것을 실제 생활에 적용하는 것을 최상의 과제로 삼았다. 스토아철학의 창시자는 사이프러스의 키티온 출신 제논(B.C. 335?~B.C. 263?)이다. 제논은 도덕적으로 진지하고 친절하며 소박하고 고결한 성품을 가졌다. 그는 키니코스학파, 메가라학파, 회의론 학파의 스승들에게서 공부한 후 기원전 294년에 아테네에서 학교를 열었는데, 그곳이 채색된 기둥 현관(스토아)이어서 그의 학파를 일컬어 스토아학파라고 하였다. 스토아철학은 로마인들 사이에서 여러 추종자들을 얻었는데, 그들 중에는 키케로, 세네카, 아우렐리우스 등이 있다.

무엇이 사람을 동물과 구분짓는가

스토아철학자들은 우선 사람을 동물로부터 구분해 주는 사람의 본성이 무엇인지 물었다. 그들이 그렇게 물은 근거는 윤리적 삶의 법칙을 찾으려는 요구이다. 그들은 어떤 다른 것이 아니라 오로지 이성만이 사람의 본성이라고 믿었다.

감각적 충동이나 다양한 욕구 그리고 여러 가지 정서는 모두 이성에 반대되며, 그러한 것들에 따라서 살아가면 삶은 혼란해지기만 한다. 충동에 따르기만 한다면 선과 악 그리고 정의와 불의는 전혀 구분하지 못하게 된다. 이성을 무시하고 오직 충동과 애착에만 따른다면 사람은 짐승과 하등의 차이가 없다. 오늘날 알코올이나 마약에 중독되어 인간다운 삶을 살아가지 못하는 사람들이나, 지나치게 전문적인 분야에만 편파적으로 관심을 쏟는 사람들을 보면 이러한 철학자들의 주장에 일리가 있다는 것을 쉽게 알 수 있다.

스토아철학자들은 불타는 충동과 욕구로부터 해방되어 냉정하게 세상을 관조하는 금욕주의의 태도를 견지하고자 노력했다. 그들은 이성의 법칙에 따라서 사는 현자는 지혜의 덕을 가져야 한다고 주장했다. 만일 사람이 이성에 따르기가 너무 힘들 경우 자살함으로써 충동과 욕망의 멍에를 벗어날 수 있다고 말함으로써 소극적인 해방 방법으로 자살론까지 들먹였다. 그들은 행복한 삶은 선한 삶이라고 했으며, 선이란 지혜와 덕에 이르기 위한 무관심과 무욕이라고 했다. 그러나 이러한 생각은 점차 편파적인 방향으로 나아갔다. 즉 그들은 질병보다 건강이, 노예보다 자유인이, 가난보다 부유함이 무관심과 선을 가져다준다고 믿었으므로 결국에는 이기주의적 향락이나 극단적인 개인주의로 흐르는 경향이 있었다.

유물론적 사고방식

스토아학파의 철학자들은 신적 정신이 물질에 결합되어 있다고 생각했으며, 따라서 이성이 전체 물질을 관통한다고 보았다. 이성(로고스)은 사물들에게 형태를 부여하는 불이다. 스토아철학자들은 헤라클레이토스의 '불', 아낙사고라스의 '이성' 및 아리스토텔레스의 '부동의 동자'에서 영향을 받았지만, 세계는 엄밀한 물질적 구조를 소유한다고 믿었다. 말하자면 스토아철학자들은 절대적인 의미의 유물론자는 아닐지라도 세계가 물질로 되어 있다는 유물론적 입장을 보여준 셈이다.

스토아철학자들은 만물은 물론이고 신적 정신으로서의 이성까지도 물질적 기초와 결합되어 있다고 보았다. 그들은 사람의 영혼 역시 영혼의 능력을 소유한 신체라고 보았다. 지각 또한 신체적 과정으로서 외부의 사물이 신체에 미치는 영향이다. 그들은 플라톤의 이데아를 반대하고 순수하게 독립된 정신적인 것은 없으며 감각적 개별 사물만 존재한다고 믿었다.

스토아철학자들은 세계는 물질적 구조로 이루어져 있으면서도 세계의 각 부분에는 신의 정신이 있고 신의 정신은 각 부분을 보다 높은 형태로 고양시킨다고 보았다. 이러한 생각은 모든 것이 신이라는 범신론적 사고방식에 접근할 뿐만 아니라 모든 인간은 평등하다는 '세계시민 사상(코즈모폴리터니즘)'의 씨앗이 된다.

정신적 쾌락을 추구하다
에피쿠로스

에피쿠로스학파는 부당한 선입관을 피하고 자연과 신에 대한 공포감을 멀리하려고 했다. 순수하게 정신적인 쾌락만이 선한 삶을 가능하게 하며 행복을 가져다준다고 믿었다.

에피쿠로스학파의 창시자인 에피쿠로스(B.C. 341~B.C. 270)는 사모스에서 그리스인 부모의 아들로 태어났다. 그는 스승인 나우시파네스를 통해서 데모크리토스의 저술과 회의론자 피론의 이론을 연구했다. 여러 곳에서 가르치다가 기원전 306년 아테네에 학교를 세우고 그곳에서 죽을 때까지 많은 제자와 친구 들의 흠모를 받으면서 살았는데, 그들 중 상당수가 여성이었다. 에피쿠로스는 열정적인 저술가로서 37권의 책을 썼지만 현재는 단편들만 전해지고 있다. 그는 자신의 체계를 44개의 명제로 요약했는데, 이것은 현재까지 전해진다.

에피쿠로스 철학도 스토아철학과 마찬가지로 문화의 타락을 피하여 해방되고 독립된 사람의 행복한 삶을 목표로 삼는다. 앞에서 우리는 포도주 통을 집으로 삼고 알렉산드로스 대왕의 신하 되기를 거부하며 거지처럼 살아간 디오게네스를 이야기했다. 에피쿠로스

철학자들도 디오게네스처럼 가정과 사회 그리고 국가의 일에 무관한 삶을 살 것을 주장했다.

움직이지 않는 마음

에피쿠로스 철학자들은 모든 종류의 불쾌감을 제거하거나 피하고 조용히 은둔 생활에 전념했다. 스토아철학이 냉철한 이성으로 충동과 욕망을 억제하는 금욕을 이상적인 것으로 여겼음에 반해, 에피쿠로스 철학은 부당한 선입관을 피하고 자연과 신에 대한 공포감을 멀리하려고 했다. 에피쿠로스학파는 순수하게 정신적인 쾌락만이 선한 삶을 가능하게 하며 행복을 가져다준다고 믿었다. 행복은 마음의 안과 밖에서 흔들리지 않는 부동심에 의해서 가능하다는 것이 에피쿠로스 철학의 주장이다.

에피쿠로스학파의 철학자들은 세계에 대해서는 데모크리토스의 이론을, 인식의 문제에 관해서는 감각주의를 따른다. 세계의 사물들은 원래 원자들의 덩어리에서 생기는데, 소용돌이 운동에 의해서 무거운 원자들과 가벼운 원자들이 서로 분리되는 과정을 통해서 세계가 태어난 것이라고 주장했다.

또 사람의 모든 생각은 감각적 지각으로부터 생긴다고 보았다. 그래서 플라톤이나 아리스토텔레스가 주장한 이성적(합리적) 인식을 부정했다. 모든 인식은 사물에서 나온 상(像)들이 감각기관의 구멍들을 통해서 성립하기 때문에 이성적 인식이란 무의미하다는 것이다. 그러면 우리가 사물을 가리키는 개념이란 무엇인가. 에피쿠로스 철학에서는 기억에 고정된 감각의 인상을 개념이라고 했다.

따라서 개념이 진리이기 위해서는 언제나 감각적 지각에 의해서 개념이 확인되어야 한다. 이러한 감각주의적 인식의 이론은 감각적 지각을 인식의 기준으로 여기기 때문에 자칫하면 모든 것을 의심하는 회의론에 빠지는 경향이 있다.

모든 것을 의심한 피론

엘리스 출신 피론(B.C. 360?~B.C. 270?)은 청년 시절 데모크리토스의 학술을 연구했으며, 후에 소크라테스학파의 하나인 메가라학파(일종의 회의론)의 이론에 친숙하게 되었다. 그 자신은 아무런 저술도 남기지 않았으나 티몬(B.C. 320?~B.C. 230?)에 의해서 피론의 생각이 정리되었다. 현재는 단편들만 전해지고 있다. 티몬이 죽은 후 회의학파는 플라톤이 세운 아카데미아에 흡수되었지만, 피론의 회의론은 아카데미아에 속한 철학자들에 의해서 모든 주장을 증명하거나 반증하는 방식에 의해 계속 이어졌다.

메가라학파의 철학자들은 주관주의와 상대주의의 입장을 가지고 있었다. 예컨대 앎이나 정의는 영구불변하는, 보편적이거나 필연적인 성격을 가지지 않고 각 개인에 따라서 다르며 언제나 변할 수 있다는 것이다. 피론도 마찬가지로 궤변철학적의 상대주의와 주관주의를 옹호했다.

피론은 우리가 사물을 참답고 정확하게 알 수 있는지에 관해 의심하고 부정하는 입장을 지녔다. 감각과 오성(悟性: 지성이나 사고능력, 분별력) 모두 확실한 앎을 가져다줄 수 없다고 믿었다. 감각은 수시로 변하며 우리로 하여금 그릇된 앎을 가지게 하는 경우가 많다.

또 감각은 사람마다 서로 다른 앎을 가지게 한다. 오성 또한 사람으로 하여금 어떤 사물에 대해서 서로 모순되거나 반대되는 생각을 가지게 하기 때문에 확실하고 참다운 앎을 보장하지 못한다.

따라서 피론은 확실한 앎을 포기해야 한다고 말했다. 윤리 문제에 있어서도 주관주의와 상대주의의 입장을 고수했다. 피론에 의하면 사람이 행복하기 위해서는 모든 종류의 불쾌함을 피하고 흔들리지 않는 부동심을 가져야만 한다. 이와 같은 견해는 에피쿠로스 철학의 윤리관과 동일하다. 피론의 입장은 마음의 동요와 불쾌함을 피하기 위해서는 현재 통용되는 가치와 질서 그리고 사회적인 윤리와 습관을 따르는 것이 최선의 방책이라는 소극적인 자세를 지니고 있다. 피론의 회의학파는 앎과 윤리의 문제에 있어서 상대주의와 주관주의의 입장을 견지하지만, 윤리적 상대주의에 한층 더 기울고 개인의 소극적 행복을 추구하는 경향을 보인다.

세계를 '일자'의 유출로 보다

플로티노스

> 신플라톤주의는 플라톤의 관념론을 기초로 해서 종교를 철학적으로 해석하려 했다. 세계는 복수로 되어 있으며 복수는 항상 하나를 전제로 하므로, 일자는 세계 만물을 초월해 있다.

이집트의 리코폴리스 출신인 플로티노스(205?~270)는 11년간 알렉산드리아의 암모니우스 삭카스 밑에서 철학을 배웠다. 플로티노스는 243년에 로마로 가서 학교를 설립했다. 그는 종교적·공상적 성격을 가졌으며, 페르시아의 종교를 알기 위해서 페르시아 원정에도 참여했다. 그가 죽은 후 제자 포르피리오스(234?~305?)가 플로티노스의 저술을 6권으로 묶어 출판하면서 각 권을 9개의 장으로 나누었기 때문에 이 책은 9를 뜻하는 그리스어 '에네아'에서 따온 『에네아데스』라는 제목을 가지게 되었다.

종교를 철학적으로 해석한 신플라톤주의

그리스철학 말기에 종교적 충동과 종합적 사고를 결합하고 발달시키려는 사상이 나타났으니, 이를 일컬어 '신플라톤주의'라고 한다. 플라톤의 관념론을 기초로 삼아서 종교를 철학적으로 해석하고자 하는 작업을 수행한 사람은 신플라톤주의의 창시자 플로티노스이다. 플로티노스는 세계의 근원과 변화를 깊이 있게 철학적으로 탐구했을 뿐만 아니라, 종교적 삶에서 열렬히 구원을 추구했으며, 신적 힘에 헌신적으로 의존했다.

플라톤은 한마디로 말해서 순수한 정신과 물질, 곧 이데아 세계와 현상세계를 극단적으로 대립시켰다. 따라서 플라톤은 정신적 이데아와 물질적 현상의 관계를 적절하게 설명할 수 없었다. 플로티노스는 신을 하나, 즉 '일자(一者)'라고 했는데, 그것은 플라톤의 '선의 이데아'에 해당한다. 플로티노스는 신은 무한하므로 만물을 자신 안에 포함하고 모든 것을 산출한다고 주장했다.

플로티노스의 신은 '원인 없는 첫 번째 원인'으로서 우주 만물은 신으로부터 유출된다. 세계는 복수로 되어 있으며 복수는 항상 '하나'를 전제로 삼기 때문에, '일자'는 모든 것을 능가하며 세계의 만물을 초월해 있다.

플로티노스의 신, 곧 '일자'에 관한 사상은 비록 그가 기독교 신자가 아니었다고 할지라도 중세 기독교사상에 커다란 영향을 미쳤다. 그는 신은 진, 선, 미, 의식, 의지 등을 초월하기 때문에 우리가 신을 선하다거나 참답다고 할 수 없고 오직 부정적인 표현을 사용함으로써만 신에 관해서 말할 수 있다고 주장했다. 플로티노스의 신은 세계를 창조하지 않았다. 오히려 필연적으로 우주가 신으로부터 유출된 것이다. 신의 무한한 힘과 활동성이 흘러넘치기 때문에 그러한 흐름의 결과 우주가 형성되었다.

플로티노스는 창조를 반대했다. 왜냐하면 창조하기 위해서는 창조자가 의식과 의지를 가져야 하는데, 의식과 의지는 제한된 것이기 때문이다. 신은 완전하고 무한하므로 우리 인간은 어떤 표현으로도 신을 무엇이라고 설명할 수 없다고 플로티노스는 생각했다.

플로티노스는 은유를 사용해서 신을 설명하려 했다. 즉 신은 샘물과도 같아서 영원히 마르지 않는 물이 흘러넘친다. 흘러넘친 물은 바로 세계이며 우주이다. 또한 신은 태양과도 같다. 태양으로부터 광선이 나오는데, 태양은 변함이 없으면서도 끊임없이 빛을 발산한다. 다양한 빛들은 바로 세계이며 우주이다.

신으로부터 가장 먼저 흘러나온 것

플로티노스의 유출설에 있어서 신(일자)으로부터 가장 먼저 흘러나온 것은 정신이다. 그다음 것은 영혼이며, 가장 마지막 것은 질료(재료)이다. 이러한 플로티노스의 유출설을 쉽게 이해하기 위해서는 용광로의 예가 도움이 될 것이다. 쇳물이 끓고 있는 용광로를 신이라 할 수 있고, 용광로에서 흘러나온 뻘건 쇳물을 정신이라고 말할 수 있다. 그다음에 생기는 것은 여전히 붉지만 쇳물이 아닌 쇠인데 이것을 영혼이라고 할 수 있고, 마지막으로 다 식어버린 쇠를 질료라고 말할 수 있다. 정신으로부터 흘러나온 영혼은 비록 순수하기는 해도 욕구나 감각 등을 가지며 질료와 결합해 인간을 형성하게 된다. 이러한 설명은 순수한 이데아가 신체라는 감옥에 갇히게 되어 사물이 형성되었다는 플라톤의 신화를 회상하게 해준다.

황홀한 신과의 합일

플로티노스의 일원론 철학이 중세 기독교철학에 가장 중요한 영향을 미친 것은 신과의 합일에 관한 부분이다. 정신적인 신 자체가 흘러넘쳐서 세계 만물이 형성되었으므로 모든 것은 신적이며, 이러한 사상은 일원론이다. 일반적으로 말해서 일원론은 신비주의의 색채를 가진다. 신비주의란 이론적으로 설명이 힘들고 주로 체험에 의해서 어떤 상태를 해결하는 경향을 일컫는다.

사람은 순수하지 못한 재료와 영혼이 결합해서 형성된 것이므로 완전하기 위해서는 신의 단계로까지 상승하지 않으면 안 된다. 선이나 용기 또는 정의와 같은 일상적인 현실의 덕을 실행해서는 완전한 신의 경지에 도달하기 어렵다. 왜냐하면 그러한 덕들은 제한된 것들이기 때문이다. 그렇다고 해서 충동이나 욕구를 억제한다고 해도 그렇게 해서 도달된 상태는 완전할 수 없다.

영혼은 감각과 아울러 신체의 오염으로부터 해방되어야 한다. 플로티노스는 이론적 사색과 직접적 직관이 우리로 하여금 신을 볼 수 있게 해준다고 믿었다. 영혼은 먼저 감각과 충동을 벗어나야 하며, 다음으로는 이론적 사색에 몰두해야 한다.

그러나 그것으로는 아직 신과의 합일에 도달할 수 없다. 이론적 사색은 신을 사색의 대상으로 여기기 때문에 무한하고 절대적인 신을 제대로 파악하지 못한다. 영혼이 자신의 사색을 초월하여 신의 영혼으로 들어갈 때 비로소 영혼은 신과의 황홀한 합일에 도달한다. 플로티노스가 이와 같은 신과의 합일을 '황홀한' 합일이라고 말한 것은, 그것이 모든 실천과 이론을 초월한 신비적인 성격을 가지고 있기 때문이다.

플로티노스의 이와 같은 주장은 일종의 종교적 관념론이다. 영혼은 자신의 궁극 목표를 신의 정신 안에서 찾기 때문이다. 또한 우주가 신의 유출이라는 생각은 범신론적 성격을 가진다. 모든 것들이 신으로부터 흘러나왔으므로 우주 만물이 신적인 것이기 때문이다. 플로티노스의 신은 신들 중의 신이므로 플로티노스가 다신론을 인정한 것으로 볼 수 있지만, 신들은 역시 신의 '나타남'에 지나지 않는다. 그러나 플로티노스의 후계자들, 곧 신플라톤주의자들은 플로티노스의 다신론을 통속적인 차원에서 받아들임으로써 미신의 경향에 빠져들었고, 그러한 입장에서 기독교를 공격했다. 뿐만 아니라 그들은 마술이나 기적 등을 신봉하기까지 했다.

중세철학

근대인들은 중세를 일컬어 흔히 '암흑시대'라고 불렀다. 철학에 있어서도 중세철학을 이름하여 '암흑시대의 철학'이라고 한다. 사상적인 측면에서 중세를 암흑시대라고 부르는 대표적인 이유는 세 가지로 설명할 수 있다. 우선 중세 전체를 지배한 학문이 신학이었다는 점이다. 그리스철학이 자연과 인간을 중심으로 삼았고 르네상스와 근대철학 역시 자연과 인간 중심이었음에 비해, 중세는 신 중심의 신학이 철학을 지배했다. 따라서 근대철학의 입장에서 볼 때 중세는 암흑시대일 수밖에 없다. 그러나 근대에 이르러서도 중세의 학문적 자료들이 정리되지 못하고 있었다. 시간적으로 너무 오랫동안 지속되었고 공간적으로도 지나치게 넓은 영역을 포괄했던 중세의 학문 자료를 체계적으로 정리하는 데는 상당한 노력과 시간이 필요했다. 또한 난이도가 높은 희랍어와 라틴어가 중세철학의 자료들을 장식하고 있었다.

이렇듯 중세가 신 중심이었고, 중세철학의 자료도 제대로 정리되지 않았으며, 당시 학문과 과학이 폐쇄적이었다는 이유로 중세철학이 영원히 암흑시대의 철학으로 남아 있어야 하는가. 분명 그렇지 않다. 르네상스의 철학자들은 물론이고 근대철학자들도 중세철학을 발판으로 삼고 그 위에서 철학적으로 사색했다. 고대 그리스 사상은 중세철학이라는 다리를 거쳐서 비로소 르네상스와 근대철학으로 넘어오는 것이다.

중세철학은 바로 근대철학의 모체가 될 뿐만 아니라 근대철학이 성립할 수 있는 토대를 마련했다. 19세기 후반부터 20세기 초반에 이르기까지 학자들은 여러 곳에 흩어진 중세철학의 자료를 수집하고 정리했다. 그들은 라틴어와 기독교라는 두 가지 장애를 넘어서서 근대철학의 모체가 되는 중세철학의 내용을 밝혀내기에 이르렀다.

서양의 중세는 봉건제와 기독교가 지배한 시대이다. 우리는 봉건제가 성립된 9세기에서, 붕괴된 14세기까지의 철학을 좁은 의미의 중세철학이라고 부르는데, 이 시기의 중세철학은 엄밀히 말해서 스콜라철학이다. 이는 중세에 신학과 철학을 가르치고 배운 장소가 수도원의 학교(스콜라)였기 때문에 붙여진 이름으로 '학교의 학문' 또는 '학교의 지혜'란 뜻을 담고 있다.

그러나 넓은 의미에서 볼 때 중세철학은 기독교 신앙을 그리스철학의 이론으로 옹호하기 시작하는 2세기에서 르네상스 바로 직전까지인 15세기에 이른다. 중세철학은 그리스철학과 기독교 신앙을 융화시키는 중대한 역할을 담당했다. 일반적 관점에서 보면, 오늘날의 서양 문화는 기독교 신앙과 그리스철학의 결합물이다. 어떻게 보면 오늘날의 첨단 기계문명 속에도 그리스철학의 합리성과 기독교의 절대성 및 완전성이 고스란히 스며들어 있다고 말할 수 있다. 예컨대 자동차나 비행기 그리고 컴퓨터는 엄밀한 수학성과 아울러 절대적 완전성을 추구하는 서구 정신의 산물임이 분명하다.

조금 더 자세히 살펴보면, 중세철학은 그리스철학과 유대 사상 그리고 로마 사상과 이슬람 사상, 기독교사상이 융합되어 형성된 것이다. 기독교사상 하나만 놓고 보더라도 기독교는 이미 유대 사상을 배경으로 깔고 페르시아 사상의 영향을 받았을 뿐만 아니라 4세기에는 불교와 접촉했다. 15세기 르네상스 철학자 쿠사누스는 4세기에 이미 유럽에 불교사상이 알려졌다고 기록했다. 이것은 불교의 본격적인 전파라기보다는 극소수의 인도 승려들에 의한 불교 전파를 뜻한다고 볼 수 있다. 유럽에서 본격적으로 인도 불교를 연구한 시기가 18세기이기 때문이다. 18세기 말부터 19세기에 이르면서 유럽의 불교 연구 전성기가 전개된다. 그렇다면 중세철학은 암흑시대의 철학이 아니라 거대한 호수와도 같은 성격을 가진 철학이라 할 수 있다.

중세철학의 일반적 시대 구분은 2세기부터 8세기까지를 교부철학 시대, 9세기부터 12세기까지를 초기 스콜라철학 시대, 13세기는 중기 스콜라철학 시대 그리고 14세기는 말기 스콜라철학 시대로 구분한다. 물론 학자에 따라서는 플라톤의 아카데미아가 폐쇄되는 529년을 중세철학의 시작으로 보고, 그 이전은 그리스철학에 속하는 것으로 보는 경향도 있다.

5장
교부철학 시대

신의 나라와
지상의 나라

중세 초기의 몇 가지 이단설
그노시스주의, 마르키온주의, 마니교

초기 교부들은 플라톤 철학으로 알려진 플로티노스의 사상으로부터 많은 영향을 받았으며, 동시에 스토아철학으로부터 엄격한 금욕주의의 영향도 받았다.

중세철학 전체를 꿰뚫고 있는 가장 중요한 문제는 신앙과 이성의 관계이다. 넓게 보면 중세 초기에는 신앙이 이성보다 우위에 있었다. 스콜라철학 전성기에는 신앙과 이성의 조화가 추구되었고, 스콜라철학 말기에는 신앙과 이성이 분리됨으로써 르네상스와 근대 철학의 기반이 마련되었다.

신앙인을 보면, 이론을 배격하고 무조건 믿는 사람과, 온갖 이론을 근거로 제시하면서 신앙을 합리화하는 사람이 있다. 중세 초기의 소위 교부들은 주로 그리스인들로, 기독교 신앙을 가지고 있으면서 그리스철학을 신앙을 위한 도구로 이용하거나, 아니면 신앙에 몰두하여 철학을 배격한 사람들이다. 중세 초기의 기독교도는 기독교 이외의 종교를 믿는 사람들을 가리켜 '이교도'라고 했으며, 이교도의 학설을 '이단설'이라고 불렀다. 교부들은 기독교 신앙을 옹호하기 위해 이교도의 오류를 꼬치꼬치 잡아내고 자기들의 합리성과 정당성을 증명하는 것을 최대의 목적으로 삼았다.

중세철학은 주로 플라톤 철학과 아리스토텔레스 철학의 영향을 많이 받았다. 그러나 초기 교부들은 플라톤 철학으로 알려진 플로티노스의 사상으로부터 많은 영향을 받았으며, 스토아철학으로부터 엄격한 금욕주의의 영향도 받았다. 정확히 말하자면 이단은 정통 기독교의 교의를 전혀 다르게 해석하거나 또는 그릇되게 해석하는 교설을 말한다. 중세 초기의 이단에는 그노시스주의, 마르키온주의 그리고 마니교 등이 있다.

선과 악은 서로 연관될 수 없다고 간주한 그노시스주의

그리스어 '그노시스'의 원래 뜻은 '지식'이다. 그러나 자기들만이 특별한 위치에 있다고 생각한 그노시스주의자들은 그노시스(지식)를 자기들만 가질 수 있는 지식이라고 생각했다. 그들은 그노시스를 신령한 자아의 지식, 신의 계시로부터 나오는 지식, 구세론의 지식 등으로 생각했다. 그노시스주의는 1세기에 그리스 사상과 기독교, 유대교, 이슬람교, 동방 사상을 혼합해 독자적인 종교 사상을 형성했고, 2세기에 들어와 그 영역을 넓히면서 정통 기독교 교의를 벗어난 주장을 폈다.

로마의 발렌티니아누스는 선과 악은 서로 연관될 수 없다는 이원론의 입장에서, 선은 정신세계에 그리고 악은 물질세계에만 존재한다고 말했다. 발렌티니아누스에 의하면, 정통 기독교에서 삼위일체의 성자에 속하는 예수 그리스도는 물질적 육체를 가졌기 때문에 악에 속할 수밖에 없다. 그렇다면 그리스도의 육신화 이론은 전적으로 부정된다.

바실리데스는 발렌티니아누스의 예수 육신화설을 보완하고자 했다. 그는 예수 그리스도가 실제로 사람의 몸을 가진 것이 아니라 거짓으로 사람의 몸으로 나타났다고 주장했다. 그러나 그의 주장에 따르면 삼위일체 이론이 부정되어 예수의 육신화, 수난, 부활 등이 모두 부정되는 모순에 빠지고 만다.

그노시스주의자들은 세상의 사람들을 물질적 인간, 심적 인간 그리고 심령적 인간으로 나누었다. 물질적 인간은 전혀 구원 불가능한 사람들로서 일상생활에 몰두하는 사람들이다. 심적 인간은 수도하고 고행해야 겨우 구원될 수 있는 기독교 신자들이다. 심령적 인간은 바로 그노시스주의자들이고 이들은 그노시스, 즉 그노시스주의자들만이 소유한 심령적 지식에 의해서 구원되는 사람들이다.

그노시스주의자들이 자기들만 구원될 수 있다는 편견에 빠지자, 중세 초기의 교부철학자들은 그들을 이단으로 낙인찍고 정통 기독교를 확립하고 옹호하는 데 온갖 노력을 기울였다.

『구약성서』와 『신약성서』를 전혀 다른 것으로 본 마르키온주의

2세기 후반에 들어서면서 그노시스주의로부터 마르키온주의가 생겼다. 마르키온(85?~160?)이 그 창시자인데, 그는 『구약성서』와 『신약성서』의 연결성을 부정했다.

마르키온은 『구약성서』와 『신약성서』를 서로 전혀 다른 것으로 보았고, 따라서 『구약성서』의 신과 『신약성서』의 신도 각각 별개의 신이라고 주장했다. 『구약성서』의 신은 복수와 공포를 행하는 신인 반면, 『신약성서』의 신은 자비와 사랑과 용서를 베푸는 신이다. 이와 같은 신에 대한 해석 역시 정통 기독교 이론에 반대되는 입장을 가진다.

우주의 근원을 선과 악으로 본 마니교의 이원론

페르시아 출신 마니(216~276)는 마니교의 창시자인데, 그는 불교나 기독교 등에서 자신이 원하는 요소들을 결합해 마니교를 만들었다. 그렇지만 마니 역시 원래는 그노시스주의자였으므로 마니교는 그노시스주의에서 파생된 이단의 일종이라고 할 수 있다.

앞에서 살펴본 마르키온주의와 마니교는 오늘날 우리가 흔히 볼 수 있는 이단 종교들과 유사하다. 우리는 어떤 사람이 유사종교를 만들고 신자들을 확장하면서 자신이 바로 구세주라고 주장하는 사건을 심심찮게 대할 수 있다. 그런가 하면 곧 종말이 온다고 하며 스스로 죽음을 택해 영혼의 영원한 삶을 찾으려고 하는 유사종교도 볼 수 있는데, 이 역시 그노시스주의와 크게 다르지 않다.

마니교는 우주의 근원을 선과 악 두 가지로 보는 이원론의 입장을 띤다. 선과 악은 대립하고 갈등하는 힘으로서, 이 둘에 의해서 세계가 유출되었다. 악을 물리치고 선한 세상을 만들기 위해서 석가모니나 예수 또는 마니 등이 태어난 것이고, 그중에서 가장 탁월한 인물이 바로 마니라는 것이다. 그렇지만 악은 선과 함께 우주의 근원이기 때문에 근절될 수 없다. 세계에는 항상 갈등과 모순 그리고 대립과 전쟁이 존재하며, 단지 악을 얼마나 물리치고 제한할 수 있는지가 인간의 과제이다.

이러한 그노시스주의, 마르키온주의, 마니교 등의 이단설을 공격함으로써 정통 기독교를 확립하려는 노력이 강하게 일어나기 시작했으니, 우리는 그것을 일컬어 교부철학이라고 부른다.

기독교를 최초로 옹호한 사람들
교부철학자들

그리스 교부 유스티누스는 성부로부터 성자가 나온다고 말했는데, 이러한 주장은 알렉산드리아학파의 교부 오리게네스와 교부철학의 대표자 아우구스티누스를 거치면서 삼위일체설이 확립될 수 있는 씨앗을 만들어주었다.

2세기에는 로마인들이 정치적으로 지배하고 있었지만 그들은 독자적인 사상이 없었으므로 그리스 사상을 그대로 수용했다. 그래서 우리는 이 시대를 헬레니즘 시대라고 하는데 사상적으로는 그리스 철학이, 종교적으로는 기독교가 그리고 정치적으로는 로마인의 지배가 현실을 대변하고 있었다. 그러나 기독교가 점차 세력을 확장함에 따라서 그리스인들은 기독교 신앙을 갖게 되었고, 이단에 대항해 기독교를 옹호하는 탁월한 인물들이 나타났다. 교부(敎父)는 기독교의 아버지, 곧 기독교 신앙을 최초로 옹호한 사람들을 일컫는다. 교부들은 크게 그리스의 교부들, 알렉산드리아의 교부들 그리고 동방의 교부들로 구분된다.

그리스의 호교론자들

그리스의 교부들은 기독교 신앙은 불변하는 것이라고 믿었다. 그들은 신앙을 나타내기 위한 수단 내지 증명으로서 그리스철학을 훌륭하게 이용할 수 있을 것이라고 생각했다. 그리스 교부들은 무엇보다도 그리스철학을 이용해 유일신의 존재를 증명하려고 했다.

별들의 움직임이나 계절의 변화를 보면 우주에는 분명히 질서와 조화가 있다. 이는 아무런 근거 없이 우연에 의해서 이루어지는 것이 아니다. 아리스티데스나 타티아누스와 같은 그리스의 교부들은 우주 질서의 근원으로서 유일한 신이 분명히 있다고 믿었다. 즉 우주의 질서는 유일신이 존재하는 명백한 증거라는 것이 그들의 주장이었다. 아리스티데스는 운동의 원인으로서의 유일신의 존재를 말했는데, 이러한 주장은 플라톤 및 아리스토텔레스의 철학 이론을 이용한 것이다.

테오필루스나 이라니우스와 같은 그리스 교부들은 신이 무(無)로부터 만물을 창조했다고 말했다. '무로부터의 세계 창조'는 합리적 설명에 의해서 밝혀질 수 없고 신앙에 의해서만 해결될 수 있다. 테오필루스는 아테나고라스와 함께 세계의 현실 존재는 모두 생성 및 소멸하기 때문에 우연적이지만, 우연적인 만물을 있게 해주는 것은 필연적인 신이라고 주장했다.

신의 존재에 관한 믿음을 증명하려면 이성적 설명이 필요하다. 그리스 교부들이 신의 존재를 증명하기 위해서 이용한 것이 바로 그리스철학이다. 이러한 노력은 후에 안셀무스나 아퀴나스, 그리고 독일 철학자 칸트에게까지 이어지면서 소위 '신 존재 증명'으로 드러난다.

그리스 교부 유스티누스는 성부로부터 성자가 나온다고 말했는데, 이러한 주장은 알렉산드리아학파의 교부 오리게네스와 교부철학의 대표자 아우구스티누스를 거치면서 삼위일체설이 확립될 수 있는 씨앗을 만들어주었다.

알렉산드리아학파의 교부들

아프리카 북부에 위치한 알렉산드리아는 이미 그리스 시대부터 문화의 중심지였으며 로마 시대에 들어와서도 여전히 사상의 중심지들 중 하나였다. 판타이누스가 2세기 말에 창시한 알렉산드리아학파를 대변하는 교부들은 클레멘스와 오리게네스이다. 알렉산드리아학파의 교부들은 2세기에 번창한 그노시스주의를 확립하려고 노력했다.

클레멘스(150?~215?)는 그리스철학의 이성과 기독교의 신앙을 조화시키려고 했다. 그는 그리스철학과 기독교 신앙 두 가지 모두 참다운 신앙과 계시를 목적으로 삼는다고 보았다. 그에 의하면 그리스철학의 이성은 우리로 하여금 계시의 진리를 옳게 받아들이게 함으로써 참다운 신앙에 도달하게 한다. 이것은 '참답게 알면 참답게 믿게 된다'는 의미이다. 또 그는 진정한 기독교인이라면 끊임없는 탐구와 수련에 의해서 참다운 계시를 알 수 있게 된다고 생각했다. 이것은 '참답게 믿으면 참답게 알 수 있다'는 뜻이다. 클레멘스는 플라톤과 스토아철학의 영향을 받았으며, 충동과 감정으로부터 해방되어 순수한 이성을 소유할 때 비로소 참다운 기독교 신앙에 도달할 수 있다고 믿었다.

오리게네스(185?~253?)는 신플라톤주의의 창시자 플로티노스와 함께 암모니우스 삭카스의 제자이지만, 그리스철학의 전통에 충실했던 플로티노스와 달리 기독교인으로서 알렉산드리아학파를 대변하는 교부였다. 오리게네스는 그보다 앞섰던 클레멘스와 마찬가지로 신의 초월성, 우주 창조 그리고 영혼 불멸 등을 믿었다. 오리게네스는 신은 선 자체이며, 이 세상에 악이 있는 것은 사람이 자유를 가지고 있어서 신의 조화를 혼란시키기 때문이라고 말했다. 따라서 신은 악의 근원이 될 수 없다.

오리게네스와 같은 시기에 활동했던 유대철학자 필론은 신의 계시로부터 그리스철학, 말하자면 플라톤과 아리스토텔레스의 철학이 이루어졌다고 주장했다. 플라톤과 아리스토텔레스의 철학은 인간의 독자적인 산물이 아니라는 것이다. 오리게네스는 필론의 견해에 동의했다. 필론은 신에 관해서 다음과 같은 중요한 주장을 전개했는데, 그것은 중세 기독교철학에 큰 영향을 미쳤다.

① 신은 존재한다.
② 신은 하나이다.
③ 신은 세계를 창조했다.
④ 오직 하나의 세계만 창조되었다.
⑤ 신은 섭리이다.
⑥ 신의 섭리에 대한 신앙은 행복을 가져다줄 것이다.

유대철학자 필론은 플라톤 철학을 이용해 헬레니즘적 유대교의 철학에 견고한 이론적 토대를 마련하고자 했다.

동방의 교부들

초기의 아프리카 교부들 가운데 펠릭스나 테르툴리아누스 등은 그리스철학과 기독교 신앙의 조화를 거부했다. 특히 테르툴리아누스는 계시에는 철학이 전혀 필요하지 않다고 말했다. 그는 이성에 대한 신앙의 우월성을 강력히 주장하면서 철학은 오히려 신앙에 방해물이 된다고까지 비난했다. 그는 "철학에 관해서 말하자면 그것은 세상의 지혜에 관한 재료이다. 또한 그것은 신의 본성과 질서에 대한 성급한 해석이다. 참으로 이교도들 자신은 철학에 의해서 선동되고 있다. ……스토아적, 플라톤적, 변증법적인 기독교의 모든 계획을 파괴시켜라! 예수 그리스도를 위해 우리는 어떤 미묘한 이론도 원하지 않으며, 복음을 위해 우리는 어떤 날카로운 탐구도 원하지 않는다"라고 말함으로써 기독교 신앙이 철학의 이성보다 우월함을 강조하고자 했다.

그러나 4, 5세기에 접어들자 아테나시우스, 바실리우스, 니세누스 등의 교부가 나타나서 자기들의 신학을 뒷받침하기 위해 그리스철학을 끌어들이기 시작했다. 특히 니세누스는 우주의 질서와 조화의 근거를 완전한 신의 존재에서 찾았다. 그는 기독교 신앙을 위해 그리스철학의 이성이 가치 있는 것이라고 믿었다. 니세누스가 보기에 신은 모든 것을 초월해 있기 때문에 '암흑의 신비'이다. 그렇다면 사람은 어떻게 해야 신에게 접근할 수 있을까. 니세누스는 '황홀한 사랑'에 의해서 인간은 '암흑'으로 들어갈 수 있으며, 그렇게 함으로써 삼위일체에 접할 수 있다고 생각했다.

6세기에 접어들자 플로티누스의 영향을 받은 위(僞)디오니시우스가 나타났다. 그는 '황홀한 사랑'을 한층 더 심오하게 발전시켰다.

위디오니시우스에 의해서 신학은 처음으로 긍정 신학과 부정 신학의 형태를 띠게 되었다. 신은 지혜나 생명 또는 만물의 근원이기 때문에 우리는 신을 일컬어 '지혜', '생명', '아버지'라고 긍정적으로 부른다. 이렇게 최상의 긍정적 명칭을 사용해서 신을 긍정하는 입장이 긍정 신학이다.

그렇지만 사실 신 자신의 성질이 어떤 것인지 유한한 우리 인간은 알지 못한다. 지혜나 사랑 또는 아버지는 우리가 보고 만질 수 있는 세계에 있는 유한한 사물의 성질이나 사물을 가리키는 것이고, 신의 성질은 아니다. 그렇다면 신은 지혜도 아니고 사랑이나 아버지도 아니다. 이렇게 사물에 속하는 성질을 가지고 신을 부를 수 없다고 부정하는 입장은 부정 신학의 입장이다. 세상의 모든 피조물은 불완전한 성질을 가지며, 이에 반해 신은 완전하다. 그렇다면 불완전한 인간이 완전한 신을 알기 위해서는 어떤 것이 필요한가.

위디오니시우스는 '황홀한 신비적 앎'을 통해서 인간은 신을 알고 또 신과 하나가 될 수 있다는 신비주의적 태도를 보여주었다. 여기에서 또 한 사람의 동방 교부 다마스케네스를 빼놓을 수 없다. 다마스케네스는 『지혜의 샘』이라는 책을 썼는데, 이 책에서 아리스토텔레스의 논리학과 존재론을 다루었다. 동시에 그는 이 책에서 철학을 비롯해 모든 학문들이 '신학의 하녀'이며 신학을 위한 도구에 불과하다고 말했다. "철학은 신학의 시녀"라는 중세를 특징짓는 말은 바로 다마스케네스로부터 유래한 것이며, 이것은 "철학적 이성은 기독교 신앙을 위해 단지 봉사하는 역할을 담당한다"는 것을 뜻한다. 즉 믿음이 우선이고 이성은 단지 이 믿음을 합리적으로 증명하는 하녀의 역할만 맡을 뿐이라는 것이다.

믿음(신학)이 먼저냐, 아니면 이성(철학)이 먼저냐, 아니면 믿음과 이성이 서로 조화될 수 있는 것이냐 하는 문제는 교부철학 이후 중세철학의 핵심을 형성하는 스콜라철학에서 가장 중요한 문젯거리로 등장한다. 예컨대 "하느님이 무로부터 세계를 창조했다"는 사실을 무조건 신앙에 의해서 믿을 것인가, 아니면 이성에 의해서 설명할 것인가, 그것도 아니면 그러한 사실을 믿으면서 동시에 이해할 것인가가 중요한 문제였다.

성자로 거듭난 탕아
아우구스티누스

> 궁극적이고 필연적인 확실성은 다름 아닌 객관적 초월자인 신이다.
> 초월자 신에게 접근할 수 있는 참다운 앎은 지혜뿐이다.
> 신에게 가까이 다가가려면 덕을 갖춰야 한다.

4세기와 5세기에 로마인이면서 기독교도가 되어 이단에 대항해 기독교를 변호한 사람들이 라틴 교부들이다. 대표적인 사람들로는 암브로시우스, 히에로니무스, 아우구스티누스 등이 있다. 특히 아우구스티누스는 보에티우스, 아퀴나스, 보나벤투라 등과 함께 중세 철학 전체를 통해서 가장 탁월한 사상가 중 하나로 꼽힌다.

아우구스티누스(354~430)는 기독교 신자가 아닌 아버지 파트리키우스와 독실한 기독교도인 어머니 모니카의 아들로, 아프리카 북부 누미디아의 타가스테에서 출생했다. 어머니는 가톨릭 가문 출신으로 남성적이고 열정적 기질을 지녔으며 강한 의지력을 소유한 여성이었다. 그녀는 언제나 이상세계를 갈구하고 동경했다. 항상 자신이 하고 싶은 대로 생활했던 아버지와 달리, 어머니 모니카는 한결같이 신앙의 길을 꿋꿋하게 걸었으며, 내면의 어두운 그림자를 인내심으로 극복해 나갔다. 불행한 결혼 생활 속에서도 그녀는 미래에 축복 받을 삶에 대한 가능성을 믿었고, 사람의 고귀함과 행복에 대한 희망을 버리지 않았다. 아우구스티누스는 아버지보다 어머니의 굳은 신앙심으로부터 커다란 영향을 받았다.

아우구스티누스가 어린 시절을 보낸 타가스테는 풍요로운 무역 시장이었다. 도시는 풍부한 포도와 물, 그리고 숲과 아름다운 정원으로 가득 찼으며, 헤아릴 수 없이 많은 상인들이 그곳으로 모여들었다. 삶의 복잡함과 다양함을 충분히 읽을 수 있는 환경이었다. 타가스테의 삶에서 아우구스티누스는 감각적인 이교도들과 정신적인 기독교도들의 혼합된 인상을 받아들였다. 그는 타가스테 근처 마다우라의 상급학교에 들어가서야 비로소 라틴어 문법과 함께 베르길리우스의 『아에네아스』를 비롯해 『오디세이』 등을 접할 수 있었다. 그리스어를 싫어해 재능을 보이지는 못했으나 『아에네아스』는 일생을 통해서 읽었다.

당시 아우구스티누스는 수사학에 특히 탁월한 재능을 보였지만, 싸움질과 애정 행각으로 말썽꾸러기 역할도 도맡았다. 그는 16세 때 타가스테로 되돌아온 뒤에도 부모의 근심거리였다. 어머니가 독실한 기독교 신앙을 가지고 아우구스티누스를 설득하려고 애썼지만, 그는 애정 행각과 감각적인 삶에 몰두해 거기서 빠져나오지 못했다.

방황 속에서 찾은 참다운 신앙의 길

아우구스티누스는 키케로의 저작들을 읽으면서 철학적 진리가 무엇인지 곰곰이 생각할 여유를 가지게 되었다. 그는 어머니의 설득에도 불구하고 마니교를 믿고 선과 악이 세계의 원리라는 마니교의 합리적 이론을 받아들였다. 마니교에서는 악이 영원히 선과 대립하지만 마지막에는 선과 악의 대립에서 선이 승리한다고 말하는데, 이러한 주장은 아우구스티누스의 도덕적 삶에 이미 커다란 영향을 미치고 있었다. 그렇지만 아우구스티누스는 아리스토텔레스의 천문학으로부터 천체 운동의 조화와 질서를 알게 되었으며 진리가 단일하다는 것도 깨달았기 때문에 9년간 믿던 마니교를 떠날 수 있었다.

29세가 되던 383년, 그는 로마로 가서 라틴어 수사학 선생이 되었다. 당시 그는 신플라톤주의에 심취해 신에 대한 직접적 지식을 획득할 수 있다고 주장하는 신비적 교리를 만났다. 그 결과 물질적 신관으로부터 정신적 신관으로 전환하게 되었다. 즉 이 세상 현실에서 신을 만날 수 있다는 생각이 아니라, 정신적인 세계에서만 신을 만날 수 있다고 생각하게 된 것이다.

그러나 얼마 가지 않아 그는 신플라톤주의의 문제점을 발견했다. 신플라톤주의에는 세계의 원리인 '로고스'가 육신화하는 진리가 없었다. 그러나 기독교에는 하느님이 인간의 몸을 가지고 이 세상에 아들 예수로 태어나는 육신화의 진리가 있었다. 또한 신플라톤주의는 피안의 구원만 가르칠 뿐, 영혼의 신 체험에 의해서 달성되는 구원 문제는 언급하지 않는다는 점도 발견했다. 신과 물질세계가 모두 똑같다는 범신론적 경향이 있는 신플라톤주의와 달리, 신을 알고 신에게 접근할 수 있는 방법은 기독교적인 영혼의 직접적 신 체험이라고 아우구스티누스는 확신하게 되었다.

이듬해 아우구스티누스는 밀라노로 가서 교편을 잡고 그곳에서 기독교로 개종했다. 그는 밀라노의 주교였던 성 암브로시우스의 설교를 듣고 지금까지의 정신적 방황을 마무리함으로써 온갖 의심 속에서 진리를 찾아 헤매던 자신의 태도를 정리할 수 있었다. 이제야 참다운 기독교 신앙으로서 흔들리지 않는 영혼의 세계를 찾았던 것이다.

아우구스티누스가 기독교인이 될 수 있게 뒷받침해 준 가장 커다란 요인들은 성서와 어머니 모니카의 신앙심, 성 암브로시우스의 설교였다. 아우구스티누스는 388년 아프리카로 돌아와 391년 히포레기우스에서 사제 서품을 받았으며 그 후 저술 활동에 전념했다. 그는 당시 성행하던 이단설들에 거세게 대항해 정통 기독교 교리를 확립하고 옹호하는 데 일생을 바쳤다.

아우구스티누스의 참다운 앎

아우구스티누스는 모든 사람들이 행복을 원하며 추구한다고 생각했다. 그렇다면 사람들은 행복하기 위해서 무엇을 찾는가. 그것은 변하지 않고 영구적이어야 할 것이고, 또한 사람과 필연적인 관계를 가지고 있어야 한다. 만일 사람들이 찾는 대상이 항상 변하며 있다가 없고 또 없다가 있으면 행복하기는커녕 오히려 불행해질 것이다. 아우구스티누스는 사람들을 행복하게 해줄 수 있는 대상은 신밖에 없다고 생각했다. 그렇다면 참다운 앎은 신에 대한 앎(지혜)이고, 이러한 지혜는 그 자체로 충만하며 조화롭고 절도 있는 것이다. 사람들은 지혜의 충만함, 조화 그리고 절도로 인해 행복해질 수 있다는 것이 아우구스티누스의 생각이었다.

그는 인간의 내면적 경험의 확실성이야말로 지혜에 도달하는 지름길이라고 믿었다. 그래서 그는 "나는 오류를 범할지라도 분명히 존재한다"고 말했다. 존재하지 않는 것은 그릇될 수도 또 속을 수도 없기 때문에, 오류를 범하는 것은 자연히 존재할 수밖에 없다는 결론이 나오는 것이다.

내면적 경험이 확실할 경우 외면적 경험도 확실할 수 있다. 내면적 경험의 확실성으로부터 자기 존재를 확인하는 아우구스티누스의 작업은, 후에 "나는 생각한다. 고로 존재한다"고 말한 데카르트에 이르는 토대가 되었다. 아우구스티누스가 자기 자신에 대한 앎의 확실성을 얻었을 때, 그것은 불변하는 진리의 확실성을 보장해주었다. 그러면 앎을 앎이게 해주는 필연적 확실성이 있다는 것이 명백해진다. 아우구스티누스는 궁극의 필연적 확실성을 다름 아닌 객관적 초월자인 신이라고 했다.

세상의 모든 이론에 박식한 사람 중에는 지식을 많이 가지고 있을지 몰라도 사물을 제대로 파악하거나 문제를 옳게 해결하는 지혜가 결여된 경우가 많다. 지식이 현실 문제에 대한 단편적 앎이라면, 지혜는 부분과 전체를 꿰뚫는 우주 원리, 곧 신에 대한 앎이다. 아우구스티누스는 앎을 지식과 지혜 두 가지로 구분하고, 초월자 신에게 접근할 수 있는 참다운 앎은 지혜뿐이라고 했다. 영원하고 불변하는 신을 이성에 의해서 알 때, 그러한 이성은 바로 지혜에 해당한다.

지식의 대표적 예는 감각적 앎이다. 일상생활에서는 감각적 앎이 필수이지만, 영원한 진리 앞에서 그것은 쓸모가 없다. 감각적 앎이 지식을 극복하고 지혜로 상승할 때 비로소 우리는 영원한 신을 파악할 수 있다.

아우구스티누스는 지식의 또 한 종류로 감각적 앎 이외에 오성(五性), 곧 분별력의 앎을 들었다. 일반 학문에서 대상을 판단하고 분별하는 능력이 오성이다. 오성은 감각보다 한층 높게 일반적인 것을 파악한다. 그러나 오성은 영원불변하는 것을 파악하지 못한다. 따라서 영원한 진리를 파악하기 위해서는 이성의 힘, 곧 지혜에 의존하지 않으면 안 된다. 여기에서 우리는 일상생활의 감각적 지식, 학문의 오성적 지식을 극복하고 영원한 신을 평가하기 위해서 이성적 지혜로 올라가는 과정을 볼 수 있다.

신을 어떻게 아는가

『구약성서』와 『신약성서』는 복잡한 이론서가 아니라 신과 선지자들 그리고 예수의 행적에 관한 이야기들을 모아놓은 책이다. 성서를 근거 삼아 기독교 교리가 생겨났다. 아우구스티누스는 삼위일체설, 은총설, 구원론, 원죄설, 종말론 등 기독교 교리에서 가장 핵심적인 교리들을 확립하는 데 일생을 바친 사람이다.

아우구스티누스에 의하면, 인간의 내면적 스승은 바로 진리이다. 진리는 신의 지혜이고 로고스이며 그것은 곧 예수이다. 아우구스티누스는 "눈으로 빛을 보는 것처럼 이성의 눈으로 신을 보아야 한다"고 말했다. 여기에서 '눈'은 이성을 그리고 '빛'은 신을 가리킨다. 그는 인간이 신을 알 수 있는 것은 기억 때문이라고 했다. 기억은 이중적인데, 하나는 인간의 자기 기억이고 또 하나는 근원 존재에 대한 기억이다.

인간이 사물이나 자기 자신을 판단하는 기억은 분별적(오성)인

반면에 신을 알 수 있는 기억은 순수한 직관성 이성이다. 직관성 이성은 인간의 자아를 자아이게 해주는 신에 대한 기억이다.

신은 계시의 빛을 던져주고 사람은 영혼의 이성으로 계시의 빛을 받아들임으로써 절대자 신을 파악할 수 있다는 것이다. 이러한 아우구스티누스의 생각 속에서 우리는 신앙과 이성의 문제가 기독교철학에서 매우 중요한 위치를 차지하고 있다는 것을 암암리에 알 수 있다. 물론 아우구스티누스에게 있어서도 신앙이 우선적이며 이성은 신앙을 파악하는 이차적인 역할을 담당하고 있지만, 이성이 신앙을 증명하는 위치를 차지할 준비가 점차 마련되고 있었다.

선과 악의 문제

소크라테스와 플라톤의 전통에 따라서 아우구스티누스 역시 "철학은 지혜에 대한 사랑이다"라는 주장을 받아들였다. 지혜는 다름 아닌 신이다. 신을 알고 신에게 가까이 다가가기 위해서는 덕을 소유하지 않으면 안 된다. 아우구스티누스는 "덕은 사랑의 질서"라고 말했다. 사랑은 자비의 사랑으로서, 그것은 동시에 유일신과 최고의 선에 대한 사랑이다. 만일 사람이 실천적인 자비의 사랑을 소유하지 못한다면 절대자 신에 대한 앎도 불가능하다. 아우구스티누스는 사람이 행복하기 위해서는 덕스러운 삶을 살아야 하며, 덕스러운 삶을 살 때 비로소 지혜로서의 유일신을 알 수 있다고 했다. 그렇다면 그에게 있어서 앎과 행복의 문제는 서로 동떨어진 것이 아니라는 것을 알 수 있다.

아우구스티누스가 윤리 문제에 있어서 관심을 가진 또 하나의 핵심은 악의 문제이다. 완전하고 선한 신이 이 세계를 창조했다면 세계도 완전하고 따라서 악이 있어서는 안 될 텐데, 어떻게 해서 세상에는 악이 있는가? 아우구스티누스는 악을 '있는 것', 즉 사물로 여기지 않았다. 세상의 자연적 사물들은 본성을 가지는데, 그러한 본성의 상실이나 결핍을 가리켜서 아우구스티누스는 악이라고 했다. 이러한 생각은 플라톤이나 아리스토텔레스의 전통을 따르는 것이다. 그들은 완전한 이데아나 원리에 비해 현상세계의 사물들이 불완전하다고 보았다. 불완전한 것은 결핍된 것이므로, 그것을 일컬어 선에 대립하는 악이라고 본 것이다.

신은 스스로 완전한 존재(있는 것)임에 비해서 피조물은 항상 자신을 창조한 신에게 의존하는 존재이다. 자연 세계는 언제나 무(無)로 돌아가려는 경향을 가지는데, 이는 신이 자연 세계를 '무로부터' 창조했기 때문이다. 우리가 삶을 영위하는 세계는 항상 유한하며 제한되어 있는데, 이와 같은 유한성이 인간의 도덕적인 생활에서 나타날 때 우리는 그것을 '악'이라고 부른다는 것이다.

아우구스티누스는 도덕적 악과 연관해 인간의 '자유의지'를 말함으로써 악이 생기는 이유와 악을 극복할 수 있는 가능성을 제시했다. 인간은 태어날 때부터 자유의지를 가지고 태어났다. 그러므로 선과 악이 있을 때 어떤 것을 택하는가는 전적으로 자유의지에 의한 것이다. 만일 어떤 사람이 악을 택한다면 그것은 '악한 의지'에 의한 선택이다. 악이 완전한 것의 결핍인 것과 마찬가지로, 악한 의지 역시 결핍된 의지이다.

그렇다면 결핍된 의지를 충만하게 해줄 수 있다면 악한 의지는 선한 의지가 될 수 있다는 결론이 나온다. 그런데 악한 의지를 선한 의지로 만들어주는 것은 유한한 인간의 힘으로는 불가능하다. 아우구스티누스는 신의 은총만이 악한 의지를 선한 의지로 만들 수 있다고 믿었다.

신의 나라와 지상의 나라

아우구스티누스는 '역사철학의 아버지'로 일컬어진다. 그가 『신국론』을 통해서 역사 발전의 법칙 또는 원리를 제시했기 때문이다. 아우구스티누스는 신이 인간을 구원하는 과정을 역사라고 생각했다.

아우구스티누스는 사람을 두 가지 유형, 즉 신앙을 가지지 않은 사람과 신앙인으로 나누고 이러한 구분을 통해 어떻게 신에게 접근할 수 있는지를 암시하고자 했다. 그가 나눈 유형은 낡은 사람과 새 사람, 땅의 사람과 하늘의 사람 그리고 외적인 사람과 내적인 사람이다. 첫 번째는 세상의 일상생활에만 관심을 가지고 그것에 전념하는 부류의 사람이다. 두 번째 종류는 자신의 불완전함을 깨닫고 신앙의 힘을 통해 지혜를 소유하려고 노력하는 부류의 사람이다.

아우구스티누스는 사람과 마찬가지로 사회도 두 종류로 구분했는데, 그것은 지상의 나라와 신의 나라이다. 그의 『신국론』은 지상의 나라와 신의 나라가 갈등을 일으키면서 역사가 전개되는 과정을 설명한 역사철학에 관한 저술이다. 지상의 나라를 다스리는 원리는 이기적 사랑이고 신의 나라를 이끄는 원리는 자비의 사랑이다. 두 나라가 갈등하고 싸우는 과정이 바로 역사이며, 이러한 역사를 통해 신은 인류를 구원한다.

『신국론』에 의하면 신이 인류를 구원하는 역사 과정은 세 단계로 이루어진다. 첫 번째 단계는 전역사(前歷史)인데, 여기에서 아우구스티누스는 신에 의한 천지창조와 인류의 원죄에 관해 신학적으로 설명한다. 두 번째 단계는 최후의 심판이다. 악이 지배하는 지상의 나라가 선을 원리로 삼는 신의 나라에 의해 심판 받고 종말을 고한다[종말론]. 세 번째 단계는 심판 이후 영원한 영광의 나라, 곧 신의 나라의 단계이다. 아우구스티누스가 『신국론』에서 전개하는 역사철학은 결국 구원의 역사를 내용으로 한다.

아우구스티누스의 역사철학은 교회의 전통을 충실히 따르면서 역사를 설명하고 있다. 하지만 그가 『신국론』에서 전개하는 역사철학은 바로 인간이 자아를 참답게 파악하고 지혜를 소유함으로써, 신을 파악하고 신에게 다가가는 내면적인 과정을 의미한다. 그러므로 그의 역사철학은 『고백록』에서 전개하는 시간론과 밀접한 관계를 가진다.

아우구스티누스가 말하는 '지금'

아우구스티누스는 『고백록』에서 시간에 관하여 다음과 같이 말했다.

"평상시 나는 시간에 관하여 잘 알고 있는 것처럼 생각한다. 그래서 나는 시간이 빠르다든지 시간이 잘 가지 않는다고 말한다. 그러나 막상 누가 '시간이 무엇이냐'고 물으면 나는 시간에 대해 아무것도 알지 못하는 나를 발견하게 된다."

시간은 크게 두 가지로 나눌 수 있는데, 하나는 물리적 시간이고 또 하나는 심리적 시간이다. 물리적 시간은 정확하게 헤아릴 수 있는 공간적 시간이다. 우리가 시계를 통해 1초, 2초, 3초……, 이렇게 공간적으로 나누어 계산하는 시간은 항상 일정한 것으로 여겨진다.

그러나 심리적 시간은 물리적 시간과는 전혀 다르다. 싫은 사람과 10분만 같이 앉아 있어도 그 10분은 지루하기 짝이 없고 몇 시간보다 더 길게 여겨진다. 그렇지만 새로 사귄 연인과 같이 있으면 하루 종일 함께 있어도 단 몇 분밖에 지나지 않은 것처럼 느껴진다. 심리적 시간과 상당히 유사한 것이 의식의 시간이다. 그러나 의식의 시간은 심리적 시간과 달리 내면의 정신적 의미를 가진다. 아우구스티누스가 말하는 시간은 의식의 시간이다.

아우구스티누스는 『고백록』에서 시간을 과거·현재·미래로 구분한다. 이러한 구분은 분명히 물리적 구분이다. 그러나 그는 한 걸음 더 나아가서 '지혜'에 의해서 영원한 시간, 곧 신의 시간을 파악하는 방법을 제시한다. 아우구스티누스에 의하면 과거·현재·미래는 오직 '지금'이라는 시간에 있는 것이며, 지금은 영원하다. 과거·현재·미래는 단지 '지금' 안에 있고 다른 어느 곳에도 있지 않다.

우리는 과거란 흘러간 것이라고 말한다. 그렇다면 과거는 아무 곳에도 없고 무(無)에 지나지 않는가. 우리는 현재란 흘러가버리는 것이라고 말한다. 그러면 현재는 곧 없어지고 말 그러한 시간인가. 또 우리는 미래란 현재 없으며 앞으로 다가올 시간이라고 말한다. 그렇다면 미래는 현재 무에 지나지 않는가.

사실 우리가 현재의 시점에서 아무리 과거를 그리고 미래를 찾으려고 해도 그것들은 어느 곳에도 없다. 그렇지만 아우구스티누스는 감각과 오성을 극복하고 이성의 빛에 의해서 신의 시간, 곧 '지금'을 붙잡을 수 있다고 믿는다. 그래서 그는 『고백록』에서 다음과 같이 말한다.

"과거는 기억으로서의 지금이고, 현재는 감각으로서의 지금이며, 미래는 기대로서의 지금이다."

아우구스티누스가 말하는 '지금'은 순간이지만 그 순간은 다름 아닌 영원이기도 하다. 아우구스티누스가 말한 시간론의 내면을 통찰하면, 그 역시 인간의 구원을 전제로 삼고 있다는 사실을 알 수 있다.

아우구스티누스는 사람을 두 가지 유형, 즉 신앙을 가지지 않은 사람과 신앙인으로 나누었다. 그가 나눈 유형은 낡은 사람과 새 사람, 땅의 사람과 하늘의 사람 그리고 외적인 사람과 내적인 사람이다. 첫 번째는 세상의 일상생활에만 관심을 가지고 그것에 전념하는 부류의 사람이다. 두 번째 종류는 자신의 불완전함을 깨닫고 신앙의 힘을 통해 지혜를 소유하려고 노력하는 부류의 사람이다.

6장
초기 스콜라철학 시대

신앙이 우월한가,
이성이 우월한가

스콜라철학의 아버지

보에티우스

중세철학 전반에 걸쳐 중요한 문제 가운데 하나는 보편 문제이다. 이는 보에티우스에 의해 제기되었고 중세 초기부터 말기에 이르기까지 논쟁을 불러일으켰다.

보에티우스(480?~524)는 고대 아니키아 가문 출신으로 부친은 로마 집정관과 장관을 지낸 사람이었다. 그는 이미 청년 시절에 테오도리쿠스 왕 밑에서 정치가로 활약한 철학자이다. 아테네 아카데미아의 학생이었으며 그곳에서 자연과학, 수학, 논리학 등을 배웠다. 보에티우스는 아우구스티누스보다 130년이나 더 뒤에 태어났지만, 오히려 아우구스티누스보다 그리스 사상에 한층 더 근접해 있었다. 그리스어를 거의 하지 못한 아우구스티누스보다 플라톤과 아리스토텔레스의 철학을 상세히 알고 있었기 때문이다.

보에티우스는 플라톤과 아리스토텔레스의 철학적 이성을 이용해 기독교 신앙을 증명할 수 있다고 믿은 '스콜라철학의 아버지'이다. 물론 본격적으로 중세 스콜라철학의 문을 연 사람은 에리우게나(810?~877?)로 인정되고 있다. 에리우게나는 참다운 신앙의 권위와 이성은 서로 모순되지 않는다고 주장함으로써 중세 초기 교부철학의 신앙 중심적 사고와 판이하게 구분되는 입장을 제시했다. 그러나 에리우게나의 이 같은 입장도 이미 보에티우스에게서 싹튼 것이었다.

그리스철학의 전통을 잇다

보에티우스는 그리스철학의 전통에 따라서 가장 중요한 학문을 네 가지로 꼽았다. 그것들은 산술, 음악, 기하학, 천문학이다. 산술을 소개하면서 그는 신플라톤주의의 입장에서 세계의 창조 과정을 해명했다. 그는 수 그리고 세계의 수적 관계에 관한 연구야말로 철학의 선행조건이라고 보았다. 현실적인 것은 수 그리고 수적인 것들이며, 철학은 현실적인 것들을 취급한다. 창조자가 사물들을 창조할 때 산술은 창조자의 근원적인 틀이었다. 그렇다면 보에티우스가 생각하는 세계 창조의 과정은 수를 세계 근원으로 보는 신플라톤주의의 관점에 서 있는 셈이다.

보에티우스는 플라톤과 아리스토텔레스의 철학에 의해서 기독교 신앙을 증명하기 위해 플라톤과 아리스토텔레스의 저작들을 모두 라틴어로 번역하려는 웅대한 계획을 가지고 있었다. 그러나 그가 44세의 나이에 처형되는 바람에 아리스토텔레스의 『범주론』과 『명제론』 등 논리학에 관한 몇 가지 주석서만 저술할 수 있었다.

보에티우스 이후 아리스토텔레스의 저서들은 로마와 이슬람 세계의 전쟁을 통해 아랍인들의 손에 넘어가고 말았다. 그 결과 11세기까지 기독교철학은 플라톤적인 이론의 배경에만 의존할 수밖에 없었다. 보에티우스가 아리스토텔레스의 논리적 저술만을 주석했기 때문에 적어도 중세 초기까지는 아리스토텔레스의 영혼론, 생물학, 자연학, 시학, 윤리학 그리고 형이상학 등은 알려지지 않았다. 그래서 당시까지만 해도 아리스토텔레스의 논리학이 학문의 모범으로 여겨졌으며, 학문적으로 생각한다는 것은 아리스토텔레스의 논리학을 해당되는 영역에 알맞게 적용하는 것을 뜻했다.

'보편논쟁'의 실마리를 제공하다

중세철학 전체에 있어서 중요한 문제들 가운데 하나가 보편에 관한 문제이다. 이 문제는 보에티우스에 의해 제기되었지만, 실상 중세 초기부터 말기에 이르기까지 수많은 학자들의 논쟁을 불러일으켰으므로 '보편논쟁'이라는 명칭으로 일컬어지고 있다.

보편논쟁은 실념론(實念論)과 유명론(唯名論) 그리고 온건실념론 사이의 논쟁이다. 보편논쟁을 간단히 살펴보면, 그것은 마치 조선시대의 이기론과도 같은 색깔을 지닌다. 영남학파의 시조인 퇴계는 우주 만물의 근원을 이(理)라고 했고, 기호학파의 시조 율곡은 우주 만물의 근원을 기(氣)라고 보았다. 이 두 사람의 제자들은 스승들의 견해를 고집했으며 이기론 논쟁은 200년 이상 계속되었다.

중세 보편논쟁의 주제는 보편개념이 참답게 실재하느냐의 여부에 초점이 모아졌다. 예컨대 '삼각형'이라는 개념이 관념으로 있다고 주장하는 입장은 실념론이다. 그러나 '삼각형'은 사람이 만들어낸 명칭과 단어에 지나지 않으며, 존재하는 것은 구체적인 '삼각형 모습'이나 '삼각형의 그림'이라고 말하는 입장은 유명론이다. 그렇지만 구체적이고 개별적인 '삼각형의 모습' 안에는 항상 불변하는 관념으로서 '삼각형'이라는 개념이 들어 있다는 입장은 온건실념론이다.

또한 실념론은 예컨대 꽃이라는 개념이 영원불변하다고 확신한다. 유명론은 꽃이라는 개념은 단지 이름에 불과하다고, 대상은 확실해도 그것을 꼭 꽃이라고 안 불러도 되고 사람들이 이름을 정하기 나름이라고 한다.

보편논쟁의 내용은 보편적 개념이 불변하게 참으로 존재하느냐, 아니면 그것이 단지 인위적 단어에 불과하냐의 물음을 해결하는 데 있다. 실념론에서는 "보편은 실재이며 보편은 개별 사물에 앞선다"고 주장한다. 실념론은 플라톤과 신플라톤주의의 영향을 많이 받았으며 '개념실재론'으로도 일컬어진다. 실념론에서는 나무, 하늘, 사람 등 구체적인 개별 사물은 불변하는 관념(이데아)으로서의 나무, 하늘, 사람 등이 불변하게 실재하기 때문에 존재한다고 주장한다. 즉 관념(이데아)이 정신적으로 실재하기 때문에 그것들에 의해서 구체적인 개별 사물이 존재한다는 것이다. 이러한 실념론을 대표하는 사람들로는 아우구스티누스와 안셀무스가 있다.

중기 스콜라철학의 특징은 온건실념론이다. 13세기에는 이미 아리스토텔레스의 모든 저술들이 그리스어에서 라틴어로 번역되었다. 따라서 철학적·신학적 권위는 아리스토텔레스 철학에 많이 의존하는 경향이 있었다. 당시 사람들은 아리스토텔레스의 영향을 강하게 받아서 재료(질료) 안에 원리(형상)가 원래부터 존재한다고 생각했다. 아리스토텔레스는 참답게 있는 것은 구체적인 개별 사물뿐이며 개별 사물은 모두 재료와 원리로 구성되어 있다고 했다. 아퀴나스 같은 사람은 아리스토텔레스의 생각을 받아들여서 "재료 안에 원리가 본래부터 있다"고 주장함으로써 다음과 같은 온건실념론을 대변하게 되었다. "보편은 실재이며, 개별 사물 안에 존재한다."

유명론은 일반적으로 말기 스콜라철학의 특징이다. 둔스 스코투스(1265?~1308)는 사람이란 자유로우므로 자기 자신의 행동에 책임을 져야 한다고 말했다. 또한 그는 사람이란 자신의 자유롭고 공정한 결단에 의해서 신의 은총을 받을 수 있다고 믿었다. 이와 같은 입장에 의해서 구체적인 개별 사물의 비중이 높아지고 보편적 개념의 비중이 약해졌다. 그래서 결국 "보편은 개별 사물 다음에 존재한다"는 유명론의 입장이 성립되었다. 이미 초기 스콜라철학 시대에 로스켈리누스(1050?~1125?)가 유명론을 주장했지만, 14세기의 스코투스와 오컴이 이 입장의 대변자들이다.

보에티우스는 비록 보편논쟁의 실마리를 제공하긴 했지만, 그 자신은 실념론이나 유명론 또는 온건실념론 어느 편의 입장인지 분명히 밝히지 않았다. 포르피리오스가 아리스토텔레스의 논리적 저술에 관해 해설한 책이 『명제론』이다. 이것을 보에티우스가 라틴어로 번역했다. 이 『명제론』 안에 "생물과 같은 유(類) 또는 인간과 같은 종(種)이 실재로 존재하느냐, 아니면 단순히 생각된 것이냐" 하는 물음이 들어 있다. '유'나 '종'은 보편개념인데 이것들이 실재하느냐 아니면 단지 생각에 의해서 만들어진 것이냐 하는 물음에 대해서는 앞에서 살펴본 실념론, 유명론, 온건실념론으로 답할 수 있다. 보에티우스는 우리가 정신적 실재(이데아)를 알 수 있거나 아니면 개별 사물 안에 있는 이데아를 알 수 있다고 생각했는데, 두 가지 중에서는 후자 편에 기울어 있었다.

철학도의 필독서로 일컬어진 『철학의 위안』

보에티우스는 테오도리쿠스 왕 밑에서 정치가로 활약했지만, 그리스철학과 기독교 신앙을 조화시키려는 그의 노력은 고트인들의 미움을 샀다. 그러한 노력이 고트인과 로마인 사이를 기회주의적으로 오락가락하는 것으로 여겨졌기 때문이다. 그는 결국 테오도리쿠스 왕의 처형 선고를 받고 감옥에 갇혔고, 그동안 『철학의 위안』을 저술했다.

보에티우스의 『철학의 위안』은 아리스토텔레스의 논리학에 관한 저술들과 함께 중세는 물론이요, 근대 초기까지 철학도의 필독서로 인정되었다. 『철학의 위안』은 감옥에 갇힌 사람들과 자유로운 철학과의 대화 형식으로 되어 있는데, 보에티우스는 이 책을 통해서 이 세계와 현실 인간이 무의미하지 않은가를 묻고 그에 대한 답을 찾으려고 했다. 보에티우스는 『철학의 위안』에서 다음과 같이 말했다.

"모든 사람이 자신이 음미해 보지 않은 한에 있어서 알지 못하는 어떤 것을 자기 안에 가지고 있다. 그러나 우리가 그것을 음미하면 우리는 전율한다."

이 말은 우리가 영혼의 내면 자체를 볼 때 참다운 것을 붙잡을 수 있음을 뜻한다. 보에티우스의 『철학의 위안』에는 '죄수'와 '철학'이라는 여인이 등장하는데, 죄수는 물음을 던지고 철학이라는 여인은 답을 제시함으로써 인간이 있는 그대로의 자신의 참모습을 알게 해준다. 죄수는 바로 감옥에 갇힌 보에티우스를, 그리고 철학의 여인은 자유로운 보에티우스를 뜻한다.

보에티우스의 『철학의 위안』은 우리에게 생각 범위를 넓게 잡고 생각을 보다 깊이 하는 법을 가르쳐준다. 만일 어떤 사람이 오로지 이기심에만 집착해 모든 것을 자기중심적으로 생각한다면 그는 인간의 참다운 모습은 전혀 붙잡지 못할 것이다. 항상 스스로의 마음속에서 다양한 대화를 전개하고 많은 문제들을 제기하면서 그것들에 대한 답을 궁리할 때, 비로소 우리는 '나'의 넓고 깊은 내면을 통찰함으로써 참다운 인간의 모습을 접할 수 있을 것이다.

신의 존재를 증명하고자 하다

안셀무스

> 안셀무스는 신이라는 보편개념은 가장 완전하므로
> 신이 존재하지 않을 수 없다는 것을 증명하려 했다.
> 신은 "그보다 더 큰 것을 아무것도 생각할 수 없는 어떤 것"이므로.

중세철학은 한편으로는 이성과 신앙의 문제에 의해서, 또 한편으로는 보편논쟁에 의해서 특징지어진다. 우선 이성과 신앙의 문제를 살펴보자. 중세 초기 교부철학에서는 신앙이 우위를 차지한 시대였으므로 "철학은 신학의 시녀"라는 말이 생길 정도였다. 그러나 그노시스주의자들이라든가 일부 이슬람 철학자들에게서는 이성의 우위를 엿볼 수 있었다. 그럼에도 불구하고 아퀴나스와 같은 사람은 신앙과 이성을 조화시키려고 했다. 중세 말기 스콜라철학에 이르러서 스코투스나 오컴과 같은 사람은 자연의 문제는 이성철학으로, 계시의 문제는 신앙(신학)으로 해결해야 한다고 보아 신앙과 이성을 따로 구분했다.

로스켈리누스는 보편개념은 실재하는 것이 아니며, 따라서 유(類)나 종(種)은 단순한 낱말이거나 또는 음성에 불과하다고 하면서 유명론적 입장을 폈다. 그러나 플라톤과 아우구스티누스의 전통을 잇는 안셀무스는 로스켈리누스에 반대해 보편개념은 정신적 관념으로서 영원불변하는 이데아처럼 참답게 있다고 주장했다.

"알기 위해서 믿는다"

캔터베리의 안셀무스(1033~1109)는 스콜라철학을 대변하는 철학자들 중 한 사람이다. 그의 사상은 아우구스티누스의 전통을 이어받았다. 그는 일찍이 베네딕트회에서 수업을 받았으며 소수도원장을 거쳐 베크의 대수도원장이 되었고 나중에는 캔터베리 대주교가 되었다. 그는『모놀로기움』『프로슬로기움』『왜 신은 인간이 되었는가』『진리론』등의 저술을 통해 아우구스티누스의 전통을 충실히 따랐고, 신앙이 이성에 앞서면서 이성의 재료들을 제공한다는 이론을 펼쳤다.

안셀무스는 "알기 위해서 믿는다"고 말했는데, 이 말은 우리가 필연적 진리에 관한 앎을 가질 수 있다는 것을 뜻한다. 예컨대 필연적 진리는 '신의 존재'와 같은 것이다. 그런데 필연적 진리에 대한 앎은 어디에서 생기는 것일까. 안셀무스는 계시의 조명, 곧 모든 것을 밝혀주는 빛으로부터 생긴다고 말했다. 그렇다면 안셀무스의 "알기 위해서 믿는다"는 말은 무엇을 뜻하는 것인가. '알기 위해서'라는 말은 필연적 진리에 대한 앎을 놓고 하는 말인 반면, '믿는다'는 말은 계시에 대한 신앙을 뜻한다. 그렇게 보면 알기 위해서 믿는다는 말은 "필연적 진리를 알기 위해서는 신앙을 가져야 한다"는 말과 똑같은 의미를 가진다고 볼 수 있다. 신앙의 빛이 있어야만 필연적 진리가 밝게 드러나기 때문이다.

안셀무스의 존재론적 '신 존재 증명'

서양철학사를 통해 알려진 신 존재 증명의 종류는 대체로 존재론적(본체론적) 증명, 우주론적(인과적) 증명, 목적론적 증명 그리고 도덕적 증명 등이 있다.

사람들은 모두 선하게 살려는 의지를 가지고 있다. 그렇다면 선한 의지의 근원이 되는 선 자체가 있을 것이고 이것은 완전한 선일 것이다. 완전한 선은 신 이외의 다른 것일 수 없다. 이는 신 존재에 관한 도덕적 증명이다. 또 세상만사는 다 목적이 있다고 생각할 때 신 존재에 관한 목적론적 증명이 성립한다. 예컨대 씨앗은 싹을, 그리고 싹은 잎과 꽃을 목적으로 삼는다. 또 사람이 이 세상을 살아가는 것은 행복이라는 목적에 도달하고자 하는 근거가 있기 때문이다. 그렇다면 궁극적인 목적 자체가 있고 그것은 신 이외의 다른 것이 아닐 것이다. 이런 식의 증명은 신 존재에 관한 목적론적 증명이다. 한편, 만일 우리가 원인들의 원인을 거슬러 올라가서 더 이상 원인을 찾을 수 없는 궁극의 원인에 도달했을 때 그것은 신일 수밖에 없다고 증명한다면, 그러한 증명은 우주론적(인과적) 증명이 된다.

안셀무스는 신 존재에 관해 존재론적 증명을 제시했다. 신을 가리켜서 "당신은 그보다 더 큰 것을 아무것도 생각할 수 없는 어떤 것입니다"라고 함으로써 신 존재를 증명한 것이다. 신은 완전하다. 신이 만일 불완전하다면 신은 있을 수도 있고 없을 수도 있다. 그러나 신은 완전하기 때문에 존재할 수밖에 없다. 안셀무스는 "그 이상 더 큰 것을 생각할 수 없는 어떤 것"의 존재를 부정할 경우 '어떤 것'보다 더 큰 것을 생각해야 하는데 그것은 말 그대로 모순이라고 지적했다. 신은 가장 완전한 등급에 속하며 다른 아무것에도 의존하지 않고 스스로 존재하기 때문에 신에 대한 앎은 단순한 이성적 사고에만 의존해서는 불가능하다. 그러므로 이성적 사고 안에는 이성적 앎을 가능하게 해주는 조명, 곧 계시의 빛이 있는 것이 분명하다는 것이 안셀무스의 주장이다.

누구도 말리지 못한 사랑의 화신

아벨라르

> 아벨라르는 신앙을 절대적으로 보지 않았다.
> 신앙은 무지와 지복에 대한 통찰의 중간에 있는 것이다.
> 분명하지 못한 것들에 대해 가지는 의견이 곧 신앙이다.
> 그에게 있어서 신앙은 이성과 비슷한 의미를 가진다.

우리는 중세 스콜라철학자들 중에서도 너무나도 인간적인 모습을 아벨라르(1079~1142)에게서 발견한다. 아벨라르는 낭트에서 가까운 거리에 있는 팔레 마을 출신으로 한때는 로스켈리누스와 함께 공부했다. 나중에 그는 파리의 교회학교에서 가르치다가 만난 엘로이즈와 사랑에 빠졌다. 엘로이즈는 노트르담 성당의 고위직 신부의 조카딸이었고, 아벨라르는 그녀의 가정교사였다. 아벨라르와 엘로이즈는 남들의 눈을 피해 아이를 낳았고 몰래 둘만의 결혼식을 올렸다. 그러나 이 엄청난 일이 밖으로 알려질 것을 꺼린 나머지 엘로이즈는 수녀원에 칩거했다. 곧 엘로이즈의 삼촌이 이 사실을 알게 되었다. 그는 부하를 시켜 아벨라르의 손과 발을 절단하고야 말았다. 아벨라르는 엘로이즈에 대한 굳은 사랑과 신에 대한 신앙을 간직한 채 생드니 수도원에 숨어 살았다.

아벨라르와 엘로이즈는 서로의 사랑을 승화시키면서 각자의 신앙과 과제에 누구보다 성실하게 임했다. 엘로이즈는 독실한 신앙을 가진 수녀원장이 되었고, 아벨라르는 신학 저술에 몰두했다. 그의 최초의 저술은 『단일성과 신성한 삼위일체』이며, 이 밖에도 『긍정과 부정』『신학 입문』 등이 있다.

당시 그의 저술은 이단의 경향이 있는 것으로 평가되어 수아송 종교회의에서 불태워졌다. 아벨라르는 퀸시에 작은 교회를 설립하는 데 봉사했고 이때 많은 학생들이 그의 제자가 되기 위해 모여들기도 했다. 그러나 그는 상스의 종교회의에 소환되어 클레르보의 수도원장 성 베르나르에 의해 파문당했다. 아벨라르는 죽는 날까지 엘로이즈에 대한 사랑을 간직했다. 그는 신앙을 옹호하기 위해서 철학을 사용했다. 그러나 교부들과 교회의 권위에 모순되는 생각으로 인해 결국 파문되었다.

신앙은 무지와 지복에 대한 통찰 사이에 있다

다음과 같은 아벨라르의 말은 널리 알려져 있다.

"나는 바울을 반대하기 위해 철학자가 되기를 원치 않을 뿐만 아니라, 그리스도를 완전히 떠나기 위해 철학자가 되기를 원치도 않는다."

이 말은 아벨라르가 철학을 부정적으로 평가하는 듯한 인상을 준다. 그러나 그는 이교도들 그리고 비신앙인들에 대해 신앙을 옹호하는 입장에서, 그리고 기독교 교리의 뜻을 밝히기 위해서 철학을 사용하려고 했다. 이러한 자세는 철학에 대한 아벨라르의 긍정적 입장을 보여준다.

아벨라르는 신앙을 절대적으로 보지 않았다. 그는 무지와 지복에 대한 통찰의 중간에 있는 것이 신앙이라고 보았다. 아벨라르는 분명하지 못한 것들에 대해 가지는 의견을 신앙이라고 보았다. 그렇다면 신앙은 아벨라르에게 이성과 비슷한 의미를 가진다. 그는 신의 존재와 단일성은 이성에 의해 확립될 수 있다고 믿었다. 왜냐하면 이성의 추론 능력에 의해 우리는 이성의 근원인 신을 추리해 낼 수 있기 때문이다. 아벨라르에 의하면 이성적 존재는 비이성적 존재로부터 생길 수 없다. 그러므로 모든 사물들의 원인은 스스로 존재하지 않으면 안 되고, 동시에 이성적이지 않으면 안 된다.

아벨라르는 중세의 보편논쟁에서 로스켈리누스처럼 극단적이지는 않았으나 유명론의 입장을 대변했다. 이 역시 그가 파문당하게 된 원인 중의 하나이다. 그는 포르피리오스가 제시한 다음의 세 가지 물음을 세밀히 고찰했다. 먼저 유(類)나 종(種)은 불변하는 것인가 아니면 인간의 이성적 사고 안에만 있는 것인가. 둘째로 만일 유나 종이 불변하고 지속한다면 그것들은 육체적인가 또는 비육체적인가. 셋째로 그것들은 감각적인 것에서 떨어져 있는가 아니면 감각적인 것 안에 있는가. 여기에서 유나 종이 지시하는 것은 보편개념이다. 예컨대 인간을 유라고 할 때 황인종·백인종·흑인종은 종이라고 보는 개념을 말한다.

이들 세 물음에 첨가해 아벨라르는 자기 나름대로 네 번째 물음을 제기했다. 즉 유와 종은 어떤 것을 확실히 지시하느냐, 아니면 그것들이 지시하는 대상이 소멸될 경우 유와 종의 보편개념은 개념의 단순한 요소로 불변하게 남느냐 아니면 남지 않느냐였다.

아벨라르는 이 네 가지 물음에 대해서, 보편개념이란 참답게 실재하는 것이 아니고 단지 중요한 낱말이나 개념에 지나지 않는다고 생각했다. 즉 아벨라르에 따르면 보편개념이란 아무런 지시 대상을 가지지 않을 수도 있는, 의미 있는 낱말이다. 아벨라르는 다음과 같은 두 가지 차원에서 소위 보편개념이 생긴다고 보았다.

① 유사성을 가진 개별 사물들에는 보편적 단어가 주어질 수 있다. 예컨대 흑인, 백인, 황인 등은 유사성을 가지므로 '인간'이라는 유개념(보편개념)이 부여될 수 있다.
② 공통 개념의 의식 안에 있는 존재에게는 유개념이나 종개념이 주어질 수 있다. '개'라는 공통 개념의 의식 안에 있는 존재에게 우리는 '사냥개', '양치기 개' 등의 종개념을 부여할 수 있다.

영원불멸하는 보편개념을 부정하고 보편개념은 단지 유사성을 가진 사물들을 지시하는 낱말에 지나지 않는다는 아벨라르의 입장은 전통적인 실념론에 위배되기 때문에 결국 파문되는 결과에 이를 수밖에 없었다. 그렇지만 그의 유명론적 입장은 후기 스콜라철학에 막대한 영향을 주었으며, 근대 영국경험론의 토대가 되었다.

7장
중세철학의 전성기

신을 향한
정신의 여행

철학의 군주
아퀴나스

> 방대한 스콜라철학의 체계를 완성한 아퀴나스는
> 다섯 가지 논증으로 신 존재를 증명하려 했다.
> 이는 신앙의 산물이 아닌 이성에 의한 철학적 작업이었다.

토마스 아퀴나스(1225?~1274)는 로마와 나폴리 사이에 위치한 로카세카성에서 태어났다. 아버지는 영주였다. 일찍이 아퀴나스는 도미니코 수도회에 들어가 신학에 일생을 바치려고 결심했다. 집안에서 온갖 방법으로 화려한 장래를 보장하며 말렸지만 그는 한사코 듣지 않았다. 형제들은 아퀴나스가 홀로 있는 방에 젊은 여인을 들여보내기도 했으나 그의 결심은 굳어지기만 했다.

그는 19세에 도미니코 수도회의 수사가 된 이후 알베르투스 마그누스(1193?~1280)에게서 신학을 배웠다. 알베르투스 마그누스는 중세 스콜라철학의 매우 포괄적인 문제들에 정통했다. 그는 아리스토텔레스 철학을 새롭게 해석했고 또한 계시와 이성을 명확하게 구분하고자 했다. 아퀴나스는 스승으로부터 많은 영향을 받았다.

아퀴나스는 1257년 파리 대학에서 신학 학위를 받고 교수직을 얻어 제자들을 가르쳤다. 그는 신학 연구에 뜻을 두었으므로 교회에서

권하는 직책을 사양하고 로마, 나폴리, 볼로냐 등에서 신학을 가르치는 한편, 저술 활동에 모든 시간을 할애했다. 1273년에는 나폴리에서 그의 주요 저서인 『신학 대전』의 제3권 30문항을 집필하고 있었다. 당시 교황 그레고리우스 10세로부터 리옹의 제2차 공의회에 참석할 것을 요청 받은 아퀴나스는 나폴리에서 리옹으로 여행하던 중 병들어 사망했다.

아퀴나스는 기독교 교리와 아리스토텔레스의 철학을 종합해 거의 완벽한 스콜라철학의 체계를 완성했다. 초기에는 아우구스티누스의 영향을 받았지만 점차 아리스토텔레스의 철학에 심취했고, 이를 통해 방대한 스콜라철학의 체계를 확립했다. 그가 남긴 저술은 매우 많은데, 가장 대표적인 저서로는 『신학 대전』『이교도에 대항하는 대전』『존재와 본질』등이 있다.

이성과 신앙, 존재와 본질

아퀴나스는 이성적 철학의 장점을 몇 가지로 나누어 보았다. 먼저 철학은 인간의 이성에 의해 기독교 신앙이 제시한 몇 가지 진리들을 증명할 수 있다. 또 이성으로 증명할 수 없는 진리들이 어떤 것인지 해명할 수 있다. 그리고 기독교 교리를 비난하는 자들로부터 교리를 옹호할 수 있다.

그러나 그에 의하면 철학적 신학자의 근본 관심은 신성한 이론(신학)에 의해서 제시되는 주제들이다. 이성의 진리와 계시의 진리 사이에 아무런 모순이 없다고 할지라도, 철학에는 신앙이 결여되어 있다. 따라서 아퀴나스는 인간이 이성에 의해서 세계의 근원 내지 신 존재를 증명할 수 있다고 할지라도 신 존재의 의미에 대한 체험은 오직 신앙에 의해서만 가능하다고 주장했다.

아퀴나스는 자기 이전의 이슬람 철학자들, 예컨대 아비센나, 아베로에스 등의 전통에 힘입어, 아리스토텔레스 철학을 끌어들여 그것과 기독교 교리를 조화시킴으로써 웅대한 신학 체계를 세웠다. 아퀴나스에게 중요한 문제들 중의 하나는 플라톤 이래로 많은 문제점을 안고 있는 존재와 본질의 문제였다.

'인간이 있다'라고 할 때 '인간'은 본질, '있다'는 존재에 해당한다. 아퀴나스는 아리스토텔레스의 이론에 따라 본질은 가능태이며, 이 가능태의 현실태는 존재의 활동이라고 말했다. 어떤 사람이 숨 쉬고 밥 먹으며 생각하고 움직이고 일할 때 그는 현실적으로 존재한다. 그러나 우리가 단지 '인간'이라고 할 때 그 인간은 아직 현실적으로 존재하지 않는다. 왜냐하면 그러한 인간은 생각하고 일할 수 있는 가능태이고 현실 세계를 아직 살아가고 있지 않기 때문이다. 인간이 존재하여 활동할 때 비로소 인간의 현실적 상태가 전개된다. 그러므로 아퀴나스는 이 세상의 모든 피조물들을 살펴볼 때, 본질이란 '존재하는 것'인 반면에, 존재란 '본질을 있게 해주는 것'이라고 말했다. 아퀴나스가 존재와 본질(본성)을 말하는 것은 궁극적으로 신 존재 증명과 깊은 연관을 가진다.

아퀴나스의 신 존재 증명

아퀴나스가 그의 『신학 대전』에서 드러낸 첫 번째 관심은 신의 존재와 본성에 집중되어 있다. 아퀴나스는 신 존재가 인간의 이성에 의해 증명될 수 있는지를 묻는다. '신이 있다'에서 '신'은 신의 본성을, 그리고 '있다'는 신의 존재를 지시한다. 이 문장에서 '신'과 '있다'의 뜻이 완전히 알려질 수만 있다면 '신이 있다'는 참다울 수밖에 없다. 그렇지만 '신이 있다'는 그 자체로는 아무런 모순 없이 참다울지 몰라도 유한한 인간 지성에게는 분명하게 파악되지 않는다. 우리의 지성은 감각에 의해서 주어진 것으로부터 추상함으로써 모든 개념들을 획득하기 때문이다.

간단히 말하면, 아퀴나스가 보기에 '신'은 감각에 주어지지 않고 따라서 지성을 추상해도 명백하게 알려지지 않는다. 아퀴나스는 인간의 지성은 '신이 있다'는 것을 직접 알 수 없으므로 단지 논증을 통해서 신이 존재한다는 사실을 성립시킬 수 있다고 보았다. 아퀴나스가 말하는 지성의 논증에는 두 가지 종류가 있다.

먼저 '무엇에 관한 논증'이다. 이것은 본질(본성)의 앎으로부터 본질의 성질을 추리하는 논증이다. 즉 신을 알고 신의 이러저러한 성질들을 추리할 수 있다면 그것은 '무엇에 관한 논증'이다. 그렇지만 현실 세계를 살아가면서 사람은 신이 무엇인지 도저히 알 수 없다. 따라서 신을 모르기 때문에 신의 성질도 추리할 수 없다.

또 다른 논증은 '이유에 관한 논증'이다. 현실 세계의 감각적 대상 존재로부터 그것의 원인이 되는 존재를 추리할 수 있으며, 이와 같은 논증은 인간의 지성에 의해 가능하다는 것이 아퀴나스의 주장이다. 이것은 인과관계를 따짐으로써 최초의 원인을 밝혀낼 수 있다는 것이고, 그 최초의 원인은 신일 수밖에 없다는 것이다. 예컨대 지금 여기에 있는 '현실적인 나'라는 인간을 놓고 보자. 내가 있을 수 있었던 원인은 부모이며, 부모의 원인은 할아버지와 할머니이고…… 이렇게 계속해서 올라가다 보면 결국 생물의 시초와 우주의 시초로까지 거슬러 올라가, 궁극적으로는 더 이상 원인이 있을 수 없는 최초의 원인에 도달할 것이다. 최초의 원인은 신 이외의 다른 것이 아니라는 것이 아퀴나스의 '이유에 대한 논증'이다.

'이유에 대한 논증'을 근거로 해서 아퀴나스는 자연 세계에는 인과관계가 있고 우리의 정신은 자연적으로 이러한 인과관계를 알 수 있다고 생각했으며, 다음과 같은 다섯 가지 신 존재 증명을 제시했다.

첫째, 운동의 궁극적 원인은 제1운동자이다.
둘째, 모든 변화에는 궁극적인 원인이 있다.
셋째, 사물의 완전성에 관한 정도를 살펴볼 경우, 가장 완전한 존재가 있는 것이 분명하다.
넷째, 모든 가능성을 살펴보면 반드시 필연적 존재가 있다.
다섯째, 사물에는 지배되는 것과 지배하는 것이 있는데, 이로부터 우주에는 궁극의 원인 내지 목적이 있으며 그렇기 때문에 지성적 통치자가 있음이 분명하다.

아퀴나스의 신 존재 증명에 관한 다섯 가지 논증은 이성적 철학의 작업이므로, 그것은 신앙의 산물이 아니다. 수영 이론가와 수영 선수의 예를 들어보자. 대부분의 수영 이론가는 이론적으로 효과적인 수영을 말할 수 있지만 실제로 수영 선수만큼 수영을 잘하지는 못한다. 아퀴나스의 신 존재 증명은 바로 수영 이론가의 수영 이론이자, 인간 지성의 유추 작업이다. 아퀴나스에 의하면 지성은 자신의 모든 앎을 감각 지각에서 이끌어내기 때문에 감각과 상관없는 어떤 앎도 가질 수 없다. 그렇기 때문에 지성은 비물질적인 것을 말할 때 감각으로 얻은 물질적 앎을 이용할 수밖에 없다. 물질이 이러저러하니까 비물질도 이러저러함이 분명하다고 지성은 유추한다. 최고의 유추는 신에게 적용된 용어들에서 발견된다.

논증과 유추는 구분되어야 한다. 이 구분은 이미 아리스토텔레스에 의해서 확실해진 것이다. 논증은 판단의 결합에 의해서 이루어진다. 대표적 형태는 삼단논법이다. 예컨대 "비가 오면 땅이 젖는다. 오늘 비가 왔다. 그러므로 땅이 젖었다"와 같은 삼단논법은 논증이다. 그러나 유추란 어떤 것으로부터 다른 어떤 것을 유사한 것으로 추리하는 것이다. 신에게 적용된 용어들, 즉 전지전능, 최고의 선, 유일한 진리 등으로부터 우리는 신이 만물의 근원이라는 것을 유추할 수 있다.

아퀴나스의 신 존재 증명은 대체로 아리스토텔레스의 인과적 원인에 대한 추리를 근본으로 삼고 있다. 따라서 아퀴나스의 신 존재 증명은 어떤 사실들의 원인들로부터 최후의 궁극적 원인을 유추하는 것을 기본으로 삼아 다섯 가지 형태로 나타났다고 말할 수 있다. 이러한 근거에서 아퀴나스는 "신 개념은 완전하다. 그러므로 완전한 것은 있지 않으면 안 된다. 만일 신이 있지 않다면 신 개념은 불완전한 것이고 결국 신은 완전하다는 것에 모순된다"고 한 아우구스티누스나 안셀무스의 존재론적(본체론적) 신 존재 증명을 거부했다.

자연법 사상

아퀴나스에 의하면, 신은 섭리에 의해 세계 전체를 창조했다. 신의 뜻에 의해 창조된 세계의 구조는 조화를 이루고 있으며, 이 구조는 적절한 단계와 아울러 계층을 가지고 있다. 이러한 계층과 단계에 알맞게 인간이 당연히 해야 할 기능과 함께 인간이 자리 잡을 위치가 부여된다. 그러나 그러한 위치는 멋대로 주어지는 것이 아니고 각 개인에게 알맞게 윤리적으로, 그리고 더 나아가서 정치적·국가적으로 주어진다. 이러한 생각은 플라톤이 『국가론』에서 도시국가(폴리스)를 구성하는 사람들을 세 집단으로 나누어 통치자, 무사 및 생산자로 구분한 것을 상기시킨다. 통치자에게는 지혜가 있고 무사에게는 용기가 있으며, 생산자는 절제를 함으로써 이상적인 국가가 형성될 수 있다는 것이 플라톤의 생각이었다.

플라톤의 이러한 정치철학 내지 국가관은 일종의 이상이자 요청이었다. 이에 비해 아퀴나스에 있어서 인간의 위치와 기능은 처음부터 조화롭게 신에 의해 주어지고 결정된 것이므로 자연적인 것이다. 아퀴나스의 자연법 사상은 아우구스티누스의 『신국론』 사상을 계승하고 있다. 따라서 아퀴나스는 사회에서 백성들이 군주를 살해하거나 혁명을 일으키는 것은 어떠한 경우에도 정당화될 수 없다고 주장했다. 아퀴나스의 정치적 질서는 어디까지나 신성한 질서이다. 왜냐하면 자연법은 처음부터 신에 의해서 자연적으로 만들어진 것이기 때문이다.

군주국은 가장 바람직한 국가의 형태이지만, 그것은 독재자의 출현을 방지하지 않으면 안 된다. 군주는 신성한(신의) 목적을 항상 염두에 두고 신하와 백성으로 하여금 최고의 선을 실현하는 데 최선의 노력을 기울여야 한다. 인류가 추구하는 최고의 선은 영원한 축복이기 때문에 교회와 교황은 현실의 세속적인 왕들보다 더 우월한 권력을 가지고 있는 것이 확실하다고 아퀴나스는 말했다. 그러므로 세속의 통치자는 교회의 사제(신부)에게 복종해야 한다. 아우구스티누스는 『신국론』에서 국가란 인간의 악한 본성에 의해서 만들어진 것이기 때문에 종말에 가서 '지상 국가'는 '신국론'에 의해 파멸된다고 말했지만, 아퀴나스가 보는 국가는 자연법이 지배하기 때문에 애초부터 신성하게 성립된 것이다.

철학과 신학의 구분

중세철학 전반에 걸쳐 철학(이성적 사고의 산물)과 신학(실천적 신앙에 관한 이론적 탐구)을 분명하게 구분하기는 힘들다. 일반적으로 중세의 철학은 신학적 철학이고, 또 신학은 철학적 신학이기 때문이다. 아퀴나스 철학의 전체 체계는 우주의 합리성은 곧 신의 계시라는 것을 증명하고자 한다.

아퀴나스는 신의 계시에 관해서는 아우구스티누스의 전통을 따랐으며, 우주의 합리성에 대해서는 아리스토텔레스를 본받았다. 아우구스티누스의 형이상학에서 신은 세계의 원리이다. 그는 우주의 합리성을 설명하는 데 아리스토텔레스의 질료, 형상, 가능태, 능동태, 현실태, 네 가지 원인 등 형이상학적 개념들을 끌어들였으며, 아우구스티누스의 형이상학을 토대로 이러한 노력을 전개했다.

아퀴나스는 스승 알베르투스 마그누스를 따라서 이성과 신앙을 구분했다. 그래서 그는 철학이란 일상적 사실들로부터 출발해서 신에게로 향하는 학문이며, 신학이란 신으로부터 출발해서 일상적 사실들에 도달하는 학문이라고 보았다. 예컨대 세계 창조, 신의 육신화, 원죄, 성찬식, 삼위일체 등은 인간이 지닌 자연적 이성에 의해 증명될 수 있는 성질의 것이 아니다. 그것들은 계시된 진리이므로 철학의 대상이 될 수 없으며, 오직 신앙의 문제들에 해당한다. 그렇다고 해서 그것들이 이성에 모순되거나 대립된다고 할 수 없다. 왜냐하면 우리는 그것들을 이성에 의해서 증명할 수도 없고 반박할 수도 없지만, 그것들에 대한 반대는 반박할 수 있기 때문이다.

이렇게 보면 아퀴나스에게 있어 이성과 신앙은 서로의 고유한 영역으로 구분되면서도 신앙이 이성보다 우위에 있다는 것을 알 수 있다. 예컨대 우리는 어머니에 대해서 잘 알지만, 우리의 어머니에 대한 믿음은 앎보다 더 강하다. 이성이란 자연 세계의 대상들을 분석하고 계산하며 헤아리는 사유 능력을 말한다. 반면에 신앙은 의지의 문제이다. 아퀴나스는 신이 우리로 하여금 신적인 것을 믿을 수 있게 우리를 이끌고 가기 위해서 부여한 내면적 본능을 일컬어 '의지'라고 하였다.

아퀴나스에 의해서 성립한 철학과 신학[이성과 신앙]의 구분은 말기 스콜라철학의 스코투스와 오컴에 이르러 한층 더 확실해졌다.

신을 향한 영혼의 순례와 사랑

보나벤투라

보나벤투라에 의하면, 신학의 핵심과제는
이성에 의해 믿음을 앎으로 전환시키는 것이다.
믿음과 앎을 일치하게 하는 것은 사랑이므로,
인간은 결국 사랑에 의해서 신과 합일할 수 있다.

    13세기의 서양 중세 기독교철학자들 중 가장 대표적인 인물로는 알베르투스 마그누스, 토마스 아퀴나스 그리고 상투스 보나벤투라(1221~1274)가 있다. 보나벤투라의 원래 이름은 조반니 디 피단자이며, 그는 오늘날 이탈리아의 영토인 토스카나에서 출생해 17세에 프란치스코 수도회에 들어가 파리 대학의 할레시우스 밑에서 공부했다. 그 후 파리 대학에서 강의하다가 30대 후반의 나이에 프란치스코 수도회 수도원의 원장이 되었다.

'절대자' 신에 대한 사랑
    아퀴나스가 아우구스티누스와 아리스토텔레스의 철학을 종합하면서도 아리스토텔레스에 주로 기울었던 것에 비해, 보나벤투라는 아리스토텔레스의 영향을 받았으면서도 주로 아우구스티누스적인 사상에 충실했다. 그는 오직 신비적 체험에 의해서만 삼위일체(성부(신)=성자(아들)=성령(성신))를 알 수 있다고 했다. 그는 외부의 감각적 세계에서 신을 보는 단계로부터 영혼과 신의 내면에서 신을 통찰하는 정신의 절정을 살피면서, 이 정신의 절정에서 인간과 신의 황홀한 합일이 이루어진다고 말했다.

보나벤투라에 의하면, 신학의 핵심과제는 이성에 의해서 믿음을 앎으로 전환시키는 것이다. 믿음과 이성의 매개 역할을 담당하는 것은 사랑이다. 보나벤투라는 저서 『신을 향한 영혼의 순례기』에서 사랑에 관해 말했다. 믿음과 앎을 일치하게 하는 것은 사랑이므로 인간은 결국 사랑에 의해서 신과 합일할 수 있다. 보나벤투라의 사랑은 절대자 신에 대한 사랑이다.

보나벤투라는 피조물의 세계를 한 권의 책과 같은 것으로 보았는데, 이 책에는 매 쪽마다 삼위일체가 상세히 기록되어 있다고 말했다. 세계의 피조물은 그 자체가 참다운 것이 아니고 신의 뜻의 표현이라는 것이다. 따라서 인간의 영혼은 피조물의 세계를 출발점으로 삼아 신으로 향하는 단계들을 차례로 밟아 올라갈 수 있다.

신으로 상승하는 계기는 크게 세 가지로 구분된다. 첫 번째 계기는 감각의 세계에서 신을 발견하는 것이다. 두 번째 계기는 인간의 영혼 안에서 신의 모습을 찾는 것이다. 세 번째 계기는 피조물을 초월해서 신에 관한 앎과 존경의 신비적 기쁨을 소유하는 것이다. 인간의 영혼은 감각세계와 초월 세계를 매개하기 때문에 위로는 신을 향해 절대적 앎을 얻고 아래로는 사물(현상)의 세계를 향해 상대적 앎을 획득한다.

보나벤투라는 『신을 향한 영혼의 순례기』에서 신에게 도달하는 단계를 다음과 같이 여섯 가지로 보았다.

① 물질계를 고찰한다 : 우리는 물질계의 곳곳에서 신의 흔적을 찾을 수 있으며, 그로부터 흔적을 만든 자를 찾아 나설 수 있다.
② 물질계 안에서 신의 본질과 힘을 고찰한다 : 우리는 물질계 내부에서도 신의 발자취를 고찰할 수 있다.
③ 영혼의 정신적 능력에 대한 고찰의 단계 : 영혼의 정신적 능력은 기억, 분별력, 의지 등인데, 그것들을 소유한 인간은 신의 모사임이 분명하다.
④ 영혼의 내면에 대한 반성 : 우리는 그리스도를 통해서 영혼의 내면적 반성에 의해 신의 덕을 받을 수 있고 정신적 의미를 얻을 수 있다.
⑤ 영혼이 존재의 이념에 도달하는 단계 : 영혼은 철저하게 자신을 반성한 결과 세계 원리를 추구함으로써 모든 사물들이 왜 있는지에 대한 근거(이념)를 발견한다.
⑥ 영혼과 신의 합일 : 마지막 단계에서 영혼은 절대 선(善)인 신에 도달해 신과 합일하는 황홀한 기쁨을 얻는다.

이러한 신을 향한 영혼의 순례는 신비적 체험을 체계적으로 구성하고자 하는 이론적 노력을 보여준다.

보나벤투라의 기독교 신비주의 철학 역시 정통 기독교 교리와 위배되는 부분들이 있으므로 이단에 해당되는 점이 있으나, 그의 신비 체험에 대한 해명은 그 후 아퀴나스나 마그누스 등이 참조했다. 보나벤투라는 위디오니시우스나 에리우게나처럼 극단적인 신과의 합일을 주장하지 않고 온건한 입장을 취했으므로 교회의 박해나 파문을 당하지 않았다. 보나벤투라의 기독교 신비주의 철학에 있어서 특징적인 것은 이성과 신앙의 변증법적 전개 및 통일이다.

8장
중세철학의 말기

이성의 깃발을 치켜들다

신앙과 이성을 구분하다
스코투스

> 스코투스는 중세 말기에 신학과 철학,
> 곧 신앙과 이성을 예리하게 구분하고 이성의 깃발을
> 치켜든 최초의 사상가라고 할 수 있다.

둔스 스코투스(1265?~1308)는 스코틀랜드 록스버러 지방의 막스톤에서 태어나 10대에 프란치스코회에 들어갔다. 그는 1290년 이전 옥스퍼드에서 공부했고, 옥스퍼드와 파리에서 강의하다가 1305년부터 파리에서 가르쳤으며, 1308년 쾰른에서 사망했다. 스코투스는 신학과 철학에서 명성을 얻었으며, 직접적이며 비판적인 그의 삶으로 인해 말기 스콜라철학의 거장으로 명성을 얻었다. 그는 중세 말기에 신학과 철학, 곧 신앙과 이성을 예리하게 구분하고 이성의 깃발을 치켜든 최초의 사상가라고 할 수 있다. 그의 사상은 문제를 바라보는 관점에서 매우 날카로웠기 때문에 후세 사람들은 그를 '정교한 박사'라고 불렀다.

스코투스는 선배 사상가 아퀴나스와 다음과 같은 점에 생각을 같이한다. 신앙(믿음)의 진리와 이성(앎)의 진리는 서로 모순되지 않는다. 그러나 그는 다음과 같은 점에서는 아퀴나스와 다른 견해를 가진다. 철학은 신학에 종속된 학문이 아니고 자신의 고유한 원리를 가진다. 신의 본성, 신의 목적, 신의 예지 등에 관해서 비록 이성적 증명이 행해질 수 있기는 해도 그것들에 관한 확실성을 우리에게 가져다주는 것은 신학이다.

스코투스는 아퀴나스보다 이성의 영역을 확장했을 뿐만 아니라, 신학은 실천 학문이며 철학은 수학적 증명을 사용하는 이론 학문이라는 사실을 명확히 했다.

신의 존재와 본성

스코투스는 신 존재 증명에 있어서 안셀무스와 보나벤투라의 전통을 따랐다. 그것은 '본체론적 신 존재 증명' 또는 '존재론적 신 존재 증명'이라고 일컬어진다. 스코투스는 "모순되는 개념은 생각할 수 없기 때문에" 신은 존재한다고 말한다. 이 말은, 전지전능하고 완전한 신이 존재하지 않는다면 그것은 모순이므로 신이 존재할 수밖에 없다는 것을 의미한다.

이 세상의 모든 사물들은 자기 자신의 영향을 받거나 어떤 것으로부터도 영향을 받지 않거나 아니면 다른 어떤 것의 영향을 받는다. 앞에서 계란과 닭의 예를 들었다. 계란은 닭이 없으면 있을 수 없다. 그런가 하면 닭 또한 계란이 없으면 있을 수 없다. 그렇다면 닭과 계란은 서로 영향을 주고받는다고 말할 수 있다. 그렇다면 닭이나 계란 모두에게 영향을 미치는 것은 무엇일까. 그것은 다름 아닌 생명이다. 스코투스는 모든 사물에 영향을 미치는 최초의 존재는 전지전능한 신 이외의 다른 것일 수 없다고 말함으로써 신 존재를 증명한다. 세상의 사물들에 영향을 미치는 것들을 차례로 찾아 올라갈 때 가장 궁극적으로 모든 것들에 영향을 미치는 것은 모순 없는 완전한 신 이외의 다른 것일 수 없다는 것이 스코투스의 생각이다.

신은 만물에게 무조건적인 영향을 미치는 최초의 존재이다. 그러므로 스코투스는 신의 존재를 증명했다고 생각한 후 곧바로 신의 본성이 무엇인지를 묻기 시작했다. 신이 완전하고 절대적이며 전지전능하다는 것은 신이 무한한 존재라는 것을 말한다. 이러한 점으로부터 신의 본성은 가장 단순하다는 결론이 따라나온다. 신은 가장 단순한 존재이기 때문에 여러 가지 사소한 본질의 부분들이나 양적인 부분들을 포함하지 않는다. 예컨대 우리는 신이 자유롭다든지 부자유스럽다든지 행복하다든지 불행하다든지 또는 만족스럽다든지 그렇지 않다든지 하는 것에 관해서 전혀 말하지 않으며, 또한 신이 어떤 모양으로 생겼다고도 말하지 않는다. 왜냐하면 제아무리 복잡한 성질도, 제아무리 정교한 형태도 모든 것들 중 가장 으뜸이 되는 신과 일치할 수 없기 때문이다.

스코투스가 신의 본성을 단순성으로 보는 것은 그가 부정 신학이나 상징 신학의 전통을 따르고 있음을 보여준다. 부정 신학에서는 전지전능한 신, 완전한 신 등에 있어서 '전지전능한', '완전한' 등을 부정한다. 왜냐하면 신은 인간의 모든 표현을 초월하기 때문이다. 상징 신학에서는 신을 '어떤 것', '다른 것이 아닌 것' 등으로 표현한다. 왜냐하면 신은 우리가 신이라고 표현하는 것 자체도 초월하는 바로 어떤 것이기 때문이다. 스코투스의 신은 부정 신학이나 상징 신학의 차원에서 볼 때 그 본성을 단순성으로 가지는 어떤 것이다.

유명론적 경향

중세의 보편논쟁은 다음과 같은 세 가지 입장에 의해서 대변된다.

① 실념론 : 보편은 실재이며, 개별 사물에 앞선다.[아우구스티누스, 안셀무스]
② 유명론 : 보편은 명칭이며, 개별 사물 다음에 존재한다.[로스켈리누스, 오컴]
③ 온건실념론 : 보편은 실재이며, 사물 안에 존재한다.[아퀴나스]

스코투스는 이 세 가지 입장들 중에서 유명론의 견해에 가까운 태도를 취한다. 그는 말이나 개와 같은 보편개념이 비록 인간의 정신에 의해 만들어진다고 할지라도 그것들은 개별 사물들의 본성에서 각각의 기초를 발견한다고 생각했다. 즉 인간의 지성은 개별 사물에서 공통된 본성을 찾고 이렇게 함으로써 보편적 앎이 성립한다는 것이다.

'말임(horseness)'에 의해서 우리는 조랑말이나 경주마를 구분하며, 말임은 말들에게 공통된 본성이라고 말한다. 이 말임이 물론 개별적인 말들에게 공통된 본성이라고 할지라도 '말임'은 명칭에 불과한 것이고 그 자체가 보편적이어서 영원불변하게 있는 것도 아니다. 그렇다고 해서 그것이 현실에 개별적으로 직접 있는 것도 아니라는 것이 스코투스의 견해이다.

이러한 견해는 보편이라고 하는 것은 외부의 개별 사물에 존재하는 특수한 본성에 자신의 기초를 다지기 때문에 보편은 명칭일 뿐이라는 유명론적 사고에 매우 가깝다. 유명론에 접근하는 이러한 태도는 윌리엄 오컴에 이르러 더욱더 명확한 형태를 가지게 되고, 후에 영국경험론을 형성하는 토대가 된다.

자연 탐구의 문을 열다
윌리엄 오캄

> 오캄은 철학적 진리와 신학적 진리를 구분한다.
> 철학적 진리는 경험적이며 개연적이다.
> 신학적 진리는 철학적 진리를 초월하는 것이다.
> 양자의 배후에는 '신의 알려지지 않은 의지'가 있다.

말기의 스콜라철학은 철학사의 다음 장을 장식하는 르네상스 철학을 위한 준비 단계에 속한다. 일반적으로 중세 스콜라철학의 핵심과제는 계시(신앙)와 이성 또는 신학과 철학 내지 믿음과 앎을 합리적으로 조화시키려는 것이었다. 스코투스 이후 오캄에게 이르러 그러한 시도는 결정적으로 무너지게 된다.

런던에서 가까운 오캄에서 출생한 윌리엄 오캄(1285?~1349)은 교황의 권위에 대항한 죄목으로 1328년에 파문되었다. 그 후 그는 바이에른의 루트비히 황제의 도움을 받아 그 밑에서 교황의 파문에 대항해 투쟁하다가 뮌헨에서 사망했다.

오캄은 철학과 신학 양자의 배후에는 '신의 알려지지 않은 의지'가 있다고 보았다. 신의 이러한 의지는 개념적으로 서로 전혀 다른 두 가지 진리를 요구하기 때문에 오캄은 철학적 진리와 신학적 진리가 있으며, 이 두 가지는 서로 다르다고 보았다. 따라서 자연은 이성적 철학의 대상이며 신앙은 신학의 대상일 수밖에 없다. 국가와 교회는 서로 다른 것이므로 국가는 교회로부터 분리되어야 하고, 마찬가지로 철학과 신학은 서로 다른 것이므로 철학은 신학으로부터 분리되고 구분되어야 한다. 오컴은 높은 학식과 예리한 사고로 인해 '경외할 박사' 또는 '무적의 박사'라는 칭호를 후세 사람들로부터 얻었다.

쓸모없는 개념을 제거해 버리는 '오컴의 면도날'

오컴은 "실체나 원리는 불필요하게 확대되어서는 안 된다"고 말하면서, 존재하는 것은 오직 개별 사물이고 우리의 모든 앎(지식)이란 개별 사물로부터 출발한다고 주장함으로써 철저한 유명론의 입장을 고수했다. 그는 아리스토텔레스 철학과 기독교 교리의 조화라는 스콜라철학의 전통을 붕괴시키고, 르네상스 철학이 탄생할 수 있는 결정적인 기틀을 마련했다. 이와 같은 경향은 밀레투스학파 이래로 서양철학이 지녀온 비판 정신을 대변해 준다. 오컴의 비판 정신, 곧 철저한 유명론이 없었다면 중세 스콜라철학의 몰락이 지연되었을 것은 물론이고, 르네상스 철학의 출현이나 영국경험론의 형성도 늦어졌을 것이다.

오컴은 보편개념이란 단지 관념이나 사고로서 마음 안에만 있을 뿐이라고 단언한다. 우리가 아는 것은 개별적 대상뿐이고, 그러한 개별 사물로부터 공통된 성질을 추상해서 보편개념을 만들기 때문이다. 두 가지 이상의 유사한 대상들이 있을 경우 우리는 그것을 추상해 단어나 관습적인 기호를 사용해서 그 대상들을 표현한다. 그래서 단어나 기호는 유사한 여러 개별 사물들을 지칭하게 된다. 사람이나 말 또는 삼각형 등의 단어들은 오직 하나의 대상만을 가리키는 것이 아니라 각각 여러 가지 유사한 대상들을 지시한다.

이러한 유명론적 입장에서는 보편이 마음의 외부에 영원불변하게 실재하는 것일 수 없다. 따라서 보편(개념)은 사물 안에 본래부터 있는 것(내재하는 것)이 아니고 개별 사물을 보고 마음이 추상해서 만든 단어나 기호에 지나지 않는다. 오컴은 참답게 있는 것은 오직 구체적인 개별 사물들뿐이라고 말했다. 신의 정신 안에도 보편개념이란 없으므로 신도 개별 사물에 관한 지식만 가지고 있다는 것이 오컴의 견해이다. 오컴의 유명론을 대표하는 원리는 "실체나 원리는 불필요하게 확대되어서는 안 된다"는 것이고, 이 원리는 쓸모없는 보편(개념)을 제거하기 때문에 '오컴의 면도날'이라고 불린다.

절약의 원리

쓸모없는 보편(개념)을 없애는 '오컴의 면도날'에 긴밀하게 연결되어 있는 것은 그의 절약의 원리이다. 절약의 원리를 처음으로 언급한 사람은 아리스토텔레스이다. 아리스토텔레스는 세계의 단순성을 설명하기 위해서 우주론적으로 절약의 원리를 방법으로 사용해야 한다고 생각했다. 그러나 오컴은 우주가 아니라 우리 인간의 사고에 적용되는 절약의 원리가 있다고 생각했다. 오컴이 생각한 절약의 원리는 우리가 철학함에 있어서 '필연성'이나 '보다 적은 수단'을 기본적으로 택할 것을 요청한다. 절약의 원리는 다음과 같이 표현될 수 있다.

- 보다 적은 수단에 의해서 성취될 수 있는 것을 여러 가지를 가지고 행하는 것은 헛되다.
- 다수성은 필연성 없이 가정될 수 없다.

오컴은 '단순한 수단'은 철학에 적용되는 것으로, 그리고 '필연성'은 신학에 적용되는 것으로 보았다. 그러므로 그는 철학적 진리는 자명한 것이므로 경험에 의해서 알려져야 한다고 했다. 이에 반해 신학적 진리는 필연적 권위에 의해서 알려져야 했다. 오컴은 절약의 원리를 철학과 신학 모두에 적용했지만, 철학에 있어서의 절약의 원리는 이성이나 경험에 의해 단순성을 확보하는 것이고, 신학에 있어서의 절약의 원리는 필연성에 의해 단순성을 확보하는 것이라고 봄으로써 철학과 신학을 명백하게 구분했다.

모든 학문은 경험적 습관의 집합이다

오컴에 의하면, 앎(지식)의 원천은 경험이고 경험을 초월하는 모든 지식은 신학이 다루어야 할 성질의 것이다. 우리의 가장 직접적 지식은 감각 지각에 의해서 얻어진다. 그러나 감각 지각보다 더 확실한 지식은 직관적 지식에 의해서 얻어진다. 우리는 지성, 의지 활동, 기쁨이나 슬픔 등과 같은 내적 상태를 소유하는데, 이것들에 대한 지식을 포함하는 것이 직관적 지식이다. 직관적 지식은 감각 지각에 의한 앎과 마찬가지로 직접적 지식이다. 그러나 오컴에 의하면 직접적 지식 이외에 우리는 추상적 지식을 소유한다. 우리가 삼단논법(연역추리)에 의해서 얻는 지식은 추상적이지만 필연적이다.

왜냐하면 그러한 지식은 수학적 지식을 바탕으로 삼기 때문이다. 그렇지만 오컴은 추상적 지식의 바탕을 형성하는 원리가 결국 귀납적 경험에 의해 성립하기 때문에 모든 지식의 원천은 경험일 수밖에 없다고 단언한다.

오컴은 모든 학문은 경험적 습관의 집합이며 학문의 대상은 명제들이라고 말한다. 그렇다면 철학적 진리는 경험으로부터 성립하기 때문에 개연적이다. 개연이라는 말은 확률이라는 말과 유사하다. 예컨대 '비가 오면 땅이 젖는다'는 '비가 오면' '땅이 젖을 개연성'이 높다고 말할 수 있다.

오컴은 철학적 진리와 신학적 진리를 확연히 구분했으므로, 철학적 진리는 경험적·개연적이라고 보았음에 비해 신학적 진리는 철학적 진리를 초월하는 것이라고 주장했다. 따라서 신은 절대적 존재로서 사고와 의지 및 활동에 있어서 자유롭다. 신은 인식의 대상이 아니라 어디까지나 인식을 초월하는 믿음의 대상이다. 오컴의 경험론적 사고방식은 17세기 영국의 홉스로부터 흄에 이르는 영국경험론에 지대한 영향을 미쳤다. 그의 유명론·경험론을 바탕으로 삼은 절약의 원리 등은 영국경험론의 핵심적인 이론으로 형성되기에 이르렀다.

르네상스 철학

어둠이 지나면 새벽이 찾아든다. 길고 긴 중세철학이 서서히 막을 내리고 르네상스 철학이 꽃피기 시작하면서 지난 시대의 잘못을 찾고 새로운 길을 모색하려는 노력이 시작되었다.

14세기에 접어들면서 민족주의, 신비주의 그리고 신학과 철학의 결합에 대한 적대감 등이 일어났는데, 이러한 경향은 몇 가지 다른 요인들과 함께 르네상스와 종교개혁의 싹을 키웠다. 그래서 지나간 시대의 전통과 예술, 언어와 문학, 교회와 국가 간의 정치적 관계, 신학 체계 및 종교의 권위에 대한 깊이 있는 의심이 일어났고, 이어서 그러한 것들에 대한 강한 반발이 발생했다.

교회의 권위에 대항해서 개인의 권위가, 교회에 대해서는 국가가, 섭리적 계시에 대해서는 이성이 지배적인 힘을 획득하기 시작했다. 그래서 인간의 자유와 계몽을 향한 문이 활짝 열리기 시작했다. 교회의 권위가 약화된 반면 개인의 지적 독립이 두드러지게 나타났으며, 철학의 권위가 이성에 있음을 확인시켰다.

중세철학은 초자연적인 것, 곧 초월적인 것에 주로 관심을 가지고 있었기 때문에 신의 존재라든가 영혼 불멸 및 부활이라든가 신의 섭리 등에 탐구의 초점을 맞추었다. 그러나 중세가 몰락하고 자연과학이 전면에 나서게 되면서, 관심 영역이 하늘에서 지상으로 내려왔다. 종교 역시 교회의 권위가 강요하는 구속을 벗어나서 양심과 성서에 직접 호소하게 되었다.

중세 말기에 새로운 시대(르네상스와 종교개혁의 시대)를 예고하는 세 가지 커다란 경향들이 나타났는데, 그것들은 앞에서 살핀 것처럼 그리스와 로마(고전적 고대)의 정신 재생, 종교개혁 및 자연과학의 급속한 성장이다.

자연과학의 성장은 종전까지의 자연관으로부터 사고의 해방을 가져다주었다. 그때까지는 아리스토텔레스의 자연관이 교회의 권위로 인정되어 왔다. 그러나 그러한 권위에서 벗어나서 사람들은 자연 대상을 직접 관찰하고 탐구하는 태도를 가지게 되었다. 또한 지리상의 발견에 의해서 사람들은 새로운 지리학적·천문학적 지식을 접하게 되었다. 코페르니쿠스, 케플러, 갈릴레이 등은 천문학과 물리학의 영역에서 지금까지와는 질적으로 다른 이론을 창출해 냈다.

르네상스 철학은 이상과 같은 맥락 속에서 형성되고 발전했다. 그중 가장 중요한 사상은 다음의 세 가지로 요약될 수 있다. '세계의 무한성에 관한 사상', '정신과 자연의 통일에 관한 사상', '개체의 해방에 관한 사상' 등이 그것이다.

우리의 앎에는 어떤 제한도 없으며 따라서 앎의 대상인 세계 역시 무한하다는 생각은 쿠사누스에 의해서 대변된다. 파라셀수스와 브루노는 정신과 자연의 통일에 관해서 말했다. 파라셀수스는 만물은 서로 비슷하게 구성되어 있고 모든 별은 인간과 같은 유기체라고 말했다. 개체의 해방에 대한 사상은, 모든 자연물들이 각각 독립되어 있고 세계는 이 자연물들이 정돈되어 성립된다고 보았다.

9장
자연과학의 성장, 사고의 해방

하늘에서
지상으로의 이동

인간의 믿음과 앎의 힘이 향하는 곳
쿠사누스

> 반대의 일치는 모사와 원화의 관계와 같다.
> 반대는 모사요, 일치는 원화에 해당한다.
> 모든 현상적인 사물들은 모사이지만,
> 그 근원은 일치인 원화에 두고 있다.

    니콜라우스 쿠사누스는 1401년, 오늘날 독일의 모젤강 근처 쿠사에서 태어났다. 그는 어려서부터 종교 집단에서 교육을 받았고 하이델베르크와 파두아에서도 공부했다. 사제 서품을 받은 후 코블렌츠에서 일했으며, 1448년 추기경에 임명되어 활동하다가 1464년 움부리아의 토디에서 세상을 떠났다.

    쿠사누스의 사상은 15세기라는 역사적 배경 아래 중세적인 측면과 근대적 측면을 동시에 가지고 있다. 중세적 측면의 문제는 하느님 개념으로 집약된다. 이것은 플로티노스 이래의 신비주의적 하느님에 관한 직접적인 종교적 체험이라는 색채를 띤다. 이에 반해 근대적인 차원에서는 인간 문제에 초점이 맞춰져 그 내용은 앎이 주제가 된다. 따라서 그의 사상 체계는 하느님 문제와 근대적인 차원에서의 앎의 문제를 모두 포함한다.

    그의 사상을 간단히 말하면 '무지에 관한 지혜'와 '반대의 일치'로

집약된다. 쿠사누스가 다루고 있는 수많은 주제들은 이들 두 중심 주제를 해명하는 수단에 지나지 않는다고 해도 과언이 아니다. 무지에 관한 지혜는 최고로 순화된 영혼의 앎을 뜻하고, 반대의 일치는 이 앎에 비치는 전능한 자, 하느님을 의미한다.

무지에 관한 지혜

쿠사누스가 말하는 무지는 두 가지 측면에서 이해될 수 있다. 첫째로 우리의 일상적인 인식은 참다운 인식이 아니므로 그것을 무지라고 한다. 이 무지는 실은 피상적·부분적 인식을 뜻한다. 이 무지는 따라서 결핍된 인식이다. 두 번째로 무지는 지혜를 의미한다. 진리에 관한 인식은 형식적 지식을 떠날 뿐만 아니라 그러한 지식과는 전혀 상관없으므로 무지라고 한다.

무지가 지혜로 드러날 때 지혜의 대상은 '일자(一者)'이다. 쿠사누스가 말하는 일자는 플라톤의 선의 이데아나 플로티노스의 일자와 같은 성격을 가지고 있다. 그것은 영원하며 무한하다. 무한하므로 유한한 지식에 의해서 파악되지 않는다. 일자는 다시 말해서 하느님이요, 지혜는 하느님의 빛이다. 이 일자는 더 큰 것도 더 작은 것도 아닌, 가장 큰 것이요 가장 작은 것이므로 모든 것들의 척도이다. 일자가 척도라는 말은 일자가 바로 삶과 세계의 원리이며 법칙이라는 뜻을 갖는다.

우리가 온갖 지식을 포기하고 무지의 세계에 들어갈 때 비로소 진리가 빛나며, 우리는 그것을 '파악할 수 없는 방식으로' 파악한다. 이때 파악할 수 없는 방식으로 파악하는 앎을 쿠사누스는 '무지에 관한 지혜'라고 부른다.

하느님은 세계 원리이므로 어디에나 있고 어느 때나 있지만, 또한 어느 곳에도 있지 않고 어느 때에도 있지 않다. 무지에 관한 지혜는 전체성을 보면 알 수 있다. 하느님은 어느 장소에서나 공간적인 크기가 아니라 개별적 사물의 근본원리로 있으므로, 쿠사누스는 어디에나 있으나 또한 있지 않다고 했다. 마찬가지로, 어느 때나 시간적으로 있지 않고 원리로 있으므로 어느 때나 있으면서도 있지 않다고 했다. 인간의 영혼이 하느님을 파악하기 위해서는 무지에 관한 지혜에 도달해야 한다. 여기에 관해 쿠사누스는 암흑의 비유를 들었다.

우리가 모든 것을 버릴 때 하느님을 발견한다.
이 암흑은 주님의 빛이다.

이는 다시 말해서 이기적 자아, 형식적 지식을 무지에 관한 지혜의 차원으로까지 순화시켜야 한다는 뜻이다. 자아의 모든 것이 포함되었을 때 남는 것은 아무것도 없다. 오로지 암흑뿐이다. 그러나 그것은 티가 섞이지 않은 암흑이다. 이 순수한 암흑에는 하느님의 빛이 그대로 비칠 수 있다.

반대의 일치

반대는 서로 걸맞지 않은 대상 간의 상태를 말한다. 예컨대 땅의 반대는 하늘이요, 물의 반대는 불이다. 달리 말해서 반대는 서로 다른 사물에 관해 쓰는 말이다. 그러면 일치는 어떻게 쓰는가. 화합하거나 혼합해서 하나가 될 때 일치한다고 한다. 이론을 놓고 실험해서 두 가지가 맞으면 실천이 이론에 일치한다고 한다. 결국 일치란 조화를 일컫는다.

반대의 일치를 조금 더 이해하기 쉽게 말하자면 반대는 우연성을, 그리고 일치는 필연성을 지시한다고 볼 수 있다. 모든 있는 것들, 즉 피조물은 우연적이다. 꽃이 피었나 싶으면 곧 시든다. 인간도 마찬가지다. 한창 기운찬 청춘을 자랑하는가 하면 어느새 황혼기에 접어든 백발노인이 된다. 모든 피조물은 시간과 공간에 얽매어 있어서 시간의 변화 및 공간의 변화에 따라 변화할 수밖에 없다.

그러면 어떤 이유에서 일치가 필연적인가. 이때 일치란 꼭 들어맞는다는 의미에서의 일치는 결코 아니다. 자물쇠에 제 열쇠를 끼웠을 때 자물쇠와 열쇠는 일치한다고 하지만, 쿠사누스의 일치는 사물들의 일치가 아니다. 반대되는 현상이 있을 수 있는 근원이라는 뜻에서의 일치다. 더 나아가서 이 근원은 모든 반대되는 것들 안에 있으면서 그것들을 있게 하므로 일치라고 부른다. 모든 것의 근원은 변화를 넘어 있으며 영원하므로, 그것을 일컬어 일치라고 한다.

반대의 일치는 모사(模寫)와 원화(原畵)의 관계에 비유하여 이해할 수 있다. 반대는 모사요, 일치는 원화에 해당한다. 어떤 사람이 김홍도의 풍속화를 본떠 그림을 그렸다면 그것은 모사이다. 그 그림은 김홍도의 원화에 그 근거를 두고 있다. 모든 현상적인 사물들은 모사로서, 서로 우연적이며 반대적이다. 하지만 그 근원은 일치인 원화에 두고 있다.

원화는 모든 모사에 깃들어 있으며 모든 모사는 또한 원화 안에 있다. 그러므로 어떤 모사도 원화보다 작거나 크지 않다. 그러므로 모든 모사는 유일한 원화의 모사다.

나는 여기에서 다음과 같은 물음을 제기한다. '어떻게 인간의 영혼이 반대의 일치를 알 수 있는가.' 이 물음은 '어떻게 영혼이 삶과 세계의 본질을 파악할 수 있는가'라는 물음과 같다. 반대의 일치에 관한 지혜에 의해서 비로소 영혼은 반대의 일치를 파악할 수 있다. 쿠사누스는 '안경의 응용'을 말하면서 안경과 같은 구조를 가진 지혜에 의해 반대의 일치를 파악할 수 있다고 보았다. 안경은 보통 한쪽은 볼록하고 다른 쪽은 오목하다. 안경은 모든 빛을 수렴해 그것을 다시 눈에 전해준다. 모든 것을 정리할 수 있는 지혜, 이것이 바로 안경과도 같은 지혜이다. 이러한 지혜에 의해서만 반대의 일치가 파악될 수 있다.

반대의 일치에 접근하는 인간의 앎을 쿠사누스는 세 가지 형태로 구분했다. 첫째는 앎이요, 두 번째는 반성이며, 세 번째는 반성의 반성이다. 첫 번째 앎은 감각적이고 오성적인 앎이다. 모든 생물은 이 앎을 가지고 있어서 자신에게 필요한 영양분과 음식을 선택한다. 즉 '적합한 시각과 자신의 사냥에 필요한 감각기관'을 가지고 있다. 두 번째 앎은 반성이다. 감각적·오성적 앎이 자기 전개를 하면 반성의 차원에 이른다. 반성은 '연속적 유사성'의 앎이다. 이는 영원한 진리에 접근하는 유사성의 단계이다. 세 번째 앎은 반성의 반성이다. 반성의 반성은 '봄'이며 이성적 통찰이다. 이성적 통찰은 바로 신적 통찰이다. 그것은 모든 감각적이며 그림자로 물들어 있는 세계를 꿰뚫어, 삶과 세계의 참다운 근원을 투시한다. 이성적 통찰 안에서는 감각적·오성적·이성적 앎이 모두 순화되어 오직 세계 원리인 절대자 하느님을 본다. 따라서 쿠사누스는 이성적 통찰을 '완전한 앎'이라고 부른다. 이 완전한 앎에 의해서 하느님 안에서 모든 일체에 도달하게 된다.

믿음과 앎의 힘

믿음과 앎이 각각 눈앞의 단순한 사실에 관한 것이라면 이 두 가지는 전혀 상관이 없다. 믿음이 발전하여 앎이 되거나 앎이 발전하여 믿음이 된다는 식의 변증법적 해명도 쿠사누스에게는 타당치 않다. 하느님을 향한 영혼의 힘이 믿음인 동시에 앎이기 때문이다.

통찰의 시초는 바로 믿음이다. 믿음은 통찰의 원동력이 되어 그 통찰이 탐구 대상에 도달하게 한다. 그러므로 믿음은 통찰되는, 즉 알 수 있는 것을 자기 안에 내포한다. 이성적 사유는 그러나 믿음의 드러남이다.

하느님을 향한 영혼의 힘에서, 믿음은 내면적인 힘이며 앎은 외면적인 힘이라고 할 수 있다. 그러므로 믿음과 앎은 상호 보충적인 관계에 있으며, 영혼의 한 힘이 둘로 나타난 것이라고 볼 수 있다. 모든 상대적·반대적·우연적 대상에 대한 지성은 유한한 앎임에 비해, 그러한 대상을 넘어 무지에 관한 지혜를 통해 절대자 하느님을 보는 것은 믿음과 앎의 힘이다. 이러한 관점에서 보면 믿음이 결여된 앎은 단순히 사물에 관한 형식적 앎에 지나지 않는다.

절대자 하느님을 향한 믿음과 앎이 가장 구체적으로 가능한 곳은 어디인가. 그곳은 인간의 내면이다. 삶과 세계의 근원에 관한 믿음은 비로소 그 근원에 관한 앎을 가능하게 한다. 믿음과 앎에 의해

드러나는 본질은 가장 큰 것이며 동시에 가장 작은 것이다. 그것은 믿음과 앎에서 가장 구체적으로 일치한다. 여기에서 인간의 믿음과 앎은, 자체로서 믿음과 앎인 세계 원리의 모사다.

 반대의 일치는 모사와 원화의 관계와 같다. 반대는 모사요, 일치는 원화에 해당한다. 모든 현상적인 사물들은 모사이지만, 그 근원은 일치인 원화에 두고 있다. 그러나 이러한 믿음과 앎이 가능한 것은 '말씀'으로서의 아들, 곧 믿음과 앎 자체인 예수 그리스도가 있기 때문이다. 예수는 여기서 단순히 종교사적 인물에 그치지 않고 세계 원리의 드러남인 '말씀'으로 파악되고 있다. 예수는 하느님의 아들이다. 그는 하느님의 말씀이다. 곧 그는 세계 원리의 나타남이다. 다시 말해서 그는 인간의 믿음과 앎의 힘이 향할 수 있는 목적이다.

의학·철학·신학을 종합한 '미신 신봉자'
파라셀수스

> 현실의 마지막 영역은 정신적인 것으로서 이것은 신적 영혼과 관계를 맺고 있다. 인간은 정신적인 힘과 도덕적인 힘 그리고 종교적인 힘을 소유하는데, 이는 정신적 영역이 있기 때문이다.

아우레올루스 필리푸스 파라셀수스(1493~1541)는 스위스 태생으로 의사였으며, 일생 동안 방랑의 삶을 살다가 잘츠부르크에서 사망했다. 그는 쿠사누스, 브루노 등과 함께 르네상스의 신비주의 철학을 대변한다. 파라셀수스는 의학, 철학, 신학을 종합해 인간의 질병을 치료하고자 했으므로 추종자들에게 '의학의 루터'라는 칭송을 받았다. 그러나 종전의 기독교 교리와는 전혀 다른 이론을 근거로 인간과 세계를 설명했기 때문에 반대자들의 비난을 받았으며, '미신 신봉자'로 낙인찍히기까지 했다. 결국 반대자들의 박해 때문에 어떤 도시에도 안주할 수 없어서 원치 않는 방랑 생활로 일생을 마칠 수밖에 없었다.

파라셀수스는 자연과학에 지대한 관심을 가지고 있었고 무엇보다도 생물학에 깊이 몰두했다. 그는 의학과 신학, 철학을 종합하려고 했으며, 그럼으로써 포괄적 인간상을 파악해 보고자 했다. 또한 그는 의사였으므로, 의학을 개선해 건강한 사람과 병든 사람에게 적절한 의술을 시행하려고 노력했다. 그러한 노력 속에서 파라셀수스는 종래의 모든 전통과 지식으로부터 독립했다.

파라셀수스는 현실 세계가 세 가지 영역을 가진다고 생각했다. 그것은 육체적 영역, 영혼적 영역, 정신적 영역이다. 그에 따르면 이 세상의 모든 사물들은 눈으로 볼 수 있는 기본적 실체와 관계하며, 동시에 우리의 눈에 보이지 않는 항성과 같은 실체와도 관계를 맺고 있다. 눈으로 볼 수 없는 항성과 같은 실체는 생명을 가진 모든 유기체들과 긴밀한 관계를 맺고 있다. 눈으로 볼 수 있는 기본적 실체는 육체적 영역을 형성한다. 그런가 하면 눈에 보이지 않는 별과 같은 실체는 영혼적 영역을 형성한다.

현실의 마지막 영역은 정신적인 것으로서 이것은 신적 영혼과 관계를 맺고 있다. 우리 인간은 정신적인 힘과 도덕적인 힘 그리고 종교적인 힘을 갖는데, 이 힘들이 생길 수 있는 근거는 바로 정신적 영역이 있기 때문이다. 파라셀수스는 인간의 질병도 육체적 영역, 영혼적 영역 그리고 정신적 영역에 해당하는 성질을 가지고 있다고 보았다. 그러므로 질병은 각 영역에 따라서 달리 치료되어야 한다고 생각했다.

모든 것들과 하나의 통일

브루노

인간에 대한 과감한 신뢰, 인간이 '모든 것들과 하나의 통일'을 성취할 수 있다는 범신론적 태도, 우주에 대한 물활론적 견해 등은 17세기 근대 자연과학의 기반이 되었다.

이탈리아 르네상스 철학을 대표하는 철학자 조르다노 브루노(1548~1600)는 나폴리 근처의 놀라에서 태어나 어릴 때 나폴리에 있는 도미니카 수도원에 들어갔다. 그는 1576년 이단으로 낙인찍혀 수도원을 뛰쳐나왔고 이후 유럽의 곳곳을 방랑했다. 1581년 제네바를 거쳐 파리에 도착한 브루노는 그곳에서 공식적으로 강의했고, 앙리 3세의 눈에 들어 그의 비호 아래 저술 활동에 몰두할 수 있었다. 브루노는 1583년 초 앙리 3세의 추천장을 소지하고 런던에 있는 프랑스 대사관에 가서 그곳에서 2년간 거주했다.

브루노는 런던 체류 시절 '기억에 대한 마술적 기술'에 관심을 가지고 사랑과 예술, 마법과 학문을 바탕으로 삼은 새로운 종교에 도달하는 길을 밝히려고 했다. 또한 코페르니쿠스의 지동설을 옹호했고, 우주는 무한하며 헤아릴 수 없이 많은 세계들이 있다는 이론을 주장했다. 이러한 브루노의 입장은 종교개혁과 보편적 도덕을 옹호하는 것이었다.

1585년 브루노는 파리로 돌아왔으나 반대자들의 소요를 피해 독일을 방랑하다가 비텐베르크에 정착해 저술 활동에 몰두했다. 그의 저술들은 일반적으로 관용과 자비, 박애의 정신을 담고 있으면서도, 난해하고 마술적인 요소들도 많이 포함하고 있었다. 브루노는 자신의 저술에서 이집트의 마술적 종교가 기독교보다 훌륭하며, 그리스도는 마법사라고 표현했다. 그는 가톨릭 체계 안에서 자신의 도덕적·종교적 개혁이 실행되기를 기대하면서도 이단으로 종교재판소에 회부될 발언을 서슴지 않고 토로했다. 베네치아로 돌아와 종교재판에 회부되어 8년간 옥살이를 하면서도 자신의 주장을 굽히지 않았다. 브루노는 1600년에 결국 캄포 데 피오리에서 화형당했다.

새로운 정신을 가진 시대를 준비하기 위해서는 항상 큰 희생이 따르기 마련이다. 중세의 암흑시대를 붕괴시키고 근대를 맞이하는 르네상스 시대를 지내는 동안, 브루노 역시 커다란 희생을 치러야 했던 것이다.

"이집트의 마술적 종교로 돌아가자"

브루노는 당시 유럽의 전쟁과 학살 그리고 비참함을 치료하기 위해서는 이집트의 마술적 종교로 돌아가야 한다고 생각했다. 그는 마술적 종교를 자연적 종교 내지 가장 참다운 종교로 보았다. '사물들 안에 있는 신'과 '심원한 마술' 두 가지는 브루노에게 매우 중요한 요소들이었다. 이 두 가지 요소에 의해서 우주적 힘은 신들의 상태 안에 들어갈 수 있다. 브루노가 옹호한 이집트 종교는 윤회설을 포함하는데, 그에 따르면 모든 생명은 소멸했다가 다시 생성한다.

브루노의 종교는 그의 철학과 밀접한 관계를 가진다. 그는 자연을 살아 있는 것으로 보는 물활론적 사고방식을 가지고 있었다. 살아 있는 지구는 신성한 태양 주위를 돌고 있으며, 무수한 세계들은 마치 살아 있는 동물들과 마찬가지로 무한한 우주 안에서 움직이고 있다고 생각했다. 브루노는 생명의 힘은 운동이라고 보았다. 살아 있는 우주 안에 있는 모든 것은 운동한다. 이집트의 종교나 철학은 우주를 살아 있는 것으로 보기 때문에 브루노는 이집트 철학의 운동관에 의지해서 코페르니쿠스의 지동설을 지지했다. 브루노는 자연에는 죽음이란 있을 수 없고 오직 변화만 있다고 했다.

브루노는 아리스토텔레스의 자연학, 특히 아리스토텔레스 이래의 지구중심설에 반대하고 코페르니쿠스의 지동설을 옹호했다. 하지만 그 근거는 코페르니쿠스처럼 수학적인 바탕에 있었던 것이 아니라 이집트 철학이나 종교의 물활론적·마술적 바탕에 있었다. 그래서 그는 "아리스토텔레스주의는 죽어 있고 건조한 모든 것에 대한 상징"이라고 반박했고, 자기 자신의 철학은 살아 있는 신성한 자연에 관한 철학이라고 말했다.

"인간은 위대한 기적이다"

그리스 초기의 자연철학 시대에는 우주를 살아 있는 것으로 보는 물활론적 견해가 지배적이었으나, 플라톤 이래로 정신과 물질이 분리되면서 자연은 죽어 있는 것으로 보는 입장이 우세했다. 그러나 브루노는 이집트의 종교와 철학의 물활론적·마술적 영향을 받아 우주를 살아 있는 유기체로 보았다.

브루노는 무한한 공간과 무수한 세계가 우주를 형성한다고 믿었다. "인간은 위대한 기적이다"라는 그의 말은 인간이 자기 자신을 무한히 확장함으로써 모든 것 그리고 동시에 하나가 될 수 있다는 것을 뜻한다. 이러한 경향은 플로티노스에게서 볼 수 있는 신비주의 철학의 성격을 띤다. '자연의 진리와 비밀에 대한 가장 확고한 토대'는 브루노의 말에 의하면 "하나 안에서 모든 것들의 통일"이다.

자연은 하강하면서 사물들을 산출하는 반면, 지성은 상승하면서 사물들에 대한 지식을 가진다. 따라서 하나와 모든 것들은 '하나와 모든 것들의 통일'로부터 나오고 또 그것으로 되돌아간다.

이러한 그의 새로운 우주관으로부터 우리는 브루노의 철학이 범신론적 성격을 가지며, 일원론적 색채가 강하고, 동시에 마술적 실천을 중시한다는 것을 알 수 있다.

상상과 기억의 중요성

우리는 문화 영역에서 상상과 기억이 차지하는 비중이 얼마나 큰지에 대해 그다지 생각하지 않는다. 사실 새로운 이론이나 발명은 모두 상상력의 산물이며, 이러한 산물은 기억되어 전통과 문화를 형성한다. 브루노는 신비스러운 기억 안에서의 상상을 집중적으로 훈련하는 일이 자신의 철학에서 무엇보다도 중요하다고 생각했다.

'마법사(브루노가 생각하기에 가장 참다운 철학자)'는 자기 자신의 정신과 기억 안에 있는 우주를 반성하기 위해 끊임없이 정진한다.

인간의 정신은 그 자체가 신성하므로 우주의 배후에 있는 신성한 정신을 반성할 수 있기 때문이다.

따라서 '세계를 반성하는 마술적 기억'이야말로 마법사가 필수적으로 소유해야 하는 것이며, 기억 속에서 살아 있는 우주를 반성하고 상상함으로써 신성한 정신을 알 수 있다고 브루노는 믿었다.

이 시점에서, 브루노의 신비적이며 마술적인 측면이 그의 철학을 손상시키는 것이 아니냐는 의문을 품을 수 있다. 그렇지만 브루노의 인간에 대한 과감한 신뢰, 인간이 '모든 것들과 하나의 통일'을 성취할 수 있다는 범신론적 태도, 그리고 무한한 우주와 무수한 세계들에 대한 물활론적 견해 등은 17세기 근대의 새로운 자연과학이 탄생할 수 있는 기반을 마련해 준 것이 확실하다.

특히 브루노는 무수한 세계들의 기본 요소들을 가장 작은 구성 요소 또는 '단자(單子)'라고 불렀다. 단자는 이성적이기 때문에 '하나'로 통일될 수 있으며 더 이상 나누어질 수 없다. 이러한 생각은 17세기 라이프니츠의 단자론에 커다란 영향을 미쳤다.

세계는 '신의 자기 출산'이다

뵈메

성부와 성자로부터 움직이는 생명이 흘러나오는데 이것이 성신이다. 이러한 과정은 끊임없이 연속되기 때문에 뵈메는 '삼위일체의 영원한 생성'이 참다운 진리라고 보았다.

브루노가 '모든 것들과 하나의 통일'이라는 범신론의 견해를 통해 하늘에 가까웠다고 하면, 뵈메는 세계를 '신의 자기 출산'이라고 봄으로써 오히려 땅에 가까웠다고 할 수 있다. 야코프 뵈메(1575~1624)는 괴를리츠 근처 알트 자이덴베르크에서 태어나, 일생 동안 그곳을 떠나지 않고 구두장이로 생계를 유지했다.

뵈메는 루터교 신자로서 형식적 교육을 받지 않았지만 광범위한 독서를 했다. 특히 파라셀수스와 바이겔(1533~1588)로부터 많은 영향을 받았다. 뵈메의 세계관은 그가 체험한 신비적 체험들에서 잘 나타나고 있는데, 그중 하나는 1600년 놋쇠 접시를 보다가 겪은 것이다. 뵈메는 햇빛을 반사하는 놋쇠 접시를 보다가 사물들의 근원, 심연, 삼위일체의 영원한 생성, 세계의 생성과 소멸 그리고 모든 피조물들이 신의 지혜로부터 나온다는 것을 깨달았다. 이것은 그의 범신론적 경향을 말해 준다. 뵈메의 동료들은 그의 진지한 사고를 높이 평가해 그를 '독일철학자'라고 불렀지만, 적대자들은 '반기독교적 구두장이'라고 비난했다. 1618년까지 뵈메는 교회의 압력으로 더 이상 저술 활동에 몰입할 수 없었다.

범신론적 세계관과 신비주의 철학

뵈메는 신을 일컬어 '심연'이라고 불렀다. 신은 밝음도 어둠도 아니고, 사랑도 분노도 아니며, 오직 차별화되지 않은 절대자이기 때문이다. 노자가 도를 일컬어 깊고도 깊은 것이라고 한 것이나, 뵈메가 신을 일컬어 심연이라고 한 것은 같은 의미를 가진다고 볼 수 있다.

심연으로서의 신은 자기 자신을 직관하려는 의지를 가진다. 그러므로 뵈메는, 이러한 의지로부터 '삼위일체의 영원한 생성'이 가능하다고 보았다. 신은 무엇이라고 말할 수 없기 때문에 심연이다. 심연은 어떤 사물의 근거도 아니고 가장 근원적이기 때문에 '비근거'이다.

자기 자신을 직관하려는 의지를 일컬어 뵈메는 '성부'라고 했다. 의지는 다시금 자기 자신을 심장으로 발견하며, 이 심장은 다름 아닌 '성자'이다. 의지와 심장, 곧 성부와 성자로부터 움직이는 생명이 흘러나오는데, 이것이 '성신'이다. 이러한 과정은 끊임없이 연속되기 때문에, 뵈메는 '삼위일체의 영원한 생성'이 참다운 진리라고 보았다.

'삼위일체의 영원한 생성'은 심연(신)이 자기 자신을 알기 위한 영원한 과정과 밖으로 향한 동적 활동을 포함하는데, 이들 두 가지는 우주의 원형인 내면적 정신세계를 만들어낸다.

뵈메의 세계관은 브루노의 세계관과 마찬가지로 일원론적이며 범신론적이다. 의지(성부)는 자기 자신을 심장으로 발견하며, 심장(성자)과 의지로부터 움직이는 생명(성신)이 흘러나오기 때문이다. 뵈메의 세계관은 어떻게 보면 진화론적 도식을 가진다.

진화론적 도식은 물질세계와 정신세계가 어떻게 성립되는지를 설명해 준다. 뵈메에 따르면 자연의 힘들은 두 가지 종류의 삼박자(삼화음)로 나뉜다. 우선 낮은 종류의 삼화음은 실체들을 개별화하는 수축, 사물들을 서로 끌어당기게 하는 분산, 이들 수축과 분산의 상호작용으로 생기는 회전이나 진동 등이며, 이것들에 의해 물질세계가 성립한다. 높은 단계의 삼화음은 사랑, 표현 그리고 영원한 자연이나 신의 왕국이다. 이것들은 정신세계를 형성하고, 이것들에 의해서 물질세계와 정신세계 사이의 조화가 이루어진다. 삼위일체는 그 자체로만 보면 형식적이며 이상적이다. 의지가 자기 자신의 지식을 얻으려면 현실적인 대상이 반드시 있어야 한다. 그러므로 의지(성부)는 낮은 단계의 삼화음을 통해서 자신을 물질세계로 변화시킨다.

뵈메에 따르면 낮은 단계의 삼화음과 높은 단계의 삼화음 사이에는 물질세계와 정신세계의 갈등을 나타내는 '섬광'이 존재한다. 섬광은 의지와 자연 사이의 갈등을 나타낸다. 이 섬광을 통해서 성신은 자신의 빛 속에서 높은 단계의 삼화음을 계시한다. 여기에서 낮은 단계와 높은 단계 사이의 모순이 극복되고 신성한 목표가 달성된다.

'섬광'은 인간에게 선택할 자유를 준다. 인간은 선택을 통해 물질계에 만족해 일상생활을 이끌어나갈 수도 있으며, 심연의 의지와 자기 자신을 똑같이 만들 수도 있다. 오직 신비적 삶만이 그리스도의 고통과 승리에 대한 모방일 수 있다는 것이 뵈메의 견해이다.

뵈메의 범신론적 세계관과 신비주의 철학은 전통 기독교 교회의 권위에 모순되는 것이었다. 그러나 그는 천국을 특정한 공간으로 여기는 교회의 태도에 반대했고, 성서를 형식적으로 해석하는 입장에도 반대함으로써 르네상스 철학의 자유로운 문을 활짝 열어놓고자 했다. 후에 퀘이커 교도들이 뵈메로부터 많은 영향을 받았다. 특히 독일 낭만주의 철학은 뵈메에게서 범신론적(동일철학적) 요소를 받아들였다. 셸링이나 헤겔은 뵈메의 철학을 높이 평가했고, 그에게서 큰 영향을 받았다. 뵈메는 마이스터 에크하르트와 함께 독일의 기독교 신비주의 철학을 대변한다.

근세철학

르네상스 철학이 막을 내리면서 사람들은 낡은 전통을 과감히 벗고, 현실의 사물과 사물들의 진행 과정에 대해 냉철한 철학적 방법을 찾으려고 했다.

브루노에게서 볼 수 있듯이, 철학은 자연과학의 탐구 방법을 소화하면서 독자적 방법을 모색했고, 나아가 자연과학에 기대어 의미 있는 결과들을 얻어낼 수 있었다. 과학의 급속한 진전이 시작된 근대를 일컬어 철학적으로는 '인식론의 시대'라고 부른다. 이 시기 철학의 가장 두드러진 업적은, 자연과학의 방법을 습득함으로써 철학의 고유한 방법을 이끌어냈다는 사실이다. 그 고유한 방법은 바로 귀납법과 연역법이다.

자연과학은 경험적 학문이다. 자연과학이 탐구하는 대상은 경험을 통해서 알려진다. 하나하나의 현상을 관찰하고 검증함으로써 공통된 특징을 찾아내거나 동일한 관계를 발견하는 것이다. 그럼으로써 우리는 현상들에 공통되는 법칙을 구성하거나 동일한 개념을 발견할 수 있다. 이처럼 개별 현상의 관찰로부터 보편 법칙을 이끌어내는 방법을 귀납법이라고 하며, 이 방법에 주로 천착한 것은 영국의 경험론이다.

개별들로부터 보편을 이끌어내는 것이 귀납법이라고 한다면, 보편으로부터 개별들을 도출해 내는 방법은 연역법이다. 예컨대 '삼각형의 세 각의 합은 180도'라는 보편 법칙을 개별적인 삼각형들에 적용하면, 삼각형의 세 각의 합이 180도라는 것이 확인된다. 연역법의 대표적인 예는 수학에서 찾을 수 있다.

연역법과 귀납법은 서로 다르면서도 상호 보완의 관계에 있다. 귀납법의 결과는 가설이다. 이 사람도 죽고 저 사람도 죽는다면, 우리는 모든 사람은 죽을 것이라는 가설에 도달한다. 이 가설을 통해 과연 저 사람이나 이 사람도 다 죽는다면, 우리는 이 가설이 연역법에 의해서 개별 현상에도 역시 적용된다는 것을 알 수 있다.

그러나 근대철학자들은 귀납법과 연역법의 상호작용에 귀를 기울이기보다 어떤 한 방법만이 올바르고 이상적이라고 믿었다. 영국의 경험론 철학자들은 귀납법을 올바른 방법으로 선택, 다양한 입장에서 귀납법을 사용하여 각자의 철학을 진전시켰다. 그런가 하면 대륙의 합리론 철학자들은 연역법을 가장 올바른 방법으로 선택하고 그것을 바탕으로 다양한 철학의 길을 제시했다. 경험론자들은 감각경험에 의존하기 때문에 항상 주관주의적, 상대주의적 및 회의론적 색채를 띠었다. 이에 반해 합리론자들은 이성에 의존하기 때문에 객관주의적, 독단주의적인 경향을 보였다. 17세기 영국의 경험론과 대륙의 합리론은 근세철학을 형성했다.

이 시기의 철학은 무엇보다도 인간 중심적이었으며, 인간의 지식에 대한 탐구에 온갖 힘을 기울였다. 근세철학을 출발점으로 삼아 학문 및 철학의 방법론이 확고하게 성립되었고, 특히 지식에 의한 자연과 인간의 탐구가 획기적인 진전을 이룰 수 있었다.

10장
경험론 철학

진정한 근대정신의
시작

"아는 것이 힘이다"
베이컨

자연과학의 체계적이고 방법적인 관찰과 실험을 근거로 철학적 지식의 확실성을 보장하려고 한 베이컨은 진정한 의미에서 근대정신의 대변자이다.

프랜시스 베이컨(1561~1626)은 고대의 권위에 반대했으며, 특히 아리스토텔레스와 그리스철학, 중세 스콜라철학이 추상적 지식만을 탐구하므로 비성과적이라고 비판했다. 베이컨은 법학과 정치학에 몰두했고, 엘리자베스 1세 여왕 시절과 제임스 1세 때 자신의 재능만으로 궁내 대신의 직위에까지 올라갔다. 하지만 1621년 횡령죄로 직위가 박탈되고 감옥에 갇혔으며, 다행히 벌금형에 처해져서 왕의 사면을 받았다. 그는 단순한 추론 방법은 옛 지식을 확인해줄 뿐이므로 새로운 지식을 얻기 위해서는 자연과학에서 사용하는 귀납법을 사용해야 한다고 주장했으며, 아리스토텔레스의 연역 논리 중심의 저서 『기관(Organum)』에 대항해서 자신의 저서에 『신기관(Novum Organum Scientiarum)』이라는 제목을 붙였다.

베이컨이 보기에 과거의 학문은 방법과 근거 그리고 결과에 있어서 그릇된 것이었고 성과도 없었다. 그는 스스로의 사고에 의해서 전통적인 편견과 속견을 벗어나서 사물들 자체를 탐구해야 한다고 강조했다. 그러므로 지식의 모델은 자연과학이어야 하고, 지식을 획득하는 방법은 귀납법이어야만 하며, 지식의 목표는 발명의 기술이었다.

베이컨은 『대개혁』이라는 저술을 통해서 과거의 지식을 버리고 새로운 지식을 새로운 과학의 토대 위에서 획득할 것을 역설했다. 그는 새로운 방법, 곧 귀납법에 의해서 학문, 예술 및 모든 인간의 지식을 재구성해야 한다고 말했다. 물론 그가 구체적인 자연과학의 실험을 행한 것은 아니었다. 또 수학을 본질적이라고 말하면서도 수학적 지식이 풍부하지 못했기 때문에 방대하고 조직적인 경험론의 체계를 세우지는 못했다. 그렇지만 그는 자연과학의 체계적이고 방법적인 관찰과 실험을 강조했고, 이를 근거로 철학적 지식의 확실성을 보장하려고 했으므로, 진정한 의미에서 근대정신의 대변자라 할 수 있다.

버려야 할 네 가지 우상

우리는 누구나 편견의 더미에 묻혀 살고 있다. 산골에 사는 사람은 바닷가에 사는 사람을 이해하기 힘들다. 또 기독교를 믿는 사람은 불교를 믿는 사람과 사고방식이 다르다. 그러나 사물을 객관적으로 살피기 위해서는 가능한 한 편견을 버려야 한다. 베이컨은 우리의 정신이 사물에 대해서 가지고 있는 편견을 '우상'이라고 부르며, 그것에는 네 가지 종류가 있다고 했다. 베이컨이 버리기를 주장한 네 가지 우상은 다음과 같다.

종족의 우상

우리는 본성상 모든 것을 인간의 편에서 생각한다. 예컨대 다른 새 둥지에 알을 낳는 뻐꾸기를 악하다고 생각하고, 고양이 새끼에게 젖 먹이는 개를 착하다고 여긴다. 베이컨은, 사물을 인간 중심적인 관점에서 보면 종족의 우상에 빠지게 되며, 이는 당연히 제거되어야 한다고 말했다.

동굴의 우상

각자가 가지고 있는 주관적 편견이다. 늘 승용차를 몰고 다니는 사람은 누구든지 승용차를 몰 것이라고 생각한다. 주관적 편견이 지나치면 사물이나 사태를 객관적으로 볼 수 없다. '동굴의 우상'은 플라톤의 『국가론』에 나오는 '동굴의 비유'에서 따온 말이다. 동굴 안에 횃불이 타고 있으면 동굴 벽에는 사물의 그림자들이 어른거린다. 그림자만 보는 사람들은 그림자가 참다운 것이라고 주장한다. 베이컨은 그러한 편견을 각 개인의 '동굴의 우상'이라고 불렀다.

시장의 우상

시장의 우상은 사람들 사이의 교류 상황에서 일어난다. 대개 사람들의 교류는 언어를 통해 이루어지기에, 시장의 우상이란 말이 우리의 사고에 가져다주는 편견이라 할 수 있다. 하이데거는 "언어는 존재의 집이다"라고 했다. 인간의 언어는 모든 사물들을 담고 있으며 그것들을 표현한다. 그만큼 언어가 우리의 사고에 미치는 영향은 대단하다. "A대 학생은 아름답다"라는 말을 듣고 그 말을 믿으면 "모든 A대 학생들은 하나도 빠짐없이 아름답다"는 신념을 가지기 쉽다. 하지만 그것은 시장의 우상이라는 편견에 빠지는 결과를 낳는다.

극장의 우상

전부터 내려오는 견해나 남의 생각에 휩쓸려서 가지게 되는 편견을 말한다. 극장의 무대에서 배우들은 자기들이 실제인물인 양 흉내 낸다. 남존여비를 주장하거나 윗사람에 대한 충성을 강조하는 사람을 보면 그는 자신도 모르게 전수되어 온 생각을 무조건 따르고 있는 것을 알 수 있다. 베이컨은 특히 그릇된 철학 이론들이 대부분 극장의 우상으로 인해 생긴다고 보았다.

베이컨은 아리스토텔레스 이래의 삼단논법(연역추리)은 어떠한 새 지식도 가져올 수 없다고 보았다. 이전의 과학과 철학은 인류에게 비성과적이었는데, 그 이유는 적절한 방법이 없었기 때문이다. 삼단논법의 개념, 원리, 공리 등은 경험을 근거로 삼을 때 비로소 가치를 가질 수 있지만, 베이컨이 보기에 경험 자체가 애매하고 오류를 범하는 경우가 많았다. 그러므로 그는 오직 귀납법만이 우리에게 참다운 지식을 제공할 수 있다고 믿었다. 그에 따르면 귀납법은 네 가지 우상을 제거하고 참다운 지식에 도달하기 위한 유일한 방법이다.

귀납법의 현상 탐구 방법

베이컨은 현상을 올바르게 탐구하기 위해서는 네 가지 편견들을 버리고 개별적인 경우 하나하나를 상세하게 경험적으로 관찰하고 탐구하는 것이 중요하다고 말했다. 그래야만 사물들이나 사물들의 관계에 대한 법칙, 또는 보편개념으로서의 올바른 지식을 얻을 수 있다고 보았다. 개별적인 경우를 하나하나 탐구해서 보편 법칙에 도달할 수 있다고 하는 것이 바로 귀납적 방법이다. 베이컨은 다음과 같은 세 가지 목록을 작성할 것을 권했다.

- 현존의 목록 : 먼저 현상이 나타나는 경우를 목록으로 작성해야 한다. 예컨대 '깡마른 사람은 성격이 급하다'는 것을 증명하고자 한다면, 실제로 깡마른 사람들 하나하나를 실험해서 성격이 급할 경우의 목록을 작성할 필요가 있다.
- 결여의 목록 : 해당되는 현상이 빠져 있는 경우의 목록을 작성할 필요가 있다. 깡마른 사람은 성격이 급하다는 것을 증명하기 위해서는 살찐 사람을 실험 대상에서 제외시켜야 한다.
- 정도의 목록 : 해당되는 현상이 서로 다르게 나타나는 경우의 목록을 작성해야 한다. 깡마른 사람들도 마른 정도가 서로 다르며, 성격이 급한 정도도 서로 다르게 나타나므로, 이런 차이를 목록으로 나타낼 필요가 있다.

베이컨은 이들 세 가지 목록을 종합하여 가장 일반적인 결론에 도달함으로써 현상에 대한 하나의 법칙이나 보편개념에 도달하는 귀납법이 수행된다고 보았다. 자연과학에서의 발견은 대부분 이러한 귀납법에 의해서 이루어진다고 말할 수 있다.

인간은 경험적 지식으로 자연을 지배한다

베이컨에 앞서서 이미 자연과학에서는 여러 새로운 발명과 발견이 이루어졌다. 베이컨은 이러한 상황에 기대를 걸고 인간의 경험적 지식에 의해서 자연을 지배할 수 있다는 확신을 가지게 되었다. 베이컨이 저서 『대개혁』의 부제목을 '인간의 지배에 대하여'라고 붙인 것도 그 때문이다.

"아는 것이 힘이다"라는 그의 말 역시, 인간이 자연을 지배함으로써 앎의 영역을 넓히고 삶을 윤택하게 할 수 있음을 암시한다. 따라서 베이컨은 경험적 귀납법에 의해서 보편적 지식을 얻어야 하며, 그러한 지식을 써서 자신과 타인의 이익을 위해 살아야 함을 강조했다.

베이컨은 수학의 보편성과, 수학의 방법인 연역법을 인정하면서도 수학은 경험과 상관없는 학문이기 때문에 자신의 탐구 영역에서 배제했다. 그는 오로지 경험적 탐구만이 새로운 지식을 가져다준다고 믿었다. 외적 경험만이 객관적 탐구를 가능하게 한다는 것이다. 베이컨은 또한 종교적인 것을 자신의 철학 탐구의 영역에서 제외시켰다. 사람들은 섭리, 삼위일체, 종말론, 영혼 불멸 등을 단순하게 믿는다. 그러한 것들을 경험적으로 탐구할 수 없기 때문이다. 하지만 베이컨은 종교적인 대상을 철학 탐구 또는 학문에서 제외하고 그것을 단지 신앙의 문제로 여겼다.

베이컨의 경험론이 완전한 일관성과 체계를 가진 것은 아니다. 하지만 "계시를 제외하고 우리의 모든 지식은 감각으로부터 도출된다"는 그의 말은 그가 분명히 경험론자라는 것을 입증한다. 그는 실제로 존재하는 것은 보편개념이 아니고 개별 사물들이라고 보았다. 보편개념은 개별 사물들을 귀납법에 의해서 고찰한 후 생기는 결과이다.

베이컨에 있어서 이성이란 그 자체로 진리가 아니다. 우리의 마음이나 이성은 감각이 제공해 준 재료들을 바탕 삼을 때 비로소 작용할 수 있다. 하지만 베이컨은 조직적인 철학 체계를 완벽하게 갖추지 못했기 때문에 정신의 능력 중 이성적 영혼이 있다고 믿었다. 이성적 영혼은 종교적 영역에 속하며, 인간은 이성적 영혼에 대해서 알 수 없으므로 그것을 믿어야만 한다는 것이 그의 견해이다.

비록 그 체계는 완벽하지 못했지만 자연과학적 귀납법과 경험적 지식을 강조한 베이컨의 업적은 그에게 '경험론의 아버지'라는 위치를 부여했다.

자연주의적 세계관을 펼치다

홉스

홉스에 따르면 자연 상태에서 인간의 삶은 '만인의 만인에 대한 투쟁',
'인간은 인간에 대해 늑대'라는 표현으로 특징지을 수 있다.
'투쟁'과 '늑대'인 상태를 변화시키는 것은 정서와 이성이다.

    토머스 홉스(1588~1679)는 맘스버리 출신으로, 옥스퍼드에서 스콜라철학과 아리스토텔레스 철학을 공부했다. 그는 영국 청년 귀족들의 가정교사이자 동반자로 널리 대륙을 여행했으며, 파리에서는 데카르트, 가상디, 메르센 등과 교제했다. 크롬웰에 반대해 프랑스로 도피했다가 1651년 다시 영국으로 돌아왔다. 홉스는 국가철학 및 법철학에 큰 업적을 남겼으며, 공리주의적 사회철학의 아버지라고 일컬어진다.

    근대사상가들과 마찬가지로 홉스 또한 과거와 결별하고자 했으며, 베이컨처럼 과학과 철학의 실제적 유용성을 강조했다. 그는 철학의 기초가 자연적 오성에 있다고 믿었다. 따라서 타당한 추리를 사용해서 원인으로부터 결과를, 결과로부터 원인을 도출해 내는 작업이 바로 철학이 할 일이었다. 홉스는 비록 그 자신이 위대한 수학자는 아니었지만 우리에게 보편적 지식을 가져다줄 수 있는 유일한 방법은 기하학적 방법이라고 생각했다. 기하학적 방법은 사물에 대한 체계적 지식을 가져다주기 때문이었다.

홉스에 따르면, 우리는 철학에 의해 사태의 결과를 앎으로써 삶을 실천적으로 지배할 수 있다. 사물들의 가장 기본적인 근거가 물질적이며 기계적이라고 보기 때문에 홉스는 유물론자이며 기계론자이다. 철학은 결국 물체들에 관해서 탐구하는 물체론 이외의 다른 것이 아니다. 그러므로 철학이 대상으로 삼는 것은 합리적으로 구성되는 모든 물체들이다.

홉스는 철학의 탐구 대상을 자연적 물체와 인위적 물체 두 가지로 구분해 고찰했다. 자연현상의 물질적인 대상들은 자연적 물체에 속하는 반면, 사회나 국가와 같은 대상들은 인위적 물체에 해당한다. 홉스는 자연적 물체를 다루는 철학을 일컬어 '자연철학'이라고 부르고, 인위적 대상을 고찰하는 철학을 '정치철학'이라고 말했는데, 자연철학이나 정치철학 모두에 있어서 철저한 기계론적 자연주의의 입장을 고수했다. 그는 물질의 기본 요소는 원자이고 영혼의 기본 요소는 감각이라고 보고, 사고의 바탕은 감각 이외의 다른 것일 수 없다고 하며 경험론의 입장을 대변했다.

감각경험으로부터 지식이 성립된다

홉스는 앎의 문제에서 감각경험을 가장 기본적인 것으로 보았다. 외부의 사물이 인간 주관에 영향을 미침으로써 감각이 생긴다고 본 것이다. 홉스에 의하면 외부 사물과 주관의 감각은 어떤 비슷한 점도 없으며 단지 사물이 주관에 부딪힘으로써 감각이 생기는 것이다. 우리의 사유는 단일성, 필연성, 다수성 등의 범주를 가지는데, 이 범주들 역시 경험에서 생긴다. 이러한 앎의 이론은 홉스 이후 로크나 흄의 경험론적 앎의 이론[인식론]을 형성하는 데 커다란 영향을 미쳤다. 왜냐하면 감각경험이 가장 먼저 이루어지고 이 감각경험으로부터 지식(인식)이 성립된다는 주장은 경험론적 인식론의 일반적 틀이기 때문이다.

논리학에 있어서 홉스는 중세 말기 윌리엄 오컴의 유명론과 보조를 같이한다. 유명론은 "판단이란 명칭들의 결합이며, 결합은 곧 계산이다"라는 이론이다. 홉스는 사유를 일컬어 계산 이외의 다른 것이 아니라고, 곧 명칭들을 결합하는 것 이외의 다른 것이 아니라고 보았다. 홉스는 엄격한 기계론적 자연주의를 옹호했기 때문에 자연현상과 아울러 인간의 신체 현상도 역학적 자연법칙에 따라서 운동한다고 생각했다. 그렇다면 중세철학에서 주장한 '의지의 자유'나 합리론에서 주장한 인간의 '의지의 사유'는 홉스에게 있어서는 전혀 의미를 가질 수 없다. 자연 세계의 모든 현상은 역학적 자연법칙에 따르는 운동 과정에 불과하기 때문이다.

홉스는 감각경험을 앎의 기초로 보고 기계론적 자연주의의 입장을 확고히 했으며, 중력이란 지구로부터 끌어당기는 힘이라고 주장하여 뉴턴의 만유인력설의 선구자가 되었다. 또한 그는 코페르니쿠스, 케플러, 갈릴레이의 견해에 찬성해 지동설을 옹호했다. 인간을 설명함에 있어서도 기계론적 자연주의의 입장을 채택해, '인간이란 가장 정교한 시계'와 같은 일종의 기계에 지나지 않는다고 보았다.

"만인의 만인에 대한 투쟁"

일반적으로 윤리학, 국가론, 정치철학 등은 사회철학의 범주에 속한다. 사회철학이라는 말을 처음 쓴 사람이 홉스이다. 홉스는 인간의 본성을 알고 나면 국가와 법의 의미를 이해할 수 있다고 생각했다. 국가와 법은 인위적 대상이기 때문이다. 또 인간의 마음이란 물질적 실체의 운동에 불과하다고 보았다. 의식도 물질적 운동의 부수 현상에 지나지 않는 것이다. 이러한 인간존재와 마음을 근거 삼아 국가철학과 도덕철학을 종합적으로 연구할 수 있었다.

홉스는 국가철학 및 도덕철학의 원리 역시 경험으로부터 도출되고, 경험에 의해서 보증된다고 보았다. 그의 기계론적 자연관에 의해서 설명되는 정치철학은 그의 저서 『리바이어던』에 묘사되어 있다. 국가는 인공적 인간 내지 유기체로서, 그것은 살아 있는 거대한 기계이다. 홉스는 국가의 영혼, 기억, 손발, 건강, 질병에 해당되는 것들이 있다고 말했다. 국가의 영혼에 해당하는 것은 주권자, 국가의 기억에 해당하는 것은 기록과 조언자들이며, 국가의 손발은 관리이다. 국가의 건강은 일치이며, 국가의 질병은 불일치이다. 홉스의 국가론은 국가를 거대한 인공적 인간으로 보기 때문에 인간의 본성을 근거로 하여 성립한다.

홉스에 따르면, 인간의 본성은 자연적 욕구와 자연적 이성 두 가지를 포함한다. 인간의 본성은 한편으로 인간 자신의 삶을 보존하기 위해서 이기주의적 힘을 유지하면서 모든 것을 소유하고자 하는 충동을 가지기 때문에 자연적 욕구에 물들어 있다. 다른 한편으로 인간의 본성은 모든 현상을 냉정하게 이성적으로 통찰하고자 하기 때문에 자연적 이성을 가진다. 자연적 욕구와 자연적 이성 두 가지는 모두 인간의 자기 자신에 대한 관심으로서, 안락하고 안전한 삶을 추구하려는 이기주의적 성격을 가진다. 이들 두 가지는 경험을 바탕으로 삼아 사회공동체와 국가를 형성한다. 이러한 홉스의 국가관은 그를 영국경험론에 있어서 공리주의의 선구로 만들었다.

홉스는 자연 상태에 있어서의 인간의 삶을 "만인의 만인에 대한 투쟁"이라 말하고 "인간은 인간에 대해 늑대"라는 표현으로 특징지었다. 자연 상태의 인간은 본능적으로 욕망과 충동에 맹목적으로 복종하기 때문에 자연적 이기주의가 자연 상태의 인간을 지배한다. 그렇지만 사람들이 함께 살 경우 "만인의 만인에 대한 투쟁"과 "인간은 인간에 대해 늑대"인 상태는 각자를 불리하게 하며 선의 실현을 불가능하게 한다. 그러므로 '투쟁'과 '늑대'의 상태를 변화시켜야 하는데, 그것은 정서와 이성에 의해 가능하다고 홉스는 말했다.

정서는 죽음을 대하는 불안이며, 노동을 통해 안락을 획득하려 한다. 이성은 평화 유지의 원칙을 제기하는 능력이다. 정서와 이성에 의해서 전쟁 방어의 수단이 마련되지 못할 경우, 각 개인은 자연적 권리를 포기해야 한다. 개인의 권리가 포기되고 공동사회의 결속을 위한 계약이 만들어질 때 국가가 성립한다.

홉스는 민주주의, 귀족주의, 전제주의, 군주제 등 여러 가지 국가 형태들 중에서 가장 바람직한 것은 군주제라고 말했다. 왜냐하면 개인을 완전히 보호하고 그 권리를 보장해 줄 한 사람에게 각자가 계약에 의해서 자신의 힘과 권리를 위임하기 때문이다. 절대 지도자인 군주는 국가에서 모든 개인을 지배하지만, 반대로 개인의 권리와 힘을 보호하고 개인이 의무를 충실히 실행하도록 할 책임을 전적으로 떠맡는다.

홉스에 의하면, 자연 상태에서는 선과 악의 구분이 있을 수 없다. 국가가 성립되면 국가가 시민의 도덕 의무를 정함으로써 덕과 악덕, 선과 악, 정의와 불의, 권리와 의무 등의 윤리 개념이 성립된다. 이러한 홉스의 국가론(정치철학)은 백성들이 요구한 민주주의를 반대하고 영국의 스튜어트 왕조를 옹호하는 성격이 강했기 때문에, 그는 당대의 왕권주의자들에 의해 호평을 받았다.

홉스는 가장 전형적인 근대정신의 대변자로서 코페르니쿠스, 갈릴레이, 하비 등 과학의 창시자들로 일컬어지는 사람들의 자연과학 사상을 흡수하고 유물론 철학의 입장에서 역학 이론의 결과들을 도출했다. 그는 그러한 관점에서 자연철학과 정치철학의 체계를 확립하고자 했다. 이와 같은 홉스의 노력은 로크와 흄을 거치면서 한층 더 섬세하게 가다듬어질 수 있었다.

인식론의 창시자

로크

로크의 『인간 오성론』은 당시까지 이루어지지 않았던 인식에 대한 전반적인 비판적 저술이다. 로크는 인식론을 인식 심리학의 관점에서 탐구했다.

17세기를 일컬어 '인식론의 시대'라고도 하는데, 그 시작은 로크로부터 비롯된다. 우리는 누구나 대상에 대해서 확실한 인식(앎 또는 지식)을 얻으려고 한다. 그러기 위해서는 인식능력이 무엇이며, 인식이 어떻게 성립하는지, 어떤 인식이 타당한지 그리고 인식의 한계는 어떤 것인지를 탐구해야 한다. 인식에 관해서 그와 같은 탐구의 문을 활짝 연 사람이 바로 로크이다.

존 로크(1632~1704)는 오컴의 유명론과 데카르트의 실체론으로부터 지대한 영향을 받았다. 그는 철학 분야 이외에 국민경제학, 교육학, 자연종교, 정치적 자유주의 등의 계몽주의에 큰 영향을 끼쳤다. 특히 로크가 루소와 볼테르에게 미친 영향은 엄청난 것이었다. 로크는 자연과학, 의학, 철학을 공부했고 섀프츠베리 백작이 네덜란드로 망명길에 올랐을 때 함께하기도 했다. 여러 차례 관직에 임명되었고, 뉴턴이나 보일 등과 교제했으며, 말년에는 시골 마을 오프에서 은둔 생활을 보냈다.

로크의 『인간 오성론』은 당시까지 이루어지지 않았던 인식에 대한 전반적인 비판적 저술이다. 로크는 인식론을 인식 심리학의 관점에서 탐구했는데, 모든 지식과 관념은 경험으로부터 생기기 때문에 "경험에 없었던 것은 아무것도 오성에 없다"고 주장함으로써 영국경험론의 전통을 고수했다.

과연 인간의 영혼에 본래부터 관념이 있는가

로크의 경험론적 인식론은 우선 합리론자들의 본유관념을 비판한다. 본유관념이란 인간이 태어날 때부터 영원불변하게 가지고 있는 관념을 뜻한다. 데카르트, 스피노자 등과 같은 합리론자들은 특정한 관념들이 인간의 영혼에 본래부터 불편하게 존재한다고 주장했다. 로크는 이에 반대하여, 앎의 어떤 원리나 관념도 영혼에 본래부터 있는 것은 아니며, 모든 지식은 경험에서부터 생긴다고 말했다.

로크에 따르면, 합리론자들은 오성(계산하고 분별하는 능력)의 이론적 원칙과, 도덕의 실천 원칙이 본유적이라고 주장한다. 합리론자들은 동일률(A=A)이나 모순율(A≠~A)과 같은 논리학의 원칙들은 어느 누구에게나 참다운 오성의 이론적 원칙이라고 한다. 그러나 로크는, 원시인이나 어린아이 또는 지적장애인은 이 원칙들을 모르며, 따라서 그것들은 본래부터(본유적으로) 있는 것이 아니고 인간이 경험에 의해서 획득한 것이라고 말했다. 즉 인식능력은 본래부터 있는 것이지만 인식(지식이나 앎)은 나중에 획득된 것이라는 생각이다.

도덕의 실천 원리도 마찬가지이다. 로크에 의하면, 행복에 대한 요구는 누구나 가지고 있지만 도덕 규칙이란 인간이 경험과 교육을 통해서 획득한 것이다. 로크는 유명론의 입장에서 신 개념도 본래부터 영혼에 있는 것이 아니라고 말했다. 우리가 자연은 목적을 가진 것이라고 생각하고 더 나아가서 목적들의 궁극적인 것이 신이라고 생각할 때 신 개념에 도달하므로, 신 개념은 영혼에 본래부터 있는 것이 아니라고 로크는 주장했다.

인식의 원천은 감각과 반성이다

로크에 따르면 마음에는 어떤 본유관념도 없기 때문에 영혼은 원래 백지와도 같다. 이 백지에 경험이 관념을 새겨 넣게 되는 것이다. 로크는 경험을 외적 경험[감각]과 내적 경험[반성]으로 구분했다. 우리는 감각에 의해서 외부 대상의 경험을 의식에 새겨 넣는다. 그런가 하면 우리는 반성에 의해서 영혼의 상태나 활동, 곧 사고와 의욕 및 느낌 등을 영혼에 새겨 넣어 관념을 만든다. 로크는 인식의 원천으로 감각과 반성을 말하면서, 인간의 성장과정을 놓고 볼 때 감각은 반성에 선행한다고 보았다.

로크는 감각과 반성에 의해서 생기는 관념을 일컬어 단순 관념이라고 말했다. 단순 관념은 어떤 근거에 의해서 형성되는지에 따라서 다음의 네 가지로 나뉜다.

- 외적 감각에 의해 이루어지는 단순 관념 : 색깔, 소리, 맛, 냄새 등
- 여러 가지 감각들에 의해 한꺼번에 매개되는 단순 관념 : 형태, 운동, 연장(길이, 넓이, 부피 등) 등

- 영혼이 내적 경험에 의해 의식하는 단순 관념 : 느낌, 사유, 지각 등
- 감각과 반성에 의해 생기는 단순 관념 : 쾌, 불쾌, 힘, 단위, 시간 계열, 존재 등

정신이 단순 관념들을 결합함으로써 복합 관념들이 생긴다. 로크에 의하면 복합 관념에는 실체, 양태, 관계가 있다.

- 실체 : 개나 소 등 자연 대상을 다른 것이 아니고 개나 소이게 하는 것으로, 실체의 성질은 알 수 있어도 실체 자체는 알 수 없다.
- 양태 : 홀로 독립해서 있을 수 없고 다른 어떤 것에 있는 것으로서, 단순 관념으로부터 도출된 변형들이 양태이다. 크기·거리·평면 등 공간의 양태, 연속·계기 등 시간의 양태, 그리고 기억이나 회상 같은 사유의 양태가 있다.
- 관계 : 우리는 현상들을 결합함으로써 현상들을 비교하고 거기에서 원인과 결과, 동일성과 차이, 시간 관계, 장소 관계 등의 연관성을 이끌어낸다.

로크는 복합 관념의 형성에 있어서 기억을 중시했다. 정신은 사물들을 비교하고 구분하며 또한 결합하고 추상한다. 복합 관념을 형성하는 데 가장 중요한 것은 기억과 추상이다.

올바른 인식, 그리고 인식의 한계

'관념이 올바른가'라는 물음은 '관념이 타당한가'라는 물음과 같

다. '장미꽃'이라는 관념은 그것에 일치하는 대상을 가진다. 그러나 '자유'라든가 '사랑'이라는 관념은 내적 경험, 곧 반성을 기초로 삼으므로 그에 일치하는 대상을 찾기 힘들다. '실체, 양태, 관계' 등의 복합 관념은 정신활동에 의해서 생긴 것이므로 그것에 일치하는 외적 대상이 없다.

그러나 우리가 감각에 의해서 '장미꽃' 관념에 일치하는 대상을 안다고 할지라도 감각은 '그 대상 자체'를 아는 것이 아니라 단지 감각이 받아들이는 것만을 알 뿐이다. 그렇다면 우리의 앎과 '대상 자체'는 서로 떨어져 있고, 우리는 감각으로 받아들이는 현상은 알아도 '대상 자체'는 알 수 없다는 결론이 나온다.

로크는 이처럼 인식의 한계를 정하고 나서, 우리가 인식하는 사물의 성질에는 제1성질과 제2성질이 있다고 했다. 제1성질은 우리가 아는 성질로 연장(길이·면적·부피 등), 운동, 정지 등을 말한다. 제2성질은 주로 감각기관의 기능과 조직에 따라서 주관적으로 인식되는 성질로 소리, 색깔, 냄새 등을 말한다. 제1성질은 사물의 변치 않는 성질이므로 사물 자체를 가리킬 수 있지만, 제2성질은 사물의 부분적 힘만을 가리킨다. 예컨대 어떤 사람은 된장 냄새가 구수하다고 하지만, 또 어떤 사람은 된장 냄새처럼 고약한 냄새가 없다고 주관적으로 판단한다. 이처럼 제2성질은 사물보다 오히려 인간 주관에 더 많이 의존한다.

그렇지만 로크는 참다운 인식은 오직 직관과 증명에 의해서만 성립할 수 있다고 했다. 이 말은 로크가 모든 지식은 경험에서 성립한다고 말한 것과 모순된다. 결국 로크는 경험적 지식, 합리적 지식 그리고 직관적 지식의 세 가지 지식을 말한 셈이 된다. 이성에 의한 합리적 지식은 결국 경험에서 나오지만, 로크가 말한 직관은 대상을 직접 아는 능력이다. 경험에 의해서 우리는 제한된 주관적 인식만을 얻을 수 있다.

반면 직관에 의해서 참다운 지식을 얻고 그것을 증명할 수 있다면 로크의 주장은 한편으로 경험론을 바탕으로 삼으면서도 또 한편으로는 합리론을 주장하는 셈이 된다. 따라서 로크 다음에 등장한 버클리는 철저한 경험론을 바탕으로 마음의 외부에는 아무런 대상도 참답게 존재하지 않는다고 주장했다.

자연 상태는 전쟁이 아니라 조화이다

로크는 홉스와 정반대로 인간의 자연 상태를 각자가 자신의 권리와 재산을 온전하게 유지하는 상태로 보았다. 그러므로 로크에 있어서 자연 상태는 전쟁이 아니라 조화이다. 한편 동양철학에서 순자는 인간의 본성이 악하다고 해서 성악설을, 맹자는 인간 본성이 선하다고 보아 성선설을 주장했다. 홉스의 자연 상태가 성악설에 가깝다면, 로크의 자연 상태는 성선설에 가깝다.

로크에 의하면 인간은 원래 자연법의 테두리 안에서 누구나 자유롭고 평등하다. 자연법에 의하면 어느 누구도 타인의 생명과 자유와 재산을 해쳐서는 안 된다. 따라서 자연 상태에서 모든 인간은 자연법을 침해한 침략자를 제재하거나, 불의를 응징할 권리를 갖는다.

로크의 자연 상태는 홉스의 그것과는 정반대로 평화, 선한 의지 그리고 상호 협력의 상태이다. 인간이 그러한 상태를 보존하기 위해 서로 계약을 맺음으로써 공동사회와 국가가 성립된다.

홉스가 불행이나 악을 제거하기 위해 사람들이 계약을 맺음으로써 국가가 성립한다고 본 반면에, 로크는 평화, 정의, 선한 의지를 보존하기 위해서 사람들이 계약을 맺음으로써 국가가 형성된다고 보았다. 홉스는 절대군주제를 바람직한 국가체제로 보았지만, 로크는 만민이 평등한 시민 정부를 가장 바람직한 정부라 주장했다.

로크는 자연법의 기초가 공공의 선을 지향하는 사회의 보존에 있다고 보았다. 따라서 공공복지를 실현하기 위한 기본적 실정법은 입법권을 확립하는 일이다. 법을 실행하는 행정권과 전쟁이나 평화에 관한 연합권은 항상 결합되어 있다. 그렇지만 가장 우선하는 것은 입법권이다. 물론 정부가 있는 한 입법권이 최고의 위치를 차지한다고 할지라도 그것이 시민의 신뢰에 어긋날 경우에는 백성들이 입법을 제재하거나 고칠 수 있는 가장 높은 권리를 가진다.

로크의 이러한 국가론은 근대 시민사회 성립의 확고한 기틀을 제공했으며, 오늘날의 민주주의가 탄생할 수 있는 중요한 계기가 되었다. 로크의 인식론은 후에 버클리, 흄 그리고 칸트에게 큰 영향을 미쳤다. 그의 경험심리학은 영국의 연상심리학의 기틀을 마련했고, 콩디야크, 엘베시우스 등 프랑스 감각주의의 기원이 되었다. 로크의 윤리학은 또 섀프츠베리, 허치슨, 흄, 스미스 등에게 영향을 미쳤고, 그의 교육 이론은 루소에게 특히 큰 영향을 끼쳤다. 로크의 정치철학은 볼테르, 몽테스키외, 루소 등의 정치철학이 나올 수 있는 배경이 되었다.

로크의 사상은 17~18세기의 정치혁명에 큰 영향을 끼쳤으며, 그 영향은 18세기 계몽사상에서 절정에 달했다.

"존재하는 것은 지각되는 것이다"

버클리

우리가 알 수 있는 세계는 오로지 경험 세계이다.
아는 것은 감각뿐이므로, 경험을 넘어선 불변하는
실재에 관해서는 전혀 알 수 없으며 또 아무 말도 할 수 없다.

조지 버클리(1685~1753)는 아일랜드의 다이저트 캐슬 출신으로, 특히 로크에게서 많은 영향을 받았다. 그는 1729년 영국 식민지였던 북아메리카에 잠시 체류했기 때문에 미국 철학의 창시자로 간주되기도 하는데, 아일랜드의 클로인 교회에서 신교 주교로 일하다가 옥스퍼드에서 생애를 마쳤다. 버클리는 베이컨, 로크 등과 달리 철저하게 경험적 원리를 관철함으로써, 경험만 있고 외부 대상은 없다는 주장을 일관되게 고수했다. 또 그는 외부 대상은 존재하지 않는다고 주장하여 보편적 비물질주의의 극단적 입장을 대변했다.

감각만이 참다운 경험이다

버클리는 로크의 인식론을 비판함으로써 자신의 인식론을 전개했다. 그는 감각만이 참다운 경험이며, 추상적 반성은 있을 수 없다고 말했다. 따라서 우리의 모든 표상(좁은 의미의 관념)은 구체적인 개별 표상 이외의 다른 아무것도 아니다. 우리는 오직 구체적인 이 인간, 저 인간 그리고 저 삼각형, 이 삼각형 등을 느끼고 생각해 관념을 만들어낼 뿐이다. 그러므로 '인간 자체'와 같은 보편개념은 있을 수 없다. 우리가 '인간'이라고 일반적 표상을 만들어내는 것은 이 인간, 저 인간과 같은 동일한 종류의 대상을 모아서 그것을 지시하기 때문이다.

그렇다면 대상 자체도 있을 수 없기 때문에 로크가 말한 불변하는 사물의 성질인 제1성질이라는 것도 있을 수 없다. 오로지 주관적인 제2성질만 있을 수 있다. 이러한 버클리의 입장은 철저한 경험론을 출발점으로 삼고 있지만, 우리가 주관적으로 경험하는 관념 이외의 다른 것은 존재할 수 없다는 것을 주장하므로 주관적 관념론이라고 할 수 있다. 어떤 사람은 "내가 살아 있으니까 모든 것이 있고 내가 죽으면 아무것도 없다"고 주장하는데, 이러한 주장은 극단적인 주관적 인식론의 색깔을 가진다.

경험론에서 출발해 관념론을 지지하다

버클리에 의하면 우리가 알 수 있는 세계는 오로지 경험 세계이다. 우리의 마음이 아는 것은 감각뿐이므로, 만일 경험을 넘어서서 불변하는 실재 사물의 세계가 있다고 한다면 우리는 그것에 관해서 전혀 알 수 없고 또 아무 말도 할 수 없다. 그러므로 사물의 존재는 우리에게 지각된 것으로서만 있다. 그래서 버클리는 "존재하는 것은 지각되는 것이다"라고 했다.

버클리는 관념의 세계가 질서를 가지고 목적에 어울리는 것으로 보고, 그러한 세계를 창조한 신의 존재를 증명하려고 했다. 그는 이 세상에 있는 것은 관념적 존재, 곧 정신적 존재밖에 없기 때문에 세계의 질서는 정신적 존재와 비슷해야 한다고 보았다. 세계의 질서를 만드는 존재는 모든 개별 정신에 목적과 질서를 부여하기 때문에 개별적인 정신 존재를 초월해야 한다. 그렇다면 그러한 존재는 무한한 힘을 소유한 선한 정신으로서의 신이 아니면 안 된다. 버클리의 이러한 신 존재 증명은 목적론적 신 존재 증명이면서 동시에 심리학적·우주론적 신 존재 증명이다. 그렇다고 해서 버클리가 신을 직접 알 수 있다고 증명한 것은 결코 아니다.

버클리의 신은 정신적인 것(관념)의 총체 개념이다. 그는 인간의 정신작용으로부터 신 개념을 추론하고, 우리는 신 자체가 아니라 신에 관한 관념만을 가질 수 있다고 말했다. 버클리는 그의 선배들처럼 경험론으로부터 출발했지만, 또 한편으로 선배들의 유물론이나 무신론을 배격하고 관념론을 지지했다.

비판적 경험론과 실증주의
흄

흄의 철학은 칸트철학에, 그리고 현대에 이르러서는
논리실증주의와 분석적 언어철학에 절대적인 영향을 미쳤다.
그의 비판적 정신과 모든 것을 되섞어 의심해 보는 자세는
진지한 '철학함'의 모범을 보여주었다.

우리는 흔히 칸트의 철학을 '비판철학'이라고 부른다. 하지만 종래의 인식론에 대한 철저한 비판 정신으로 비판철학의 처음을 장식한 철학자는 데이비드 흄(1711~1776)이다. 흄은 루소 및 백과전서파의 철학자들과 친분을 맺었고, 그의 이론을 기초로 자신의 체계를 확립한 애덤 스미스와도 교분을 맺었다. 한때 그는 에든버러 대학 법대의 도서관 사서로 일했고, 후에는 공사관의 서기관이 되었다가 외무성 차관도 지냈다. 사서 시절 그는 6권으로 된 『영국사』를 저술하기도 했다.

흄은 철학 이론의 핵심 대상을 인간으로 삼았으며, 인간에 관한 이론을 중심으로 하여 다른 모든 학문이 형성된다고 보았다. 관찰과 실험 그리고 검증에 의해서 경험론을 구성하려고 했으므로 그의 경험론은 비판적 경험론이 되었다. 또한 흄은 경험적 앎이 어떻게 심리적으로 드러나는지를 밝힘으로써 현대 실증주의 및 심리주의

의 창시자로 자리매김했다.

인상과 관념

흄은 인간의 마음을 분석함으로써 앎이 성립하는 과정을 매우 구체적이고 생생하게 설명했다. 『인간 본성론』에서 그는 로크나 버클리의 경험론 전통에 따라서 우리의 모든 지식은 경험에서 나오고 불변하게 본래부터 마음에 있다는 '본유관념'이란 있을 수 없다고 했다. 또 지식을 지각이라고 부르며, 지각은 인상 또는 관념에서 성립한다고 말했다.

흄의 인상과 관념은 밀접한 관계를 맺고 있다. 인상은 직접적이고 생생한 느낌들을 받아들인 것이고, 관념은 인상이 약화된 것이다. 갑자기 손가락이 무언가에 찔렸을 때 우리는 '아프다'는 인상을 받지만 잠시 후 '통증'이라는 관념을 가지게 된다. 인상에는 보고 듣는 감각적 느낌의 인상과, 사랑이나 미움 등 정서나 감정의 생생한 인상이 있다. 앞의 것은 외적 지각이고, 뒤의 것은 내적 지각이다.

인상은 우리의 상상력에 의해 약화됨으로써 관념이 되며 그것은 다시금 인상으로 돌아간다. 흄은 우리가 가지는 표상(좁은 의미의 관념), 회상, 생각 등을 모두 관념이라고 불렀다. 관념들은 연상 법칙에 의해서 결합된다. 연상 법칙에는 유사성, 근접성, 인과성이 있다. 이러한 흄의 입장은 후에 생긴 연상심리학의 기초를 이루었다. 흄의 연상 법칙은 합리론자들이 주장하는 본유관념을 배격하고 우리가 가진 모든 지식(관념)은 경험적 관습에서 생긴다는 것을 말하고자 했다.

- 유사성 : 우리는 흔히 경복궁 사진을 보고 "이것은 경복궁이다"라고 말하지만 그렇게 말할 수 있는 것은 경험적 습관이나 관습 때문이고 사진과 경복궁 자체는 전혀 별개의 것이다.
- 근접성 : 우리는 서울과 인천이라고 말하고 평양과 진남포라고 곧장 말할 수 있는데, 이 또한 습관에서 그렇게 언급하는 것이다.
- 인과성 : 피아노 건반을 두드리면 소리가 날 것이라고 생각하고 또 볼펜으로 쓰면 글씨가 쓰일 것이라고 생각하는데, 이것도 원인이 있으면 결과가 있을 것이라는 경험적 습관 때문이고 반드시 그렇지는 않다.

흄은 로크와 비슷한 생각으로 인상이 단순한 요소로 분해되면 복합 인상이고 그렇지 않으면 단순 인상이라고 보았다. 또 단순한 요소로 분해될 수 있는 것은 복합 관념이고 그렇지 않은 것은 단순 관념이라고 했다.

흄의 인식 문제에서 중요한 또 한 가지는 관념의 세계와 사실의 문제의 구분이다. 대상과는 전혀 상관없이 순수하게 생각에 의해서 얻을 수 있는 판단은 관념의 관계이다. 예컨대 산수나 기하학의 문제는 현실 대상 없이 생각에 의해서 제기된다. 그러나 현실 대상은 순수한 논리적 생각과는 상관없이 사실의 문제로서 우리의 탐구 대상이 될 수 있다.

불변하는 존재는 있는가

흄은 경험론의 전통을 따라서 실체, 존재, 인과율과 같은 개념들은 모두 관념에서 생긴 것이므로 어떤 객관성도 가질 수 없다고 했다. 왜냐하면 어떤 경험도 그것이 객관적이라는 보증을 제공해 주지는 않기 때문이다. 그런데 우리는 어떻게 인간의 실체를 '인격'이나 '이성'이라고 부르며, 원인과 결과 사이에는 불변하는 '인과율'이 있다고 생각하는 것일까. 흄에 의하면 그러한 생각은 인상의 겉으로 나타나는 영속성과 관계 때문에 생긴 것이다. 그러나 흄은 인상의 표면적 연속성과 관계는 거짓 형태에 불과하다고 말했다. 어떤 인상도 똑같이 계속되지 않으며, 매 순간 어떤 인상이 생기면 다른 인상이 뒤따라 생기기 때문이다.

대상에 대한 인식이 일단 끊기더라도 기억은 인상과 관념을 보존하기 때문에 우리는 사물(대상)이 동일하게 계속해서 존재하기를 기대하고 요구한다. 변하지 않고 동일하게 있는 존재를 일컬어 우리는 실체라고 하는데, 흄에 의하면 이러한 실체란 있을 수 없고 그것은 오직 거짓된 형태(가상)에 지나지 않는다. 이러한 근거에서 흄은 로크의 제1성질과 제2성질의 구분에 반대한다.

로크는 감각경험 외부에 있는 실체의 존재를 증명하는 것은 불가능할지라도 그런 것이 있어야만 우리의 경험이 가능하다고 말했다. 따라서 로크는 외계의 사물 자체에 속하고 우리가 지각하는 성질을 제1성질(운동·공간·시간·수 등)이라고 했다. 반대로 버클리는 모든 대상은 지각된 관념이므로 외부의 초월적 대상이란 있을 수 없다고 함으로써 주관적 관념론의 입장을 보였다.

흄은 감각경험의 외부에 있는 존재는 이론적으로 인식 불가능하다고 주장했다. 이러한 흄의 실증주의적 회의론은 로크와 버클리의 중간적 입장을 보여준다. 흄은 감각경험 외부에 존재가 있는지의 여부는 이론적으로 증명할 수 없지만, 그러한 존재가 있을 것이라는 신념은 가질 수 있다고 했다.

이 같은 흄의 태도는 이후에 앎의 세계를 현상계로, 그리고 우리가 알 수 없고 요청할 수밖에 없으며 따라서 생각할 수 있는 세계를 물자체 세계로 보는 칸트의 인식론에 지대한 영향을 끼쳤다.

인간은 호의와 정직으로 보편적 인류애를 실현할 수 있다

흄은 감각경험의 외부에 불변하게 존재하는 것은 알 수 없다고 했으므로 그에게 형이상학(참다운 사물과 그것의 본성을 탐구하는 철학의 한 분과)은 무의미하다. 흄은 앎의 문제와 마찬가지로 윤리 문제의 탐구에 있어서도 경험론의 관점을 지니고 근본적인 문제들을 예리하게 파고들어갔다.

윤리학에서 가장 중요한 문제들 중 하나는 의지의 자유에 관한 것인데, 이에 관해서는 결정론자와 비결정론자 사이에 늘 치열한 싸움이 있었다. 결정론자들은 인간의 의지는 마음대로 작용하는 것이 아니라 법칙에 따라서 필연적으로 작용한다고 주장했다. 그러나 흄은 결정론자에 반대하여 의지가 법칙에 따라서 미리부터 결정된 것이 아니라고 했다.

왜냐하면 인과율(특정한 원인이 있으면 그로부터 특정한 결과가 뒤따른다는 법칙) 자체가 그릇된 것인데, 그것은 경험적 관습에 의한 관념의 결합에 불과하기 때문이다.

따라서 의지도 법칙에 따라서 움직이는 것일 수 없다. 비결정론자는 우리의 의욕에는 원인이 없고 우연이 개입한다고 말하지만,

흄은 이에도 반대해 학문이란 우연을 허용하지 않는다고 주장했다. 흄은 모든 사람들이 인정하는 행동의 자유, 곧 구속의 테두리를 벗어난 사람들의 행동의 자유를 참다운 자유라고 주장했다.

종전까지 합리론자들은 윤리적으로 가치 있는 행동의 동기를 이성이라고 보았다. 흄은 이에 반대하여 윤리적으로 가치 있는 행동의 동기는 오직 각자의 소질과 정서밖에 없다고 했다.

각자의 소질과 정서 중에서도 쾌감과 불쾌감이 가장 중요한 충동이며, 이성은 단지 이 충동에 봉사하는 역할만을 담당한다고 보았다. 흄은 쾌감을 생기게 하는 것을 선, 그리고 불쾌감을 생기게 하는 것을 악이라고 불렀다. 또한 그는 정서를 두 가지로 나눴는데, 그것들은 각각 직접적 정서와 간접적 정서이다.

직접적 정서는 우리 각자에게 직접 관계하는 기쁨·희망·불안·걱정 등의 정서이며, 간접적 정서는 대상에 관계하는 거만함·배려·주의 등의 정서이다. 이러한 정서들은 우리가 살아가면서 가지게 되는 쾌락이나 불쾌의 정서적 경험에 의해서 선하게도 또는 악하게도 느껴진다. 흄은 우리의 경험이 다음과 같은 네 가지 종류의 특징을 도덕적으로 가치 있는 것이라고 판단하도록 해준다고 말했다.

첫째, 용기·품위·자신감처럼 그것을 가진 이에게 직접 쾌감을 준다.
둘째, 겸손·예의범절처럼 타인에게 직접 쾌감을 준다.
셋째, 근면·현명함·강인함처럼 우리 스스로에게 유용하다.
넷째, 호의·정직·친절처럼 타인에게 이롭다.

이 모든 특징을 흄은 '덕'이라고 부르면서 그중에서도 호의와 정직을 으뜸가는 덕이라고 꼽았다.

그리스의 에피쿠로스나 영국의 홉스, 로크 등은 인간의 본성을 근본적으로 이기적이라고 보지만, 흄은 호의와 정직의 덕은 그 동기가 전체의 이익에 있기 때문에 인간은 이타적일 수 있다고 주장했다. 흄은 불변하는 도덕 가치를 인정하지 않고 오로지 인간이 본성을 조절함으로써 덕을 실행하고 완성된 인간성으로서의 인격을 형성하기를 바랐다.

흄은 인간이 호의와 정직에 의해서 공감 내지 보편적 인류애를 실현할 수 있다고 확신했다. 보편적 인류애는 모든 인간이 공동체 의식을 가지고 쾌감을 획득할 수 있게 함으로써 선을 실현할 수 있게 해준다. 흄의 가치론 내지 윤리학은 우선 만인의 행복을 목표로 삼기 때문에 행복주의의 성격을 가진다. 다음으로 그것은 행복을 쾌락의 획득에서 찾기 때문에 쾌락주의의 성격을 가진다. 마지막으로 그것은 홉스와 마찬가지로 유용성을 중요한 것으로 여기기 때문에 공리주의적 성격을 가진다.

흄의 철학은 칸트철학에, 그리고 현대에 이르러서는 논리실증주의 및 분석적 언어철학에 절대적인 영향을 끼쳤다. 특히 그의 비판적 정신과 모든 것을 곱씹어 의심해 보는 자세는 철학함의 진지한 자세의 모범이라고 해도 과언이 아니다.

"모든 지식은 확률로 타락하며, 이 확률은 우리의 이해능력의 진실성 또는 기만성에 대한 경험에 따라 더 크거나 작다." — 흄

11장
합리론 철학

이성에 대한
절대적 신뢰

"나는 생각한다. 고로 존재한다"
데카르트

> 생각하는 것이 존재하지 않는다면 그것은 모순이므로
> 생각하는 것은 존재하지 않을 수 없다.
> "나는 생각한다. 고로 존재한다"는 명석판명한 원리이다.

    합리론도 경험론과 마찬가지로 근대 자연과학의 산물이다. 경험론이 귀납법을 택하는 반면, 합리론은 이성적·논리적 추리를 사용해서 명확한 보편 전제로부터 개별 사물이나 경우에 대한 앎을 이끌어내는 연역법을 사용한다. 합리론이 의존하는 대표적인 학문은 수학이다. 따라서 합리론이 사용하는 방법은 수학적인 연역법이다.

    합리론은 감각 지각이 불확실하고 오류를 초래한다고 보아, 명확한 진리를 가져다줄 수 있는 이성 능력을 절대적으로 확신한다. 합리론 철학의 근원은 플라톤에서 찾을 수 있다. 플라톤에 의하면 불변하는 이데아는 영혼에 본래부터 있다. 우리는 영혼의 순수 활동[사유]을 통해서 이데아를 알 수 있다. 플라톤은 논리적이며 수학적인 사유가 영혼의 가장 본질적인 활동이라고 보았고, 그러한 사유는 본래부터 영혼에 불변하게 있는 참다운 대상[이데아]을 파악한다고 주장했다. 데카르트와 스피노자, 라이프니츠 등 합리론자들은 일반적으로 플라톤의 인식론을 이어받았다.

르네 데카르트(1596~1650)는 프랑스 투렌 지방 출신으로 예수회 학교를 다녔으며 오랫동안 군대 생활로 세월을 보냈다. 일설에 의하면 그는 군에서 여가를 가지고 철학에 몰두할 수 있었기에 장기간 군대 생활을 했다고 한다. 군대 생활을 마친 그는 파리를 거쳐 네덜란드에서 조용히 살면서 수학, 자연과학, 철학 연구에 몰두했다. 데카르트는 해석기하학의 창시자로 알려져 있다. 그는 1649년 스웨덴의 여제 크리스티나의 가정교사로 초청 받아 스톡홀름에 갔으나 급작스런 생활 습관의 변화와 찬 기후 탓에 다음 해에 세상을 떠났다.

데카르트의 합리주의는 단순하고 엄밀한 논리성을 가장 중시했다. 하지만 그는 종전과 같은 객관이나 절대성이 아닌 인간의 주관을 철학의 출발점으로 삼았다. 이상적 주관을 철학의 기초로 삼은 데서 데카르트는 고유한 위치를 가지며 근대 합리론의 시초를 장식한다.

철학의 가장 중요한 부분은 형이상학이다

베이컨과 마찬가지로, 데카르트는 전통적 권위에 반기를 들고 철학의 실천적인 성격을 강조했다. 그는 철학이 공허한 이론을 벗어나야 한다고 역설했는데, 그에 의하면 "철학이란 우리 삶의 관리를 위해서뿐만 아니라 우리 건강의 보존과 모순 기술의 발견을 위해서 우리가 알 수 있는 모든 것에 관한 완전한 지식이다."

데카르트는 수학을 가장 모범적인 학문으로 보고 수학의 확실성을 가지는 '사유의 세계'를 세우려고 했다. 더 이상 의심할 수 없는 확실한 근거만 안다면 그것을 바탕으로 이상적인 학문 체계를 구성할 수 있기 때문이다. 그는 근대의 자연과학 정신에 동조했으며 당시의 관념론 철학의 기본 원리인 이성적 주관에 찬성했다. 그는 기계론적 자연과 신의 자유 그리고 인간의 영혼을 조화시킴으로써 새로운 시대에 부응하는 철학 체계를 구축하고자 했다.

데카르트는 형이상학을 철학의 가장 중요한 부분으로 여겼다. 형이상학은 명석판명한 모든 관념들을 포함하기 때문에 신의 속성, 영혼 불멸 등과 같은 인식(앎)의 근본원리들을 포함한다. 다음으로 데카르트는 자연학의 중요성을 손꼽았다. 물질 대상들의 원리를 발견한 다음에 우리는 전체 우주의 구성을 탐구한다. 특히 지구의 본성과 지구상에 있는 만물의 본성을 탐구하는 것은 자연학이 수행해야 할 과제이다. 우리는 식물, 동물 그리고 인간을 탐구함으로써 다른 학문들을 형성할 수 있다.

방법적 회의

데카르트는 상식을 가진 사람이면 누구든지 추리에 의해서 인정할 수 있는 명석하고도 판명한 진리를 발견하는 것에 '철학함'의 목표를 두었다. 일찍이 베이컨은 확실한 지식을 얻기 위해서 네 가지 우상을 제거해야 한다고 주장했다. 데카르트는 우리에게 가장 가깝고 확실하다고 여겨지는 것을 일단 의심하고, 다음으로 영원불변하다고 생각되는 것들을 차례로 의심함으로써 마지막에 확실하게 남는 것이 어떤 것인지를 찾은 다음, 그것으로부터 철학의 체계를 구축하고자 했다.

데카르트는 수학에서처럼 가장 확실한 원리를 찾고 그것을 바탕으로 명백한 추리에 의해 철학 체계를 형성하기 위해서 대체로 네 가지 의심의 과정을 제시했다.

가장 먼저 전통 이론이나 편견을 의심했다. 예컨대 스콜라철학의 체계는 단지 속견에 지나지 않는 것이며 엄밀하게 증명된 것도 아니기 때문에 확실한 지식을 가져다줄 수 없다. 또 편견이나 신념은 우리의 어린 시절 부모나 선생님에게서 물려받은 것이므로 많은 경우 그릇된 것으로 드러난다.

다음으로는 감각에 대한 신념을 의심했다. 아득히 멀리 보이는 산이나 섬은 비가 갠 후 매우 가까이 있는 것처럼 보인다. 이처럼 감각적 앎은 불확실하기 때문에 자연히 의심의 대상이 된다.

세 번째로 불확실해서 의심의 대상이 되는 것은 꿈이다. 꿈에서는 나비나 벌이 될 수 있지만 깨어서 보면 한낱 헛된 것에 지나지 않는다.

데카르트가 네 번째로 의심한 것은 수학적 증명이다. 우리는 '5+7=12'라는 것을 의심의 여지없이 확실한 것으로 믿지만, 데카르트는 어떤 악한 정신이 있어서 실은 '5+7=15'이거나 다른 어떤 것임에도 불구하고 우리로 하여금 '5+7=12'라고 믿게 하는 것인지 알 수 없다고 말함으로써 수학적 증명마저도 의심했다.

의심할 수 있는 모든 것을 의심한 후, 데카르트는 말했다.

그렇다면 참답다고 생각될 수 있는 것은 무엇인가. 아마도 이 세상에는 확실한 것이 아무것도 없다는 것만이 참다운 것으로 생각될 수 있을 것이다.

데카르트는 결국 '내가 의심하는 것, 즉 내가 생각하는 것'은 더 이상 의심할 수 없다는 결론에 도달했다. 그래서 그는 또 말했다.

나는 생각한다. 고로 존재한다[Cogito, ergo sum].

생각하는 것이 존재하지 않는다고 한다면 그것은 모순이기 때문에, 생각하는 것은 존재하지 않을 수 없다. 데카르트는 "나는 생각한다. 고로 존재한다"가 명석판명한 원리이므로 이를 일컬어 철학의 제1원리라고 불렀다. 이제 생각하는 나, 곧 사유하는 주관의 존재가 명석하고 참답기 때문에 그것과 유사한 모든 것들은 우리에게 명석판명하게 알려지며 참다운 것이다.

데카르트는 수학의 가장 으뜸이 되는 정리처럼 철학의 제1원리(나는 생각한다. 고로 존재한다)를 바탕으로 삼아 다른 원리들을 연역법으로 추리함으로써 자신의 철학 체계를 구축하고자 했다. 데카르트는 사유하는 자아처럼 명석판명한 관념을 일컬어 본래부터 마음에 있는 것, 곧 '본유관념'이라고 불렀다.

앞에서 데카르트가 자아를 찾기 위해서 의심할 수 있는 모든 것을 의심하는 과정을 소개했다. 이러한 의심은 명석판명한 철학의 제1원리를 찾기 위한 방법적 의심이기 때문에 그것은 '방법적 회의'라고 일컬어진다.

본래부터 마음속에 있는 다섯 가지 본유관념

데카르트가 불변하게 우리 마음속에 본래부터 있다고 주장한 본유관념으로는 자아(사유하는 주관), 신, 논리 법칙, 수학 명제, 물질의 공간성 등 모두 다섯 가지가 있다. 데카르트에 의하면 우리의 모든 생각은 이 본유관념을 출발점으로 삼아 전개된다. 그는 본유관념을 일컬어 '공리' 또는 '보편개념' 혹은 '영원한 진리'라고 불렀는데, 다섯 가지 본유관념들은 각각 다음과 같다.

자아

데카르트에 의하면, 우리가 가질 수 있는 가장 확실한 앎은 생각하는 자아에 관한 것이다. 데카르트는 방법적 회의에 의해서 의심 가능한 모든 것을 의심한 후 더 이상 의심할 수 없는 원리, 곧 "나는 생각한다. 고로 존재한다"에 도달했다. '사유하는 자아'는 본래부터 영혼(마음)에 있는 것이며 명석판명한 관념이다. 이것을 기준으로 삼아 다른 관념들을 추리한다면 다른 관념들도 명석판명할 것이다. 데카르트는 자아를 근거로 다른 참다운 관념들이 도출되는 것을 일컬어 '진리의 기준'이라고 말했다.

신

사유하는 자아는 유한하므로 무한하고 완전한 존재의 원인이 될 수 없다. 그렇다면 무한한 자는 자신의 충분한 원인에 의해서, 곧 신 자신에 의해서 존재할 수밖에 없다는 결론이 나온다. 데카르트의 신 존재 증명은 심리학적이면서 동시에 존재론적이다. "인간의 영혼은 유한하므로 무한한 신의 존재에 대한 원인이 될 수 없기 때문에 무한자는 자신에 의해서만 존재할 수 있다"는 것은 신 존재에 대한 심리학적 증명이다.

다음으로 "신은 실재하는 최고의 존재이므로, 만일 신이 존재하지 않는다면 모순을 범하기 때문에 신은 분명히 존재한다"는 것은 신 존재의 존재론적 증명이다. 신 존재의 존재론적 증명을 최초로 행한 사람은 중세의 안셀무스이다.

논리 법칙

논리적 사고의 법칙을 나타내는 관념들(곧 동일률, 모순율, 이유율) 역시 명석하고 판명한 것들이어서 본유관념에 속한다. 동일률은 'A=A', 모순율은 'A≠~A', 그리고 이유율은 "모든 사태는 그 사태가 성립할 수 있는 충분한 이유가 있다"는 관념으로 설명될 수 있다.

수학 명제

논리 법칙은 언어로 표현되지만 그것이 기호로 표현될 경우 수학 명제가 된다. 수학 명제는 논리 법칙의 관념들과 마찬가지로 명석 판명한 본유관념이다.

물질의 공간성

데카르트는 물질성과 공간 그리고 연장(길이, 부피, 면적 등)을 똑같은 것으로 본다. 모든 기하학 명제의 기본 전제는 공간성이기 때문에 공간 법칙에 관한 관념은 본유관념이다.

우리는 어떻게 아는가

데카르트에 따르면, 인간의 영혼은 이성적이기 때문에 논리적으로 활동한다. 그러면 감각은 무엇인가. 인간은 영혼과 신체로 되어 있다. 영혼은 신체와 관계를 맺고 있어서 감각 능력도 가진다. 외부 세계에 대한 지각(감각을 통한 앎)은 감각 능력에 의한 것이다. 영혼 자신에 의한 앎은 사유이므로, 지각은 사유보다 낮은 단계의 인식이다.

데카르트는 인식의 단계를 세 가지로 나누었다. 인식의 가장 낮은 단계는 감각과 속견이다. 우리는 감각기관을 통해서 외부 대상을 불확실하게 알며 남의 말을 따라서 속된 견해를 가지고 그릇되게 판단하기 쉬운데, 이 경우의 판단은 표상이다. 표상을 형성함에 있어서 영혼은 수동적이기 때문에 표상은 명석판명하지 못하고 복잡하며 불분명하다. 두 번째 단계로 영혼은 표상을 대상으로 삼아 보편개념을 표상에 적용한다. 이 경우 명석판명한 관념이 형성된다. 마지막 단계의 인식은 영혼의 자기 자신에 의한 순수한 능동적 인식이다. 이 인식에 의해서 논리 법칙, 수학 법칙 그리고 신학의 관념들이 명석판명한 관념으로 성립된다.

최고의 덕은 경탄이다

데카르트의 윤리학, 곧 가치론은 그의 인식론 체계와 조화를 이룬다. 그에 의하면 감정에도 세 가지 단계가 있다. 배고픔이나 갈증과 같은 신체적 감정은 가장 낮은 단계의 감정으로서 자연적 충동이다. 다음으로 쾌·불쾌·사랑·증오·욕망 등의 정서와, 이들로부터 도출되는 희망·공포 등의 정서가 있는데, 이것들은 처음에는 수동적이지만 다음에는 능동적이다. 마지막으로 영혼은 순수하게 능동적인 모든 정서를 포함하는데, 그중에서 가장 근원적인 것은 경탄이고 이것에서부터 존경과 멸시가 도출된다.

데카르트에 의하면 영혼의 최고 목표는 영혼이 본성에 따라서 사유하는 자발성이다. 그렇지만 영혼이 순수하게 사유하지 못하고 외부의 영향에 의해 방해될 경우 영혼의 번뇌가 일어난다. 따라서 데카르트는 영혼의 가장 자발적인 정서인 경탄에 의해서 번뇌를 회피하고 극복할 수 있다고 말했다. 경탄이야말로 순수한 지성적 관심이며 최고의 덕이다. 데카르트는 경탄과 아울러 사랑, 관대함, 자선 등 실천적 덕을 실행할 때 가장 바람직한 삶을 이끌어나갈 수 있다고 말했다.

정신과 물체는 서로 다른 실체이다

우리는 흔히 데카르트를 이원론자라고 부른다. 정신과 물체를 서로 다른 실체로 보기 때문이다. 신은 가장 완전하고 절대적인 존재로서 창조되지 않은 실체이다. 실체란 자기 자신 이외의 다른 원인을 가지지 않고 오로지 자기 자신에 의해서만 성립하는 존재를 말한다. 그러나 신에 의해서 창조된 두 가지 실체가 또 있으니, 그것들은 정신과 물질이다. 정신은 사유하는 실체이며 물질은 연장된(길이, 면적, 부피 등을 가진) 실체이므로 두 가지는 서로 배제한다. 예컨대 생각은 길이나 부피 또는 무게가 있을 수 없는 반면에 '안경'은 연장된 것이다. 데카르트는 공허한 공간을 인정하지 않았다. 그는 물질을 공간으로 보았다. 공간(물 체계)의 요소는 미세한 미립자로서 그것은 마치 작은 먼지처럼 공간을 가득 채우고 있어서 공허한 공간이란 있을 수 없다. 데카르트는 무기물이나 유기물의 모든 과정을 필연적인 운동으로 생각했으며, 동식물의 신체는 모두 자동 기계에 불과하다고 말했다.

인간의 신체 역시 기계에 지나지 않지만 인간에게는 정신과 신체의 상호작용이 이루어지고 있으며 신체가 가지는 자동 기계의 현상이 액화되어 있다. 데카르트는 인간에게 있어서 원래 서로 아무 상관없는 정신과 신체가 송과선(松果腺) 및 생명의 정신으로 인해 상호작용하는 현상이 발생한다고 보았다. 예컨대 헤어진 연인을 생각하면 슬픈데, 생각으로만 슬퍼하는 것이 아니라 눈물을 흘린다. 누구에게 몸의 일부를 맞으면 그것으로 끝나지 않고 정신적으로 고통스럽고 원통하기까지 하다. 정신과 신체는 왜 이렇게 서로 작용하는가. 데카르트는 뇌에 소나무 열매와 같은 송과선이 있으며 '생명의 정신'이라는 정교한 유동체가 있어서 송과선을 매개 장소로 해서 정신적인 것을 신체적인 것으로, 그리고 신체적인 것을 정신적인 것으로 작용하게 만든다고 주장했다. 그러나 그의 이러한 주장은 후에 해부학자들에 의해 그릇된 것임이 밝혀졌다.

정신과 신체의 상호작용에 관한 데카르트의 견해는 '심신 상호작용설'로 일컬어진다. 그의 심신 상호작용설은 후에 횔링크스나 말브랑슈에게도 영향을 끼쳤다. 이들 두 사람은 인간이 감각하거나 행동하는 기회에 신이 신체와 정신을 매개함으로써 정신과 신체가 상호작용한다는 '기회원인론'을 주장했다.

"인간은 인간에 대해 신이다"

스피노자

스피노자는 데카르트의 물심(물체와 정신) 이원론을
극복하고 범신론적 사상 체계를 확립했으며,
르네상스와 근대사상을 종합했다.

바뤼흐 스피노자(1632~1677)는 암스테르담 출신으로, 일생 동안 네덜란드 밖으로 나간 적이 없었다. 르네상스와 근대의 철학 정신을 철저한 합리론의 입장에서 종합한 그는 데카르트나 말브랑슈 등 프랑스 합리주의로부터 깊은 영향을 받았다. 어린 시절 부모의 손에 이끌려 유대교의 학교에 들어갔지만 랍비 수업에 반대하고 철학을 택했고, 살해될 뻔한 위기도 넘겼으며, 무종교와 이교도의 죄명을 쓰고 유대 공동체로부터 추방되었다. 그는 학문 탐구에만 몰두하려는 생각에서 독일의 하이델베르크 대학에서 제안한 교수 초빙도 거절했다.

그가 광학과 기하학을 연구하면서 안경알을 갈아 생계를 유지한 사실은 유명하다. 부호인 아버지가 세상을 떠나자 스피노자의 어머니와 누이가 재산을 모두 차지했다. 스피노자는 법정에 고소해 재산을 모두 찾은 다음, 어머니와 누이를 불러 재산을 다 돌려주면서

"내가 고소한 것은 재산이 탐나서가 아니라 정의가 무엇인지 알리기 위해서였다"고 말했다고 한다. 이 일화 또한 유명하다.

스피노자는 데카르트의 물심(물체와 정신) 이원론을 극복하고 범신론적 사상 체계를 확립했다. 르네상스와 근대사상을 종합한 그의 사상의 특징은 다음과 같이 나누어 볼 수 있다.

- 무한성 : 스피노자는 세계를 무한하다고 보았다. 사람들이 세계가 유한하다고 생각하는 것은 인간의 제한된 지식 때문이다.
- 수학적 사고 : 세계는 필연적이므로 가장 명확한 사고는 수학적인 것이다. 인과율 세계는 필연적이기 때문에, 특정한 원인이 있으면 특정한 결과가 따라 나온다는 인과율은 물질세계와 정신세계 모두에 타당하다.
- 자연적 종교 : 신앙, 영혼 불멸, 구원 등은 인간이 자연적으로 또는 본유적으로 가지고 있는 개념들이다. 이러한 자연적 종교의 입장은 당시 영국에서 형성된 것이었고, 스피노자는 그 영향을 받았다.
- 플라톤의 영향 : 스피노자는 보편개념 및 사물의 본질에 관해서 플라톤 철학의 영향 아래에 있다.

어떤 사람들은 스피노자가 아라비아의 철학자인 아베로에스나 중세의 유대 신비주의 내지 범신론적 문헌 또는 브루노로부터 많은 영향을 받았다고 말한다. 그러나 확실한 것은 스피노자가 데카르트의 영향을 가장 많이 받았고, 데카르트의 신을 범신론적으로 변화시킴으로써 이원론을 극복했다는 것이다.

가장 완전한 앎의 단계에 이르기까지

스피노자가 말하는 앎의 단계는 데카르트의 그것과 유사하지만 한층 더 엄밀하고 철저하다. 스피노자는 가장 낮은 앎의 단계로부터 가장 완전한 앎의 단계에 이르기까지 앎의 단계를 다음과 같이 세 가지로 나누었다.

- 표상과 속견 : 우리는 감각을 통해서 사물에 대한 상을 가진다. 또한 우리는 사람들 사이에서 통용되는 의견을 마치 내 생각인 양 가지는데 그것은 속견이다. 참다운 앎은 근본적인 원인이나 근거에 대한 통찰이다. 표상이나 속견은 그것과는 거리가 먼 가장 낮은 단계의 불분명한 인식이다.
- 명석판명한 관념 : 우리의 이성은 표상의 원인을 발견하는 단계에서 보다 높은 단계의 앎을 얻는다. 이 앎은 명석판명한 관념 내지 완전한 앎은 되지 못한다. 스피노자에 의하면, 헤아리고 계산하는 오성 능력은 유한하므로 오성에 의해서는 원인에 대한 완전한 인식이 불가능하다.
- 직관적 인식 : 실체에 대한 인식은 직관적 인식에서 가능하다. 스피노자는 직관적 인식을 '정신적 관조' 또는 '내면의 조명'이라고 불렀다. 직관적 인식은 우선 실체를 알며, 다음으로는 사물들의 근본적 성질인 본질을 안다. 본질이란 유(類)나 법칙을 일컫는다.

신과 인간

스피노자 철학 체계의 바탕은 신이다. 신은 실체인데, 실체는 그 자체로 존재하며 자신이 존재하기 위해 자기 자신 이외의 다른 어떤 것도 필요로 하지 않는 것이다. 스피노자에 따르면, 실체는 자연이며 자연은 곧 신이다. 따라서 그의 철학은 범신론의 색채를 가진다.

데카르트는 정신과 물체를 실체로 보고 각각의 속성을 사유와 연장이라고 했다. 그러나 스피노자에게 있어서 실체는 오직 신뿐이다. 신의 속성은 무한히 많지만 인간의 유한한 오성으로 인해서 우리는 신의 속성을 사유와 연장 두 가지로만 본다. 스피노자는 실체(신)로서의 자연을 '능산적(能産的) 자연'과 '소산적(所産的) 자연'으로 나누어 본다. 능산적 자연이란 실체의 능동적 측면으로서 실체와 속성을 말하고, 소산적 자연은 실체의 수동적 측면으로서 본질과 속성을 말한다. 예컨대 나는 자식을 낳을 수 있는 능동적 인간이면서 동시에 부모로부터 태어난 수동적 인간이다.

스피노자에 의하면 모든 속성(실체의 성질)은 동시에 존재한다. 그러므로 신체의 과정에 정신의 과정이 일치한다. 데카르트는 정신과 신체가 상호작용한다고 한 데 비해, 스피노자는 정신과 신체가 평행하다는 심신평행론을 주장했다. 예컨대 손가락이 바늘에 찔린 것과 아프다고 생각하는 것은 동시에 일어난다는 것이다. 스피노자의 심신평행론은 심리·물리적 평행론이라고도 불린다.

스피노자는 실체가 무한한 속성을 가지면서 그것이 개별 현상으로 나타난다고 보았다. 각 개별 현상은, 곧 양태이다. 양태는 그 자체에 의해서 존재하는 것이 아니고 다른 것(실체)에 있으며 다른 것을 통해서 파악되는 것인데, 스피노자는 양태를 무한 양태와 유한 양태로 구분했다. 무한 양태는 신의 무한한 정신, 신의 자기의식 등이고, 유한 양태는 모든 정신적 내지 육체적 현상들로서 식물, 돌, 산, 동물, 생각, 정서 등이다. 이들 유한 양태는 연장과 사유라는 두 가지 속성을 가진다. 예컨대 돌도 영혼을 가지지만 우리의 유한한 오성으로 인해 우리는 돌의 영혼을 알지 못하는 것이다. 스피노자는 인간도 양태로 본다. 인간은 유한한 양태이기 때문에 자유스럽지 못하고 억압된 존재이다.

자기보존의 법칙

스피노자에 의하면 인간이 무기적 자연 사물들과 다른 점은 의지와 지성을 소유하고 있다는 점이다. 그러나 무기물이나 유기물이나 인간은 모두 최상의 자연법칙에 따르는데, 자연법칙은 바로 자기보존의 법칙이다. 스피노자는 "모든 사태는 자기 안에 존재하는 한에 있어서 자신의 존재 안에서 지속하고자 한다"고 말함으로써 자기보존의 법칙을 정의했다.

자기보존을 위한 의지는 맹목적인 욕구이다. 무기적 자연 사물들은 맹목적 욕구에 따라서 단순히 자기를 보존한다. 그러나 동식물이나 인간 등 유기체들은 성장과 발전을 이행하면서 자기보존의 욕구를 가진다. 유기체들의 자기보존은 완성에 대응한다. 자기보존의 욕구 내지 충동은 인간에게 있어서 신체와 아울러 정신에도 관계한다. 정신에 관계하는 자기보존의 욕구는 내면적 의지이며 긍정하거나 부정하는 능력이기 때문에, 스피노자에게 있어서 의지와 지성은 서로 다른 것이 아니다.

스피노자의 정서에 대한 이론은 그의 가치론(윤리학)의 근본이 되므로 여기에서 간략히 살펴볼 필요가 있다. 가장 근본적인 정서는 자기보존의 욕구이다. 이 욕구가 성공할 경우 쾌감의 정서가 생기며 실패할 경우 불쾌의 정서가 생긴다. 스피노자는 정서와 감정을 동일하다고 보았다. 자기보존의 욕구는 결과로서 쾌와 불쾌로 나타나기 때문에 자기보존의 욕구와 쾌 그리고 불쾌는 근원적인 세 가지 정서이다. 조금 더 상세히 말하자면, 쾌는 마음을 보다 더 완전함으로 인도하는 반면에 불쾌는 마음을 보다 덜 완전한 것으로 인도한다.

스피노자에 의하면, 사랑이나 증오를 비롯해 여러 가지 다양한 감정은 이들 세 가지 근원적 정서로부터 도출되었다. 스피노자는 또한 선이나 악과 같은 가치에 대한 판단은 욕구로부터 출발하는 것이기 때문에, 그 자체로 원래부터 선한 것이나 악한 것이란 있을 수 없다고 말했다. 따라서 만일 신체가 쾌락에 의해 삶의 힘을 많이 얻으면 쾌락은 신체에 있어 선한 것이다. 마찬가지로 만일 정신이 쾌락에 의해서 자신의 본성에 도달한다면 쾌락은 정신에 있어 선한 것이다. 정신에 있어서 최고의 선은 궁극적 원인에 대한 앎, 다시 말해서 신에 대한 인식이다.

자기보존을 실천하기 위한 핵심, 관용과 관대함

홉스는 "인간은 인간에 대해 늑대"라고 말했다. 스피노자는 홉스와 마찬가지로 자연 상태의 인간은 야만적이며 서로 투쟁한다고 말했다. 그러나 스피노자는 홉스와 달리 인간의 본성을 투쟁적으로 보지 않고, 인간의 본성이란 진리를 인식하려고 하는 경향을 가졌다고 보았다. 스피노자에 의하면, 사람들이 참답게 인식하면 할수록 인간은 본성에 어울리게 되어 사랑과 우정이 확고해지며 "인간은 인간에 대해 신"의 상태가 성립될 수 있다.

스피노자의 윤리학은 현실의 생활을 중시하며 인간의 본성을 바탕으로 전개된다. 그의 윤리학은 자연법칙, 다시 말해서 '자기보존의 법칙'을 목표로 삼는다. 우리는 옳게 인식할 때 자기보존을 제대로 강화할 수 있는 반면에, 옳게 인식하지 못할 경우에는 오히려 자기보존을 약화시킨다. 스피노자에 의하면 앎·진리·행복·자유·덕 등은 자기보존을 강화하며, 오류·무력·비참함 등은 자기파괴를 촉진한다.

스피노자는 최고의 선은 최고의 인식이며 최고의 쾌락이라고 말했다. 우리가 궁극적인 원인으로서의 신을 알면 우리는 최고의 쾌락을 느끼며, 이 쾌락의 감정은 '신에 대한 정신적 사랑'이다. 이 최고의 쾌락은 따라서 우리가 가질 수 있는 최고의 덕에 해당한다. 자기보존의 욕구를 가장 적절하게 실행하는 두 가지 기본적인 덕은 관용과 관대함이다. 관용은 인간 자신을 보존하는 강한 의지인 데 비해, 관대함은 사회를 보존하는 의지이다. 공정·순결·침착 등은 관용에 속하며, 솔직함·정의·박애·인류애 등은 관대함에 속한다.

우주와 인간의 균형과 조화를 위하여
라이프니츠

세계를 구성하는 가장 근본적인, 더 이상 분할될 수 없는 요소는 개별적 의식, 곧 단자이다. 단자는 활동하는 실체이다. 라이프니츠는 세계를 단자의 체계로 보았다.

고트프리트 빌헬름 라이프니츠(1646~1716)는 뉴턴과 거의 동시에 미적분학을 창안했으며, 보편적이고 박식한 정신을 소유한 철학자로서 당대의 이론과 실천 및 앞선 시대의 사상들을 종합해 거대한 철학 체계를 구성하려고 노력했다. 그는 파리 체류 시절에 철학적 업적을 많이 이루었다. 오랜 기간 외교관으로 일했는데, 베를린과 빈 등의 학술원 설립에도 기여했다. 말년에는 하노버에서 여생을 보냈으나 고독한 삶을 영위하다가 참석자도 몇 안 되는 쓸쓸한 장례식 속에 인생의 막을 내렸다.

라이프니츠에 의하면 세계를 구성하는 가장 근본적인, 더 이상 분할될 수 없는 요소는 개별적 의식, 곧 '단자(單子: monas)'이다. 그는 단자를 '실체'라고 부르는데, 단자는 활동하는 실체이다. 따라서 라이프니츠에 있어서는 물질이 부정된다. 왜냐하면 물질을 분할하다 보면 결국 분할 불가능한 요소가 남는데, 이것은 정신적인 것이기 때문이다. 정신적인 단자를 일컬어 그는 '형이상학적 점'이라고 했다.

단자의 체계

라이프니츠는 세계를 단자의 체계로 보았다. 단자는 원자와 비슷한 것으로 생각될 수 있지만 물질적이거나 공간적인 점이 아니고 정신적인 점 또는 에너지로서, 각각의 단자는 직접적으로 전혀 상관이 없다. 왜냐하면 각 단자는 모두 가능적으로 표상하는 능력을 똑같이 가지고 있기 때문이다. 단자는 표상하는 종류에 따라서 다섯 가지로 구분된다.

무기적 자연[무기물]의 단자는 가장 낮은 단자로서 거의 의식을 가지고 있지 않다. 다음으로 하등의 유기체의 단자는 고유한 의식을 아직 가지지 못한다. 세 번째의 단자는 동물 유기체의 것으로 연관성 있는 표상을 진행시킨다. 다음으로 인간의 단자는 논리적 결합과 자기의식을 전개시킨다. 마지막으로 다섯 번째의 단자는 '단자들 중의 단자'인데 그것은 전체 우주를 명확하게 통찰하며 최고의 힘을 발휘하는 신이다.

라이프니츠는 신이 단자를 창조하고 능력을 부여함으로써 조화로운 세계를 만들었다고 생각했다. 그는 이 세계는 있을 수 있는 모든 세계들 중에서 신이 창조한 가장 조화로운 세계라고 말했다. 신이 창조한 각각의 단자는 조화로운 우주를 반영하는 소우주와 마찬가지이다. 그는 인간의 영혼은 원래부터 신에 의해서 외부 물질에 어울리게 창조되었다고 말함으로써 정신과 물질의 관계는 서로 대응하게 '예정조화'에 의해서 결정되었다고 말했다. 그래서 라이프니츠의 심신 관계에 관한 이론은 '예정조화설'로 일컬어진다.

라이프니츠에 의하면, 이 우주는 가장 완전한 단자인 신이 창조한 가장 조화로운 것이기 때문에 모든 현상은 법칙에 알맞게 진행된다. 따라서 우리가 참다운 앎에 이르기 위해서는 동일률, 모순율 그리고 충족이유율(어떤 사물이 있는 것은 충분한 근거가 있기 때문이다)을 따라야 한다. 그러나 우리는 경험적인 감각 지각을 통해서는 어둡고 복잡한 표상만 얻을 수 있다. 우리는 논리적 분석에 의해서만 명석판명한 관념을 소유할 수 있다.

라이프니츠는 우리의 앎을 경험적 인식과 이성적 인식으로 구분했다. 이성 인식은 논리 법칙, 곧 모순율을 바탕 삼아 성립하는 영원한 진리이며, 수학적 내지 형이상학적 앎이 대표적인 영원한 진리이다. 라이프니츠는 수학의 정리나 공리 등은 영원불변하는 것이라고 믿었고 단자들, 그리고 신의 존재나 활동 역시 영원불변하는 것이라고 생각했다. 그렇다면 경험 사실은 어떤 성질의 것일까. 경험 사실은 논리적 필연성을 가지지 않기 때문에 영원한 진리가 될 수 없다. 경험 사실은 충족이유율을 바탕으로 삼는 사실 인식의 대상이다.

라이프니츠에 의하면 이 세상의 어떤 경험 사실도 제멋대로 우연적으로 알려지는 것이 아니라 충분한 근거를 바탕으로 인식된다. 즉 모든 현상은 원인을 가지며, 그 원인을 인식할 때 우리는 경험 사실을 제대로 알게 된다.

자연에 관한 앎은 사실 인식이다. 우리는 감각경험에 의해서 자연현상을 인식한다. 영원불변하는 논리 법칙이나 형이상학은 영원한 진리이므로 우리는 그것을 이성에 의해 인식한다. 자연의 사물들은 어디까지나 경험에 의해서 알려지는 사실의 진리들에만 관계하기 때문에 단지 현상에 불과하다. 그렇다면 사물들을 있게 하는 것은 도대체 무엇인가. 라이프니츠는 물체들은 단자의 복합체라고 말했다. 여기에서 우리는 감각 인식은 참다운 앎이 되지 못하므로 감각 인식으로부터 이성 인식으로 옮아가야만 참다운 앎이 이루어질 수 있다는 것을 알 수 있다.

자연 세계의 현상은 제멋대로 진행되는 것처럼 보이지만 현상의 물체들은 단자의 복합체이므로 결국 법칙에 맞게 구성되어 있다. 자연현상은 합법칙성에 따라서 움직이므로 그것은 결국 합목적적으로 진행된다고 할 수 있다. 앞에서 라이프니츠가 실체를 단자들로 보았으며 단자들의 단자를 신으로 생각하는 것을 살펴보았다. 그렇다면 모든 자연현상들의 목적은 단자들이고, 또 단자들의 목적은 신이다. 결국 자연의 모든 사물들은 신을 목적으로 삼기 때문에 자연현상은 합목적성을 소유한다.

최고의 덕, 지혜와 사랑

자연의 모든 대상들 중에서 목적을 향해 나아가는 활동은 유기체에서 특히 활발하다. 돌이나 흙과 같은 무기물의 단자보다 식물, 동물 또는 인간 같은 유기체의 단자가 보다 조화로운 목적을 갖는 활동을 나타내기 때문이다.

인간을 형성하는 단자들 중에서 가장 탁월한 힘을 지닌 단자는 영혼이다. 단자들은 모두 실체이므로 불변하고 영혼의 단자 또한 불변한다. 그런데 삶과 죽음은 어떻게 설명될 수 있는가. 라이프니츠에 의하면, 단자들이 결합되면 삶이 성립하고 단자들이 분리되면 죽음이 성립한다.

라이프니츠의 인식론과 형이상학의 기초가 단자인 것과 마찬가지로, 그의 윤리학(가치론)의 기초 역시 단자론이다. 인격의 완성에 대한 추구는 자연적 삶과 정신적 삶을 일치시키고자 한다. 왜냐하면 영혼의 단자는 본래부터 보편적 조화를 추구하기 때문이다. 라이프니츠는 인격의 조화 내지 인격의 완성을 윤리적 가치의 절정으로 보았다. 인격을 완성시키려는 우리의 충동은 삶을 고양시킴으로써 쾌감을 얻고자 한다. 삶을 고양시키는 것은 정신과 신체를 일치시키는 것이다. 결국 지혜와 사랑에 의해서 인격의 완성이 이루어질 수 있다. 그래서 라이프니츠는 지혜와 사랑을 일컬어 최고의 덕이라고 불렀다.

라이프니츠는 균형과 조화에 의해서 우주와 인간을 설명하고자 했다. 무엇보다도 그는 정신적 점(또는 에너지)으로서의 단자를 실체라고 하여 근세의 관념론 철학을 대표한다. 특히 라이프니츠는 모든 언어를 기호화하여 이상적인 학문의 체계를 수립할 수 있다고 암시함으로써 현대 기호논리학의 선구가 되기도 했다.

제5부

칸트와 독일관념론 철학

16~18세기, 몽테뉴로부터 콩디야크에 이르기까지 프랑스에서는 다양한 성격의 계몽철학들이 발전했다. 그 경향으로는 몽테뉴와 벨이 대변하는 철학적 계몽주의, 몽테스키외와 볼테르가 대변하는 정치적·역사적 계몽주의, 라 메트리·엘베시우스·콩디야크·돌바크가 대변하는 심리학적·자연철학적 계몽주의 등이 있다.

  독일의 계몽철학을 대표하는 칸트와 아울러 피히테·셸링·헤겔 등의 관념론 철학이 등장하기까지는 영국경험론, 대륙합리론 그리고 프랑스 계몽철학이 일군 성과들이 거름으로 두텁게 쌓여 있었다. 이러한 맥락에서 프랑스 계몽철학의 특징을 간단히 살펴보기로 하자.

철학적 계몽주의

  전통적인 교리나 학설을 배격하고 오성(분별하고 계산하는 능력)

의 본유적이며 불변하는 성격을 알려고 한다. 또한 철학적 계몽주의는 비판적 학문 태도를 견지한다. 몽테뉴는 "나는 무엇을 아는가?"라는 물음을 던짐으로써 오성의 잘못된 사용을 버리고 오류를 범하지 않고자 했다. 벨은 쓸모없는 의심과 독단을 버리고 오로지 이성에 주어진 윤리 법칙만을 명백한 것으로 인정했다.

정치적·역사적 계몽주의

이성의 법칙에 따라 정치 생활이 이루어지도록 인간을 계몽함과 동시에, 이성과 비이성의 갈등이 역사에서 어떻게 전개되는지를 제시하고자 했다.

몽테스키외는 참다운 현실의 정치 상태를 지배권력으로부터가 아닌 인간이 처한 모든 상황과 조건으로부터 이해하려고 했다. 그래서 그는 가장 적합한 국가형태를 입법권, 행정권, 사법권이 분리된 국가로 보았다. 몽테스키외는 오늘날의 국가형태의 창시자이다. 그는 세 가지 권력 가운데서 이성의 표현인 사법권을 가장 중요한 국가의 권력으로 보았다.

볼테르는 역사철학적 입장에서 역사를 문화사로 정의했다. 왜냐하면 역사의 원인은 초월적인 형이상학의 원리가 아니라 인간의 정신과 관습이기 때문이다. 그는 초월적 독단을 거부해 염세적 기질을 보이면서도 문화의 진보를 희망한 계몽주의자이다. 루소는 "자연으로 돌아가라"는 가치 아래 관념론과 유물론을 배격하고 둘의 조화를 꾀했다.

루소는 인간의 본성은 원래 선하다는 성선설의 입장에서 이론과 실천 그리고 교육과 정치에 있어서 모든 인간들이 '자신의 본성으로' 돌아감으로써 사회의 자유가 실현될 수 있다고 보았다. 이렇게 될 수 있는 것은 모든 사람들이 최선을 추구할 수 있게 해주는 '보편의지'가 있기 때문이다.

심리학적·자연철학적 계몽주의

이 경향은 다른 경향의 계몽주의보다 더 철저하게 초월적인 형이상학과 종교를 부인함으로써 이론을 정립한다. 라 메트리는 『기계인간』과 『식물 인간』이라는 두 저서에서 인간의 정신 기능을 기계적인 자동 현상으로 설명했다. 엘베시우스, 콩디야크, 돌바크 등은 유물론 및 기계론의 사상을 대변하며 감각주의의 입장에서 세계의 모든 것들이 물질적으로 결정되어 있다고 보았다. 이 경향은 프랑스 계몽철학에서 유물론을 극단적으로 발전시킨 것으로 볼 수 있다.

영국경험론, 대륙합리론 그리고 프랑스의 계몽철학은 칸트철학과 독일관념론에 지대한 영향을 미쳤다. 영국경험론은 모든 것을 의심하고 비판적 입장에서 사물을 바라볼 것을 가르쳤고, 대륙합리론은 정확한 이성 추리와 연역에 의해서 명석판명한 관념을 획득할 것을 가르쳤다. 그런가 하면 프랑스의 계몽철학은 오성 내지 이성의 본유적인 성격에 충실할 것을 가르쳤다. 칸트는 앞선 시대의 여러 철학 경향들을 비판적으로 종합하고 통일함으로써 자신의 고유하고 거대한 비판철학의 체계를 완성했다.

서양철학사를 대략적으로 훑어보면 몇 개의 거대한 호수를 만날 수 있다. 플라톤, 아리스토텔레스, 칸트, 헤겔 등이 그들이다. 이들로부터 크고 작은 물줄기들이 뻗어 나오고 이 물줄기들은 다시 커다란 호수로 몰려든다. 칸트는 웅대한 형이상학의 체계를 구축하기 위해서 영국경험론, 대륙합리론 그리고 프랑스의 계몽철학을 비판적 입장에서 수용해 인식론, 윤리학, 미학의 영역에서 치밀하게 비판체계를 형성했다. 그는 『순수이성 비판』 『실천이성 비판』 『판단력 비판』을 저술함으로써 철학함의 독자성을 확보했다.

독일관념론 철학은 칸트철학의 문제점을 시정하고 보충하면서 피히테와 셸링을 거쳐 헤겔에 이르러 대단원의 막을 내린다. 칸트는 우리가 알 수 있는 것을 현상이라고 부르고 현상의 배후에 근본적으로 자리 잡고 있는 것은 알 수 없고 단지 생각할 수 있을 뿐이라고 해서 그것을 '물자체(物自體)'라고 했다. 피히테는 이론적으로 알 수 있는 현상보다 실천적으로 행할 수 있는 물자체를 기본적인 것으로 보아 칸트의 체계를 비판하고 수정함으로써 독일관념론 철학의 문을 열어놓았다. 셸링은 피히테를 비판해 동일철학을, 그리고 헤겔은 다시 피히테와 셸링을 비판함으로써 절대적 관념론의 체계를 확립했다.

"우리는 무엇을 알 수 있는가, 우리는 무엇을
할 수 있는가, 우리는 무엇을 원해도 좋은가,
……인간이간 무엇인가?" — 칸트

12장
칸트철학의 이론과 발전

우리의 마음이
자연에 법칙을 부여한다

영국경험론과 대륙합리론, 프랑스 계몽철학의 통합
칸트의 비판철학

칸트는 거대한 철학 체계를 구축하면서
인간과 세계의 의미를 물음으로써
종래의 모든 형이상학을 비판하고
미래의 형이상학을 정립하고자 했다.

이마누엘 칸트(1724~1804)는 서양철학사에서 플라톤, 아리스토텔레스, 아우구스티누스, 아퀴나스 등에 비교될 만큼 탁월한 철학자이다. 그는 영국경험론과 대륙합리론 그리고 프랑스의 계몽철학을 종합, 통일해 독자적인 철학을 구성한 커다란 철학의 호수이자 거봉이다. 그의 철학은 다른 위대한 철학자들의 사상과 마찬가지로 오늘날까지 지대한 영향을 끼치고 있다.

쾨니히스베르크 출신인 칸트는 기독교 경건주의 신자인 부모에게서 태어나 엄한 종교적 분위기 속에서 성장했다. 그의 아버지는 마구 제작자였다. 칸트는 고등학교 시절에 로마 고전에 관심을 보였으며, 쾨니히스베르크 대학 시절에는 물리학, 수학, 철학, 신학 등을 공부했다. 대학 졸업 후에는 쾨니히스베르크 근처에서 오랜 기간 가정교사 노릇을 하면서 철학 연구에 몰두했다. 1755년에 보수 없이 대학에서 강의하는 사강사(私講師, Privatdozent)가 되어 수학, 논리학, 형이상학, 윤리학, 인류학, 자연신학 등 다방면에 걸쳐서 강의하면서 자신의 철학을 다지기 시작했다. 그는 사강사를 하면서 왕립 도서관의 보조 사서로 일하기도 했다. 1770년 칸트는 쾨니히스베르크 대학의 교수가 되어 논리학과 형이상학을 담당하다가 1797년에 은퇴했다. 그는 수많은 철학 저술을 남겼다. 『순수이성 비판』 『실천이성 비판』 『판단력 비판』 등 세 비판서는 칸트철학의 체계를 구성하는 가장 중요한 저서들이다.

칸트철학의 특징

칸트는 『논리학』에서 '우리는 무엇을 알 수 있는가', '우리는 무엇을 할 수 있는가', '우리는 무엇을 원해도 좋은가', '인간이란 무엇인가' 등 네 가지 물음을 던졌는데, 앞의 세 물음들을 종합한 물음이 네 번째인 '인간이란 무엇인가'이다. 칸트는 거대한 철학 체계를 구축하면서 인간과 세계의 의미를 물음으로써 종래의 모든 형이상학을 비판하고 미래의 형이상학을 정립하고자 했다. 그러므로 그는 『순수이성 비판』을 쓴 후 그것에 대한 해설판을 저술하면서 제목을 『학문으로 등장할 수 있는 미래의 모든 형이상학에 대한 서설』이라고 지었다.

칸트는 생활이나 학문에 있어서 철두철미한 성격을 가지고 있었다. 그는 친구의 말을 빌렸다가 말이 길을 잘못 들어 쾨니히스베르크를 벗어나 하룻밤 지낸 것 외에는 거의 그곳을 떠난 적이 없었다. 매일 10시에 취침하고 아침 7시에 기상해 8시에 동네를 산책했다. 하루는 루소의 『에밀』을 읽느라 8시가 지나서 산책을 나가자 동네 사람들이 시계가 틀린 줄 알고 시곗바늘을 돌려놓았다는 일화가 있다. 생활의 철저함과 마찬가지로 학문의 철저함을 수행하고자 한 칸트는 프랑스 계몽철학(특히 루소)의 자유정신을 가지고 영국경험론과 대륙합리론을 종합해 인식, 가치 및 예술의 철저한 바탕과 체계를 구축함으로써 인간과 세계의 의미를 밝히려고 했다.

칸트는 합리론자들에게 동의하며 수학이나 물리학의 기초에 관한 보편적·필연적 지식은 존재하지만, 우주론과 신학 및 심리학을 포함하는 사변적 내지 합리적 형이상학은 있을 수 없다고 주장했다. 또한 그는 경험론자들에 동의해 우리는 경험하는 것만을 알 수 있으며 감각은 인식의 재료를 제공해 준다고 믿었다. 그러나 경험적 재료와 이성적 법칙에 의해서 성립하는 우리의 인식은 제한된 형상에 관한 것이고 사물 자체에 관한 것은 아니다. 한 그루의 소나무가 있다고 하자. 우리는 제한된 감각과 오성이 알려주는 현상으로서 '한 그루 소나무'를 인식한다. 하지만 소나무 자체는 물자체로 남아 있다. '제 눈의 안경'이라는 말이 있다. 사람은 누구나 자신의 제한된 견해에 따라서 사물을 평가하기 마련이다.

그렇지만 칸트는 경험 사실이 아닌 물자체가 존재한다고 생각했다. 우리는 경험 사실을 인식할 수 있어도 물자체는 인식할 수 없고 단지 생각할 수 있다는 것이 칸트의 주장이다. 예컨대 시간과 공간의 한계를 초월하는 신, 자유, 영혼 불멸 등은 인식할 수 없지만 생각할 수 있는 대상들이다.

칸트는 『형이상학 서설』에서 '순수 수학은 어떻게 가능한가', '순수 자연과학은 어떻게 가능한가', '형이상학 일반은 어떻게 가능한가', '학문으로서의 형이상학은 어떻게 가능한가' 등 네 가지 물음을 던졌다. 이 네 가지 물음에 대한 답은 『순수이성 비판』에서 해명된다. 칸트는 인간 영혼의 능력을 사유, 의욕, 느낌 등 세 가지로 구분했는데, 각 능력에 따라서 인식의 철학, 욕구의 철학 및 느낌의 철학이 가능하다. 이들 각각에 해당하는 저서가 『순수이성 비판』『실천이성 비판』『판단력 비판』이다.

칸트에 의하면 인식의 한계 때문에 이론(이성)은 결국 실천(이성)으로 넘어가지 않으면 안 된다. 이론이성은 자연법칙을, 그리고 실천이성은 자유의 이념을 취급한다. 그런데 아름다움이나 숭고함은 자연법칙의 영역에도, 그렇다고 자유의 영역에도 속하지 않는다. 아름다움과 숭고함은 쾌와 불쾌의 영역에 속하는 것으로서 미적 내지 반성적 판단력의 대상이다. 이러한 맥락에서 칸트의 철학은 『순수이성 비판』『실천이성 비판』및 『판단력 비판』의 체계를 가진다.

『순수이성 비판』에 대하여

가. 인식이란 무엇인가

칸트는 『순수이성 비판』에서 도대체 인식이란 무엇이고 어떻게 성립하며, 인식의 타당성은 어떤 것이고, 인식의 한계는 어떤 것인가 등의 물음에 대해서 답을 제시하고자 했다. 인식은 곧 판단이다. 그렇다면 판단이 무엇인지 밝혀질 경우 인식의 성격은 자연적으로 밝혀질 것이다. 판단은 주어와 술어의 결합에 의해서 성립한다. 칸트는 주어와 술어의 관계에 따라서 판단을 분석판단과 종합판단 두 가지로 구분했다.

"모든 물체는 연장적이다"라고 하는 판단에 있어서 '연장', 곧 길이, 넓이, 부피 등의 개념에는 이미 물체의 개념이 포함되어 있으므로 '연장적이다'라는 술어는 '물체'라는 주어에 아무런 새로운 내용을 첨가하지 않고 단지 물체라는 주어를 설명하기만 한다. 칸트는 이러한 형태의 판단을 분석판단이라고 말했다. 분석판단은 설명 판단으로서 술어가 주어에 전혀 새로운 내용을 첨가하지 않고 단지 주어를 설명하기만 하는 판단이다.

"모든 물체는 무게를 가진다"는 판단에 있어서 '무게'의 개념은 물체의 개념을 포함하지 않으므로 '무게를 가진다'는 술어는 '물체'라는 주어에 새로운 내용을 첨가한다. 종합판단은 주어 개념에 새로운 술어 개념을 첨가하는 판단이다. 칸트는 대부분의 종합판단은 후천적(경험적)인 것이지만, 경험으로부터 생기지 않는 선천적 종합판단이 분명히 있으며, 이것에 의해서 비로소 보편적이며 필연적인 인식이 가능하다고 보았다.

"두 점 사이의 가장 짧은 거리는 직선이다"에서 '직선'은 성질을 나타내는 선천적 개념이며 '짧은'은 양의 선천적 개념으로서 직선은 '가장 짧은 거리' 안에 포함되어 있지 않지만 위의 판단은 선천적으로 형성되어 있다. 칸트는 "일어나는 모든 사건은 원인을 가진다"와 같은 판단 역시 선천적 종합판단에 속한다고 말했다.

칸트의 말대로라면 판단은 '① 후천적 분석판단, ② 후천적 종합판단, ③ 선천적 분석판단, ④ 선천적 종합판단'으로 구분될 수 있다. 그러나 분석판단을 동의어 반복이라고 할 경우 후천적 분석판단은 불가능하다. '후천적'이라는 말은 '감각경험에 의한'과 동일한 의미이기 때문이다. 그렇다면 후천적 종합판단, 선천적 분석판단,

선천적 종합판단 세 가지가 남는데, 선천적 분석판단은 자명한 것이고 후천적 종합판단은 대부분의 경험 판단이므로 칸트의 탐구 대상에서 제외된다. 그러므로 남는 것은 오직 선천적 종합판단이다. 즉 감각경험에 의존하지 않으면서도 주어에 새로운 내용을 첨가하는 판단이야말로 칸트에 의하면 보편적·필연적 인식일 것이다.

후천적 판단은 경험을 근거로 삼는 데 반해, 선천적 종합판단은 가능한 대상의 형식과 관계를 표현하기 때문에 엄밀한 보편타당성과 필연성을 소유한다. 선천적 종합판단은 인식능력의 본성에 근거를 가지고 있기 때문에 선천적 종합판단을 철저히 탐구할 경우 인식능력의 본성도 자연적으로 드러난다. 따라서 칸트는 "모든 인식은 경험과 함께 시작되지만, 우리의 모든 인식이 경험으로부터 생기지는 않는다"고 말함으로써 인식능력의 본성이 경험에 의존하지 않고 선천적이라는 것을 설명했다.

칸트가 '선천적'이라고 말할 때 그것은 감각의 불변하는 형식, 곧 공간과 시간의 직관 형식 그리고 오성(계산하고 분별하는 능력)의 형식, 곧 범주의 성격을 일컫는다. 칸트는 수동적인 직관 형식과 자발적(능동적)인 오성형식에 의해서 개념의 인식이 성립한다고 보았다. 이러한 인식은 선천적 종합판단이다. 칸트의 인식론은 매우 복잡하고 난해한 것 같지만, 차근차근 추적하면 이해하기 어렵지 않다.

나. 선험적 감성론

『순수이성 비판』은 크게 두 부분으로 구분된다. 제1부는 '선험적 감성론'이다. 여기서 칸트는 감성(감각 성질)의 선천적 내용, 곧 선천적인 공간 직관과 시간 직관의 능력을 취급했다. 제2부는 '선험적 논리학'으로, 제1절 '선험적 분석론'에서 칸트는 오성의 선천적 내용, 곧 범주들의 능력을 다루었다. 제2절 '선험적 변증론'에서 칸트는 합리적 심리학, 합리적 우주론, 합리적 신학의 근거가 타당성을 가질 수 없다는 것을 밝히고자 했다.

'선험적 감성론'의 물음은 순수 수학이 어떻게 가능한가에 모아진다. 어떤 대상을 인식할 때 우리는 경험적 직관에 의존한다. 우리는 키가 몇 미터이며, 조금씩 흔들리고 있는 '한 그루의 소나무'를 안다. 이 경우 우리가 완전히 감각에만 의존한다면 '소나무'를 확실히 인식한다는 것은 불가능할 것이다. 감각의 성질에는 불변하는 선천적 요소 내지 형식들이 있는데, 그것은 크기와 움직임의 틀 또는 그물과도 같은 공간과 시간이다. 공간과 시간은 수동적인 그물로서 대상을 받아들임으로써 '5미터 크기의 바람에 조금씩 흔들리는 한 그루의 소나무'에 대한 상을 만들어낸다.

공간에 대해서는 과거부터 많은 논의가 있었다. 우리가 경험하는 공간은 외부 세계에 실재한다는 이론이 있는가 하면, 칸트처럼 공간은 인간의 내면에 있는 감성의 직관 형식이라는 주장이 있다. 아리스토텔레스에 의하면 공간은 우연이며 사물의 성질이지만, 데카르트에 의하면 공간은 물질이며 실재적인 어떤 것이다. 라이프니츠에 의하면 공간이란 존재하지 않고 단지 사물의 질서에 불과하다. 그러나 칸트는 이들 견해에 반대하여, 공간을 감성의 직관 형식, 곧 인간 내면에 있는 틀 내지 그물로 파악했다. 말하자면 공간은 의식의 한 요소이다. 무엇을 감각으로 알 때, 곧 대상을 지각할 때 공간은 그 지각이 성립하는 조건이 된다.

칸트는 공간과 시간을 순수직관이라고 말했다. 우선 공간과 시간은 외부로부터 성립하는 표상(겉으로 나타난 사물의 형태)이 아니다. '한 그루 소나무'의 표상이 성립하기 위한 기본 조건으로서 이미 공간과 시간이 있어야 하기 때문이다. 또한 공간과 시간은 개념도 아니다. 개념은 논증적 사유에 의해 성립하는 데 비해, 공간과 시간은 우리에게 직접 주어진 순수한 직관 형식이다. 공간과 시간은 우리 영혼의 내면에 선천적으로 있는 주관적 직관 형식이다.

조금 더 구체적으로 말하자면, 공간은 외적 감각의 형식이고 시간은 내적 감각의 형식이다. 공간과 시간 두 가지 모두 우리 마음의 주관적 형식(틀이나 그물)이긴 하지만, 공간은 외적 지각(감각으로 아는 것)의 질서를 만들어준다. 즉 '한 그루의 소나무'의 크기를 틀로 잡는다. 그런가 하면 시간은 앎의 내면적 과정의 진행, 곧 운동을 틀로 잡는다. 즉 '한 그루 소나무'의 흔들림을 내면적 과정에 의해서 틀로 잡는다. 외적인 것은 내적인 것에 속하므로 결국 공간 형식은 시간 형식에 포함되는 것으로 이해할 수 있다.

칸트에 의하면 공간과 시간의 기능과 근원은 관념적(주관적)이고 동시에 경험에 의존하지 않기 때문에, 다시 말해서 가장 근원적인 틀이기 때문에 그것들은 '선험적 관념성'을 가진다. 그런가 하면 또 한편으로 공간과 시간은 처음부터 경험과 얽혀 있기 때문에 '경험적 실재성'을 소유한다. 이와 같은 점을 보면 칸트가 경험론과 합리론을 치밀하게 탐구하고 두 가지를 종합, 통일했다는 것을 알 수 있다.

다. 선험적 논리학
① 선험적 분석론

『순수이성 비판』의 제1부는 '선험적 감성론'으로, '순수 수학은 어떻게 가능한가'라는 물음을 제기함으로써 수학의 가장 근원적인 요소가 선천적인 공간과 시간이라는 직관 형식임을 밝혔다. 제2부 '선험적 논리학'의 제1절 '선험적 분석론'에서는 오성의 선천적 내용을 다루고, 제2절 '선험적 변증론'에서는 합리적 심리학·우주론·신학의 근거가 타당치 못함을 밝혔다. 칸트에 의하면 공간과 시간은 우리의 수동적이며 주관적인 틀로서 대상을 받아들여 상을 만들며, 이 상은 표상이라고 일컬어진다. 예컨대 우리가 '한 그루의 소나무'를 보는 순간에는 그것에 대한 인식이 즉시 성립하는 것이 아니라 소나무의 꼴만 생긴다. 왜냐하면 공간과 시간의 틀이 소나무의 형태만 그림으로 붙잡기 때문이다. 오성이 자발적으로 표상을 재구성할 때 비로소 우리는 '한 그루의 늙은 소나무'라는 개념을 만들고 이렇게 해서 소나무에 대한 인식이 완성된다.

소나무의 직접적 표상은 희미하며 잡다하기 때문에 이것들을 통일하는 어떤 것이 있어야 하는데, 칸트는 그것을 일컬어 '순수 자아' 또는 '자기의식의 형식적 통일' 또는 '선험적 통각'이라고 불렀다. 선험적 통각이란 근원적으로 모든 지각이나 표상들을 통일하는 인식능력을 뜻한다. 선험적 통각은 형태나 색깔 등을 종합함으로써 대상을 구성한다. 그렇기 때문에 칸트는 자연현상을 인식주관의 산물이라고 불렀다. 그렇다면 칸트에게 있어서 앎(인식)은 크게 두 가지 과정에 의해서 성립한다. 우선 공간과 시간이라는 직관 형식에 의해서 대상은 지각되어 표상으로 나타난다. 다음으로 다양한 표상은 오성 범주의 선험적 통각에 의해서 '한 그루의 늙은 소나무'라는 명확한 개념으로 형성된다.

칸트는 우리의 자발적인 사유형식을 오성 개념 또는 범주라고 불렀다. 이것은 우리에게 선천적으로 있는 것으로서 '소나무'라는 표상(그림)을 '한 그루의 참다운 소나무'라고 명확하게 개념으로 만드는 역할을 한다.

우리의 오성은 양, 질, 관계, 양태에 따라서 다음과 같은 12가지 범주를 가지고 있다. 양의 범주(단일성·다수성·전체성), 질의 범주(실재·부정·제한), 관계의 범주(실체성·인과성·상호작용), 양태의 범주(가능성·현존·필연성)가 바로 그것이다. 공간과 시간은 감성 형식으로서 대상을 수동적으로 받아들여서 상을 만든다. 오성의 범주들은 능동적으로 잡다한 표상들을 종합해 개념을 만든다. 그래서 우리는 '한 그루의 늙은 소나무'라는 개념을 형성해서 대상에 대한 인식을 얻지만, 소나무는 어디까지나 우리의 직관 형식과 오성형식(범주)에 의해서 인식된 것이므로 우리는 소나무의 현상에 관해서만 알 수 있다. 다시 말해서 공간, 시간 및 범주들을 벗어나서 초월적으로 그 자체로 있는 '소나무 자체' 내지 물자체는 알 수 없다. 그렇기 때문에 칸트는 "초월적 사물에 관해서는 아무런 지식도, 학문도 존재하지 않는다"고 말했다. 만일 우리가 공간과 시간의 감성 형식과 오성 범주를 이용해서 초월적 대상을 붙잡으려고 한다면 우리는 오류를 범할 수밖에 없다. 이러한 내용을 밝히는 것이 칸트의 '선험적 변증론'이다.

② 선험적 변증론

칸트는 '선험적 감성론'에서 공간과 시간의 직관 형식은 대상을 수동적으로 받아들임으로써 대상의 꼴(표상)을 만들기 때문에 공간과 시간에 의해서 순수 수학이 성립한다고 보았다. '선험적 분석론'

에서는 오성형식인 범주가 표상을 능동적으로 구성함으로써 개념을 만들기 때문에 범주(선천적인 오성의 형식)에 의해서 순수 자연과학이 성립한다는 것을 밝혔다. 감성 형식(공간과 시간)과 오성형식(범주)을 매미채라고 한다면, 매미채로는 기껏해야 잠자리나 나비 또는 매미 등 곤충만 잡을 수 있다. 매미채로 코끼리나 악어를 잡을 수는 없다. 매미채로 코끼리나 악어를 잡으려고 할 때에는 큰 문제가 발생한다.

'선험적 변증론'에서 칸트는 우리가 감성 형식이나 오성형식 등 인식의 선천적 형식으로 현상이 아니라 그것의 배후에 있는 초월적 대상을 파악하고자 한다면, 그것은 불가능하다는 것을 증명하려고 했다. 우리가 경험 가능한 대상을 인식할 경우 작용하는 것은 감성 형식(공간과 시간)과 오성형식(12가지 범주)이다. 그러나 경험이나 직관 형식과 전혀 상관없는 이성의 능력이 있다. 바로 추리이다. 이 추리에 의해서 소위 순수한 이성 개념이 형성된다. 칸트는 플라톤의 이데아를 생각하고 그것과 관련해서 순수이성 개념을 이념이라고 불렀다. 그것은 경험과 상관없이 추리에 의해서 얻어진다.

칸트는 이성 추리를 세 가지로 구분하고 각각의 추리에 의해서 형성되는 세 가지 이념을 제시했다.

- 정언적 추리 : "인간은 이성적 동물이다"처럼 긍정적으로 단언하는 추리이다. 이것은 불변하는 실체 개념을 기초로 삼기 때문에 궁극적으로 생각하는 주관의 통일인 영혼에 도달하며, 영혼은 심리학적 이념이다.
- 가언적 추리 : "만일 내가 생각한다면 나는 존재한다"처럼 인과

율(원인과 결과의 법칙)을 기초로 삼는 추리로서, 이것은 조건 계열의 통일인 세계의 전체성이라는 개념에 궁극적으로 도달하는데, 세계는 우주론적 이념이다.
- 선언적 추리 : 이 추리는 "나는 사람이거나 아니면 꽃이다"라는 형태를 가지며 공통성의 개념을 기초로 삼고 우리가 생각하는 모든 대상에 대한 조건들의 절대적 통일인 신 개념에 궁극적으로 도달한다. 신은 신학적 이념이다.

영혼과 세계와 신은 선험적 이념이기 때문에, 직관에 의해서도 오성에 의해서도 전혀 파악되지 않는다. 그럼에도 불구하고 직관이나 오성에 의해서 그것들을 인식하려고 했으므로 오류를 범할 수밖에 없었다는 것이 칸트의 견해이다. 우리의 인식의 한계는 직관 형식(공간과 시간)과 오성형식(범주)에 의해서 오로지 대상을 현상으로 인식하는 데 있다. 그런데 초월적 이념 또는 물자체를 직관이나 오성에 의해서 파악하려고 할 때 오류 추리가 생기거나 이율배반이 생긴다.

예컨대 "영혼은 실체이므로 영혼은 물질이 아니다"라고 추리한다면 이것은 오류 추리이다. 영혼이 실체인지 아닌지를 인식할 수 없음에도 불구하고 "영혼이 실체이다"라고 인식한 것으로 한다면 그 자체가 잘못된 것이기 때문이다. 또 "세계는 시간의 시초를 가지고 공간에 한계가 지어져 있다"고 주장할 수 있음에 반해 "세계는 하등의 시초도 없으며 아무런 공간적 한계도 없고 무한하다"고 주장할 수도 있기 때문에 '세계'를 인식한 것으로 잘못 생각하면 세계에 관해서 이율배반적 주장을 하게 된다.

그렇다면 우리가 인식할 수 없고 단지 생각할 수만 있는 영혼, 세계, 신과 같은 이념들은 우리에게 무슨 소용이 있는 것일까. 직관 형식과 오성형식은 우리의 인식을 구성하기 때문에 구성적 원리이다. 그러나 영혼 세계, 신의 이념들은 우리의 인식과 전혀 직접적인 관계가 없다. 우리가 수학 탐구에 몰두할 경우 수학 계산 자체는 수학과 상관없는 인생관이나 행동에 의해서 방향이 좌우된다. 또 예컨대 한 그루의 소나무라도 불교를 믿는 사람과 기독교를 믿는 사람은 전혀 다른 입장에서 바라본다.

그렇기 때문에 우리는 마치 영혼이 불멸하는 것처럼, 그리고 세계의 전체성이 존재하는 것처럼, 또한 마치 신이 존재하는 것처럼 행동하면서 살아간다. 영혼, 세계, 신과 같은 이념들은 결코 인식의 구성적 원리가 아니고 오직 규제적 원리이다. 직관 형식과 오성형식의 구성적 원리에 의해서 우리는 '한 마리의 개'를 정확하게 형상으로 인식한다. 그러나 영혼이 불멸한다고 믿는 사람과 영혼은 소멸한다고 믿는 사람이 '한 마리의 개'를 바라보는 방향은 다를 수밖에 없다.

『실천이성 비판』에 대하여

영혼, 세계, 신과 같은 이념들은 더 이상 인식의 대상, 곧 이론의 대상이 될 수 없고 따라서 실천의 대상일 수밖에 없다는 것이 밝혀졌다. 칸트는 『실천이성 비판』의 제1권 '순수 실천이성의 분석론'에서 의지가 어떻게 규정될 수 있는지, 어떤 규정 근거가 도덕적으로 타당한지, 그리고 의지의 자유는 무엇인지를 해명하고자 했다. 『실천이성 비판』의 제2권 '순수 실천이성의 변증론'에서 칸트는 최상의 선으로부터 생기는 영혼 불멸과 신이라는 두 가지 이념의 실재를 탐구했다. 인간은 누구나 의지를 가지고 실천적으로 행동한다. 그런데 문제는 의지가 어떤 것에 의해서, 다시 말해서 원칙에 의해서 규제된다는 것이다.

칸트는 준칙과 법칙의 두 가지 원칙을 제시하면서 그것들을 구분했다. 예컨대 나 또는 너라는 개별적 자아가 돈 훔치는 것은 옳지 않다고 판단할 때 그것은 준칙이다. 그렇지만 모든 사람들이 지키는 실천 원칙, 예컨대 "인간의 본성은 어질다"와 같은 것은 법칙으로 일컬어진다. 각 개인의 준칙은 누구나 인정하겠지만 모든 사람이 지켜야 할 실천적 내지 객관적 원칙으로서의 법칙이 과연 있는지, 있다면 어떤 것인지가 칸트의 핵심과제이다.

준칙은 주관적 원리를 기초로 삼기 때문에, 칸트에 의하면 준칙은 의지의 타율을 형성한다. 각 개인은 나름대로의 소질을 가지며, 소질에서 나온 준칙은 욕구된 외적 대상을 마련해 줌으로써 각자에게 쾌락이나 행복 같은 내면의 상태를 제공한다. 따라서 "만일 외적 대상이 제공된다면 행복하다"와 같은 가언명법이 성립되어 생기는 준칙은 보편적인 법칙이 될 수 없고 단지 주관적이다.

칸트는 준칙과 전혀 다르게 모든 외적 경험 대상에 앞서서 의지를 좌우하는 원칙이 있다고 믿었는데, 그것은 객관적 실천 원칙인 도덕법칙이다. 준칙은 외적 경험 대상이 제공될 경우 쾌락이나 행복을 얻는 제약적 원칙임에 반해, 원칙은 경험 대상과 전혀 상관없이 의지를 좌우하고 명령하는 무제약적 정언명법이다. 칸트는 무제약적 정언명법으로서의 도덕법칙을 다음과 같이 말했다. "네 의지의 준칙이 동시에 보편적 입법 원리로서 항상 타당하도록 행동하라." 칸트에 의하면 이 도덕법칙은 모든 사람들에게 작용하기 때문에 필연적이며 보편적이다. 만일 이 도덕법칙에 따라서 행동하지 않는 사람이 있다면 그는 양심의 고통을 받을 수밖에 없다.

그러나 도덕법칙은 단지 형식에 불과하다. 우리는 실천적 확실성으로서의 자유에 따라서 "그대는 할 수 있다. 왜냐하면 그대는 당연히 해야 하기 때문이다"라는 명제를 인정하게 된다. 또한 도덕법칙에 대한 존경이 없다면 도덕법칙에 따른 행동이 생길 수 없다. 도덕법칙에 대한 존경은 곧 의무감이다.

인간은 선천적인 도덕법칙에 의해 덕스러움을 소유할 수 있는 한편, 경험적인 경향에 의해서 행복을 추구한다. 덕스러움과 행복은 서로 모순되지만 '행복의 가치'에서 통일됨으로써 실천적 실재인 영혼 불멸과 신을 암시한다. 칸트는 영혼 불멸을 실천적으로 요청한다. 영혼 불멸은 인식 대상이 아니고 초월적이므로 실천적으로 요청될 수밖에 없다. 덕과 행복의 통일은 최고의 덕이지만 순간적인 현실에서 그것은 불가능하므로 무한한 과정을 통해서 영혼이 성취해야 한다. 그렇기 때문에 영혼 불멸이 필연적으로 요청된다.

영혼의 행복은 최고의 선을 전제로 삼고 또한 그것을 요청해야 한다. 더 나아가서 최고의 선은 자신의 궁극적인 원인으로서의 시초를 요청해야 하는데, 이 시초는 물리적이며 윤리적인 궁극 원인으로서의 신이다.

우리는 세계의 전체성, 영혼 불멸, 신을 인식하는 것이 아니라 확실하게 믿는다. 이들 이성은 인식의 구성적 원리이다. 하지만 실천이성은 인식의 방향을 전체적으로 좌우하는 규제적 원리이므로 그

범위는 이론이성의 범위보다 더 넓다. 그렇기 때문에 칸트는 실천이성이 이론이성(순수이성)보다 우위를 점한다고 했다. 이 말은 윤리나 도덕이 앎이나 지식보다 우위를 점한다는 것을 뜻한다.

『판단력 비판』에 대하여

가. 미적 판단력

칸트의 『순수이성 비판』은 자연법칙을, 『실천이성 비판』은 자유를 취급한다. 이론이성이 취급하는 현상은 자연의 인과법칙에 의해서 성립하는 자연임에 비해, 실천이성은 자연법칙과 상관없는 의지의 자유를 탐구한다. 이제 칸트는 자연과 자유 두 가지를 연결할 수 있는 인간의 능력을 탐구하는데, 그것은 칸트에 의하면 반성적 판단력이다.

자유는 최고선을 목적으로 삼는 것이지만 최고선을 자연에 현실적인 것으로 만들어야 하며, 또 한편으로 자연은 자유 법칙에 따라서 목적에 어울려야 한다. 그렇다면 자연에 대한 사고가 자유로 또는 자유에 대한 사고가 자연으로 이행하게 할 수 있는 통일적 근거가 반드시 있어야 한다. 그러한 통일적 근거를 칸트는 판단력에서 찾았다.

오성은 개별개념을 만들며, 이성은 보편개념을 만든다. 개별개념을 보편개념에 귀속시키기 위해서는 오성이나 이성 이외의 또 다른 능력, 곧 판단력이 필요하다. 칸트는 자연이 목적에 어울리게 형성되어 있기 때문에 자연의 합목적성은 바로 반성적 판단력을 이끌어내는 원리라고 말했다. 칸트는 반성적 판단력을 미적 판단력과 목적론적 판단력으로 구분한다.

반성적 판단력은 우리가 대상 인식에서 느끼는 쾌락에 대해 쾌와 불쾌를 경험적으로가 아니라 선천적으로 규정한다. 우선 우리는 일정한 대상을 개념으로 만들기에 앞서서 그 대상을 지각함으로써 쾌락을 느끼는데, 그것은 미적 판단력에 의해서 가능하다. 이 경우 우리가 쾌락을 느끼고 만족하는 대상은 미적이다. 미적 대상은 아름다운 것과 숭고한 것을 실현시킨다. 또한 대상의 꼴(표상)을 특정한 개념에 연결시킬 경우 우리는 쾌락을 느끼는데, 이때 쾌락의 대상은 합목적적인 것을 가진다. 이것은 목적론적 판단력에 의해서 가능하다.

아름답다는 개념은 어떻게 생기는가. 기호(Geschmack: 맛)는 아름다운 것을 판단하는 근거이다. 칸트에 의하면 기호의 판단은 구상력의 유희와 오성의 유희를 바탕으로 가진다. 칸트는 질과 양 그리고 관계에 따라서 기호가 아름다운 것을 어떻게 판단하는지를 밝힌다.

① 우선 질에 따라서 관심과 관련 없는 만족은 아름답다. 아름다움은 유쾌함이나 선과 구분된다. 유쾌함이나 선은 우리가 관심을 가지는 것이고 아름다움은 욕구나 관심이 없이도 만족 내지 쾌락을 가져다주기 때문이다.

② 우리는 양에 따라서 특정한 개념을 가지지 않고 보편적인 만족을 가져다주는 것을 아름답다고 판단한다. 아름다움은 관심과 관련 없는 만족을 가져다주기 때문에 우리는 '장미꽃이 아름답

다'고 판단하면, 다른 어떤 대상이 관심과 관련 없는 만족을 줄 경우 그것에 대해서도 동일한 것을 당연히 기대한다.
③ 아름다운 것은 목적을 염두에 두지 않더라도 관계에 따라서 형식상 합목적적인 것으로 간주된다. 예컨대 복잡한 추상화를 볼 때 어떤 목적과 연관시키지 않더라도 그것이 형식적으로 아름다움을 가져다주는 목적에 합치한다고 생각한다.
④ 개념을 가지지 않고 쾌를 가져다주는 것은 양태에 따라서 아름다운데, 그것은 개념이 아니라 감정을 통해서 규정된다.

미적 판단력은 먼저 아름다운 것을 구현하고, 다음으로 숭고한 것을 구현한다. 자연의 아름다움은 대상의 형식이라고 말할 수 있다. 그러나 우리는 형식을 가지지 않은 대상에서 숭고함을 발견한다. 꽃이나 산의 아름다움은 대상 형식과 직결되어 있다. 그러나 예수나 석가모니의 숭고함은 대상의 형식과는 관계가 없고 대상의 무제약성에서 생긴다.

아직 무엇이라고 규정되지 않은 오성 개념(자연적 대상들)을 표현하기 위한 것이 아름다움이라면 아직 규정되지 않은 이성 개념, 곧 이념을 표현하기 위한 것은 숭고함이다. 왜냐하면 자연 대상들은 제약적이고 형식적이므로 오성 개념에 해당하는 것으로서 아름다움을 나타내는 데 비해, 이념은 무제약적이고 형식을 가지지 않은 이성 개념에 해당하는 것으로서 숭고함을 나타내기 때문이다.

칸트는 숭고함을 수학적 숭고함과 역학적 숭고함으로 구분했다. 아름다움은 질에 의해서 좌우되는 데 반해, 숭고함은 양에 좌우되기 때문이다. 양이 길이나 넓이 등에서 크면 그것은 수학적 숭고함을 자아내고, 양이 힘에 있어서 크면 그것은 역학적 숭고함을 생기게 한다. 예컨대 크고 정교한 교회 건축물은 수학적 숭고함을 보여주지만, 예수상이나 불상은 힘을 내뿜기 때문에 역학적 숭고함을 나타낸다.

칸트는 아름다운 대상의 산출에 관계되는 현실에 관해서도 매우 의미심장한 주장을 전개했다. 우리가 목적에 알맞게 무엇을 형성하는 행위는 단순한 기계적 작용과 구분될 뿐만 아니라 전혀 다른 것이다. 칸트는 이 점에서 예술과 자연을 구분하는데, 예술은 작품을 구상하고 성숙시킴으로써 아름다움을 산출하는 반면, 자연은 단순히 물리적 작용만 동반한다. 자연은 어디까지나 자연으로 끝나지만, 예술은 자연이면서 동시에 자연을 승화시킨 작품을 성숙시킨다. 우리의 상상력(구상력), 오성 그리고 정신과 기호(맛 또는 취향)는 아름다운 예술에 관계되는데, 이러한 관계가 가장 뚜렷하게 드러나는 것은 바로 천재이다.

칸트의 말에 따르면 "천재는 예술에 규칙을 부여하는 재능"이며 또한 천재는 자신의 본성을 통해서 예술에 규칙을 부여하는 본유적 심정의 소질이다. 나아가서 칸트는 예술을 논하는 비평가와 예술을 창조하는 예술가를 구분하면서 아름다운 대상을 평가하는 데는 기호가 작용하고 아름다운 대상(예술 작품)을 창조하는 데는 천재성이 작용한다고 말한다.

나. 목적론적 판단력

칸트에 의하면 우리는 대상 인식에 있어서 두 가지 종류로 쾌락을 느낀다. 우선 우리는 특정 대상의 개념을 만들기에 앞서서 그 대상의 지각에 의해서 쾌락을 느낀다. 이러한 대상은 미적이며, 우리는 미적 판단력에 의해 쾌락을 느낀다고 생각한다. 다음으로 우리는 대상의 표상을 특정 개념에 연결시킬 때 쾌락을 느끼는데, 이때의 대상은 합목적적이고 우리는 목적론적 판단력에 의해서 이 대상을 판단한다.

자연 사물들은 우리가 주관적으로 판단할 때 합목적적이다. 그러나 또 한편으로 자연 사물들은 상호 관계에서 주관과 상관없이 자연 합목적성을 드러낸다. 칸트는 자연 사물들에서 외적 합목적성과 내적 합목적성이 성립한다고 말했다. 외적 합목적성은 외부적이면서 동시에 우연적이다. 예컨대 산이 있어야 한다면 흙이나 나무 또는 돌도 있어야 하는데, 흙, 나무, 돌 등은 우연적이며 외부적이다.

내면적 합목적성은 우주 전체에서 파악되는 것으로서, 특히 유기적 자연물에 내재한다. 예컨대 소는 똑같은 계획을 가진 다른 소를 산출한다. 소의 각 부분과 전체는 서로 조화를 이루며 소의 각 부분은 단순한 수단이 아니라 목적으로 작용한다. 그렇기 때문에 소는 궁극 원인 내지 궁극 목적을 전제로 존재한다. 예컨대 우리가 책을 읽는 것은 단순한 수단이 아니라 어떤 것의 목적이다. 또 우리는 정확히 알려는 목적 때문에 책을 읽으며, 좋은 직장에 취직하려는 목적을 가지고 정확히 알려고 하며, 행복하게 살기 위해서 좋은 직장에 취직하려고 하며…… 이렇게 끝까지 거슬러 올라가면 모든 유기체를 비롯해서 우주 전체는 궁극 목적을 전제로 한다는 것이 드러난다.

우리는 칸트의 철학을 일컬어 '구성 철학'이라고 부른다. 그것은 칸트가 자신의 철학의 특징이 '코페르니쿠스적 전환'에 있다고 말한 것과 맥락을 같이한다. 코페르니쿠스는 종래의 지구중심설을 뒤집고 지동설을 주장했다. 칸트는 인식에 있어서 종래의 대상 중심설을 물리치고 우리의 마음이 자연에 법칙을 부여한다고 주장함으로써 대상을 구성하려고 했다. 이와 같은 그의 태도는 자연과 자유 및 아름다움과 목적에 관한 탐구에 있어서도 일관된다. 칸트의 이러한 철학함의 자세는 그의 비판철학 전체를 통해서 분명히 드러나며 그의 비판철학은 피히테, 셸링, 헤겔의 독일관념론 철학이 탄생할 수 있는 확고한 발판을 마련했다.

절대 자아를 확립하다
피히테

세계는 자아에 의해 성립하므로 인식의 근거는 자아이다.
자아는 자신의 본성에 따라 순수한 충동에 의해
움직임으로써 자발적이며 절대적인 자유를 추구한다.

칸트가 남긴 문제 중에서 가장 중요한 것은 현상계와 가지계(可知界) 사이의 간격, 다시 말해서 현상과 물자체 간의 틈이다. 칸트는 인식 형식의 조건 아래에서만 대상을 현상으로 인식할 뿐 대상 그 자체(물자체)는 인식할 수 없으므로, 단지 물자체가 있다는 것을 생각할 수밖에 없다고 말했다. 이러한 주장은 칸트의 진지하고 성실한 학문 태도를 보여주지만, 다른 한편으로는 참다운 존재 자체는 알 수 없다는 불가지론에 빠져 있다.

그렇기 때문에 칸트 이후의 독일관념론 철학자들은 지식 체계의 통일을 이루고자 했다. 그들은 자연과학, 윤리학 및 목적론의 원리들에 대한 공통된 기초를 찾고자 했다. 그래서 그들은 물자체란 무엇인지, 신의 관념을 어떻게 정당화할 수 있는지 그리고 자유와 영혼 불멸의 관념을 또한 어떻게 정당화할 수 있는지를 해명하고자 했다.

칸트는 자신의 철학 체계를 통해서 기계론, 숙명론, 무신론, 이기주의, 쾌락주의 등에 반대했고, 인간 오성을 현상에 제한함으로써 인간의 가치에 대한 합리적 믿음을 위한 여지를 마련했다. 『순수이성 비판』에서는 물자체가 인식 불가능한 것으로 규정되었지만, 나머지 두 비판에서는 이성의 필요한 관념이 되고 나아가서 규제적 원리가 되었다. 인식의 영역에서 물자체는 추상개념에 불과하지만 실천 영역에서 그것은 자유, 실천이성 및 의지로 드러난다. 그럼에도 칸트에게 있어서는 여전히 현상과 물자체의 조화할 수 없는 이원론이 지배적이다.

피히테는 인간의 실천 활동에서 인간의 본질을 파악하여 절대 자아의 관념론을 확립하려고 했다. 셸링은 동일자에게서 세계의 절대적인 통일과 조화를 찾으려 동일철학을 구상했다. 헤겔은 세계의 역사 과정을 절대정신인 신의 전개로 파악하는 변증법을 체계화함으로써 독일관념론의 절정을 이루었다. 독일관념론 철학에 있어서의 이와 같은 체계의 종합 내지 통일에 대한 노력은 우선 철학적 문제의 모순을 해결하려는 시도를 반영하고, 다음으로는 당시 다수의 봉건국가로 분열되어 있던 게르만족의 통일에 대한 강한 열망을 암시한다.

피히테의 이론 철학

요한 고틀리프 피히테(1762~1814)는 작센 출신으로 가난한 직물공의 아들로 태어났다. 그는 예나, 라이프치히, 비텐베르크 등의 대학에서 신학을 공부했고 상당 기간 가정교사 노릇으로 생계를 꾸려야 했다. 1790년 칸트를 연구하기 시작했으며, 1794년 예나 대학의 교수가 된 후 과학과 철학 그리고 삶 자체를 개혁하고자 하는 새로운 관념론의 지도자가 되었다. 그러나 1799년 '무신론 논쟁'으로 인해 교수직을 떠날 수밖에 없었던 피히테는 베를린으로 이주했고, 그곳에서 '독일 국민에게 고함'을 강의했다. 피히테는 나폴레옹의 군대가 베를린을 점령하고 있던 것에 분개해 백성들의 애국심을 고취하기 위해서 그러한 강의를 행했다. 1810년 그는 새로 건립된 베를린 대학의 철학교수 겸 총장이 되어 1814년에 사망할 때까지 철학 탐구에 몰두했다.

피히테는 칸트의 현상과 물자체는 매우 큰 모순을 안고 있다고 보았다. 칸트의 현상과 물자체는 서로 매개될 수 없는 대립이다. 피히테에 의하면, 칸트는 주관적인 인식 형식과 인식의 내용 내지 재료를 구분함으로써 자연적으로 현상과 물자체가 서로 별개의 것으로 존재할 수밖에 없다. 따라서 인식이 무엇인지 명백하게 규정되지 못하는 결과가 발생한다.

피히테에게 인식(앎)의 근거와 세계의 근거는 똑같은 것이다. 피히테는 주관은 객관에 의해서 규정된다고 보았다. 칸트의 인식의 근거는 선험적 통각, 다시 말해서 순수 자아의 형식적 통일이었다. 피히테는 이론적 측면이 아니라 실천적 측면에서 자아를 정신적인 통일 활동으로 파악했다. 피히테에 의하면, 자아는 범주들과 아울러 모든 인식 내용의 전체성을 산출한다. 피히테는 칸트처럼 인식의 형식과 내용을 구분하지 않았고, 인식의 형식 및 내용이 자아를 통해서 성립한다고 보았다.

피히테는 세계의 전체 내용이 자아에 의해서 성립한다고 보았기 때문에 인식의 근거는 자아이다. 자아는 먼저 자기 자신을 정립하고 다음으로 자신이 아닌 것, 곧 비아(非我)를 정립하기 때문에, 자아와 비아는 서로 제한하고 그 결과 현상으로서의 세계가 생긴다.

조금 더 상세하게 말하면 "자아는 자기 자신을 정립한다"는 것이 피히테의 제1 원리인데, 이때의 자아는 이성이나 신 또는 절대 자아이다. 이 자아는 자기 자신을 긍정하는 자아로서 그것은 'A=A'라고 하는 동일화에 해당한다. 자아는 절대적이며 무한한 활동성이 특징이다. 절대 자아는 자기 자신이 활동할 영역을 또한 정립하는데, 이 영역이 바로 비아이다.

절대 자아가 활동 영역을 정립할 경우, 절대 자아는 자기 자신을 제한하며 동시에 비아를 제한한다. 결국 제한된 자아와 비아의 상호작용에 의해서 현상이 생긴다. 대상을 아는 자는 제한된 자아이고, 대상은 알려지는 것이며, 이 둘은 절대 자아의 자기 정립 과정에서 발생한다. 피히테의 관념론 체계는 이들 세 가지 원리들에 의해서 형성된다. 칸트가 물자체를 인식할 수 없고 단지 생각할 수 있는 것으로 요청했음에 비해, 피히테는 인식이나 존재의 근거를 물자체(절대 자아)의 활동성에서 찾음으로써 칸트의 현상과 물자체의 이원론을 극복하고자 했다.

피히테의 실천철학, "항상 너의 규정에 따라 행동하라!"

피히테의 실천철학은 한마디로 '자유를 추구하는 철학'이라고 말할 수 있다. 자아는 순수한 충동에 의해 움직인다. 자아는 자신의 본성에 따라 순수한 충동에 의해 움직임으로써 자발적이며 절대적인 자유를 추구한다. 이와 같은 피히테의 생각은 헤겔에 이르러 그의 정신철학이나 역사철학의 이념이 자유에서 실현되는 결과를 낳는다.

피히테의 실천철학은 크게 법이론과 도덕론으로 구분된다. 피히테는 모든 사람들이 근원적 권리로서 개인의 자유와 일터에 대한 권리를 가지고 있다고 말했다. 이러한 주장의 배후에는 자아가 자발성과 자율 그리고 자유를 추구하는 순수한 활동을 한다는 전제가 깔려 있다. 개인은 누구나 자신이 일할 장소와 자유를 요구하는데, 그것은 각자의 자아 내지 활동을 완전히 전개하려는 목적을 가지고 있기 때문이다.

개인들이 모여 사는 사회는 어쩔 수 없이 개인을 제한하게 되기 때문에 필연적으로 법이 성립한다. 법은 각 개인의 권리와 의무를 규정한다. 그렇지만 법은 개인들의 인격의 전개가 균등하게 보장되도록 권리와 의무를 절도 있는 것으로 만들어야 한다. 따라서 사회의 진전을 방해하는 임의적인 규정은 법을 침해하는 것으로 저지되어야 한다는 결론이 나온다.

피히테의 법이론은 사회의 윤리 내지 도덕에 관한 이론으로서, 개인들의 자유 충동이 서로 균형을 이루어야 한다고 주장한다. 이에 반해 그의 도덕론은 자아가 소유한 다양한 충동들이 각각에게 어울리는 장소를 차지해야 한다고 설명한다. 자아는 본성에 따라 자발적이며 절대적인 자유를 추구하지만, 순수한 충동이 아닌 경험적·자연적 충동에 의해 순수한 노력이 방해되고 감각 사물로 행하려는 경향을 보인다. 여기에서 피히테는 인간이 감각적 본성이나 자연 충동에 의해서 지배되거나 구속되지 말고 그것들을 극복함으로써 자아의 독립을 실현할 것을 요청했다.

피히테는 "항상 너의 규정에 따라서 행동하라!"고 주장했는데, '너의 규정'이란 절대적이며 완전한 자유를 추구하는 순수 활동으로서의 자아를 말한다. 일반적으로 피히테의 관념론을 일컬어 주관적 관념론이라고 부르는 경향이 있지만, 오히려 절대적 관념론이라고 하는 것이 옳을 것이다. 그의 관념론 철학은 셸링의 동일철학과 헤겔의 변증법 철학이 나올 수 있는 직접적인 토대가 되었다.

모든 존재는 신으로 복귀하려 한다
셸링

셸링은 하나의 동일한 세계 근거, 곧 절대적 무차별자로서의 동일자로부터 주관과 정신 그리고 객관과 자연이 생긴다고 보았다. 정신과 자연은 동일한 세계 근거가 분열된 것이므로 동질적이다.

프리드리히 빌헬름 요제프 폰 셸링(1775~1854)은 레온베르크 출신으로 횔덜린, 헤겔과 함께 튀빙겐 대학에서 신학과 철학을 공부했다. 그 후 그는 계속해서 수학, 물리학, 의학을 공부했고, 1798년 예나 대학의 교수가 되었다. 예나 대학에서 슐레겔 형제가 주도하는 낭만파에 가담했으며, 자신의 대표 저서들을 집필했다. 셸링은 뷔르츠부르크 대학, 뮌헨 대학, 에를랑겐 대학 그리고 마지막에는 베를린 대학에서 강의했다.

셸링의 철학은 보통 세 시기로 구분된다. 첫 번째 시기는 피히테의 영향을 받은 시기이다. 이 시기에 그는 자연철학에 관심을 가졌다. 두 번째 시기는 브루노와 스피노자의 영향을 받은 동일철학의 시기로, 그는 자연과 정신을 보다 더 높은 원리의 두 국면으로 보았다. 세 번째 시기는 종교철학의 시기로 뵈메의 영향을 받았으며, 그것은 신화 철학과 계시 철학, 곧 셸링이 말하는 긍정 철학으로 나타난다.

각 시기의 특징은 서로 연관성이 별로 없는 것처럼 보이지만 관념론적 사고가 일관성 있게 전개되며, 또한 헤겔 변증법의 기초가 되는 변증법적 요소도 강하다. 그러나 셸링 철학은 세계 원리로서 동일자를 강조하면서 또한 지적 직관에 의한 동일자의 파악을 제시하기 때문에 신비주의 철학의 요소를 많이 포함하고 있다. 그것은 브루노, 뵈메와 같은 신비주의 철학자들로부터 영향을 많이 받았기 때문일 것이다.

동일철학

셸링은 절대 자아가 비아와 현상으로서의 세계를 정립한다는 피히테의 생각을 주관적 관념론으로 보았고, 자신은 객관적 관념론을 구축하려고 했다. 그래서 그는 모든 존재자들은 자연의 근원적 근거를 바탕으로 삼아서 존재한다고 주장했다. 셸링은 하나의 동일한 세계 근거, 곧 절대적 무차별자로서의 동일자로부터 주관과 정신 그리고 객관과 자연이 생긴다고 보았다. 이러한 생각은 플로티노스의 유출설이나 현대 프랑스의 베르그송이 말한 '삶의 약진'에 매우 근접해 있다.

그렇다면 정신과 자연은 어떻게 생기는가. 셸링은 모든 존재자들의 근원적으로 동일한 통일을 세계 근거 자체라고 불렀고 이 동일자가 스스로 분열되어 대립적인 정신과 자연이 나타났다고 보았다. 동일자는 자기분열에 의해서 정신과 자연이 되고 이들은 각각 자신에게 특수한 발전 과정을 진행한다.

자연을 비롯한 물질도 대립된 두 힘에 의해서 여러 가지 현상으로 나타나는데, 두 가지 힘은 긍정적인 힘과 부정적인 힘, 곧 견인력과 반발력이다. 이것들은 전기적 힘이나 자기적 힘의 형태로 나타난다.

셸링은 헤라클레이토스처럼 자연을 부단히 변화하는 것으로 보았고, 자연 안에는 견인력과 반발력이 끊임없이 상호작용한다고 생각했다. 따라서 자연을 이끌어가는 힘은 긍정적인 힘과 부정적인 힘의 양극성이다. 셸링의 이러한 생각은 동양의 음양 사상과도 일맥상통한다. 하늘이 있으면 땅이 있고, 암컷이 있으면 수컷이 있으며, 양지가 있으면 음지가 있어서 자연의 조화가 이루어진다는 것이 음양 사상의 핵심이다. 셸링에게 있어서 자연의 양극성은 항상 균형을 추구하지만, 두 힘의 갈등은 계속되므로 완전한 균형은 이루어지지 않는다.

셸링은 자연을 살아서 움직이는 하나의 유기체로 보았다. 이 세계에서 질료는 수동적이고 부정적인 반면에 정신은 능동적이며 긍정적이다. 그렇지만 정신과 자연(질료)은 궁극적으로 동일한 세계 근거가 분열된 두 국면이기 때문에 동질적일 수밖에 없다.

신화 철학과 계시 철학으로 이루어지는 종교철학에서 셸링은 절대적 무차별자인 동일자를 신으로 보았다. 결국 신은 자신을 분열함으로써 정신과 자연으로 나타나며, 정신과 자연 안에는 항상 대립하는 견인력과 반발력이 작용한다. 그렇지만 궁극적인 세계 근거는 신이기 때문에 세계의 모든 존재는 신으로 복귀하려고 한다는 것이 셸링의 입장이다.

변증법 철학의 구축

헤겔

헤겔은 변증법을 철학의 모든 분야의 원리로 제시했다.
세계를 동적 체계로 설명하면서 거대한
관념론적 정신의 변증법 체계로 파악하고자 했다.

    게오르크 빌헬름 프리드리히 헤겔(1770~1831)은 슈투트가르트 출신으로 튀빙겐 대학에서 횔덜린 및 셸링과 함께 신학과 철학을 공부했다. 스위스와 프랑크푸르트에서 다년간 가정교사를 하다가, 자기보다 다섯 살 아래인 예나 대학 교수 셸링의 권유로 예나로 가서 1805년에 교수가 되었다. 그 후 그는 밤베르크, 뉘른베르크 등을 거쳐서 하이델베르크 대학 교수로 있다가 1818년에는 베를린 대학에서 교수직을 얻었다. 헤겔은 피히테와 셸링의 독일관념론을 종합해 자신의 고유한 변증법 철학을 거대한 체계로 구축함으로써 서양철학사에 있어서 또 하나의 웅대한 호수를 이루었다.

    헤겔의 대표적인 저술들로는 『논리학』 『정신 현상학』 『법철학』 『종교철학』 『역사철학』 등이 있다. 헤겔의 변증법적 관념론의 거대한 체계를 가장 이론적으로 완벽하게 담고 있는 것은 『논리학』이다. 지금까지의 논리학은 명제의 종류와 명제의 참·거짓을 따지는 형식논리학이었음에 비해, 헤겔의 논리학은 세계의 현상과 그것의 발전 단계를 논하는 존재의 논리학이다. 아리스토텔레스로부터 시작되는 형식논리학은 언어 규칙이나 법칙을 대상으로 삼지만, 헤겔의 논리학은 생생하게 운동하는 세계 현상과 본질 그리고 그것들의 운동과 변화를 탐구하기 때문에 존재론에 해당한다. 헤겔은 자신의 논리학을 '변증법적 논리학'이라고 불렀다.

헤겔의 『논리학』은 헤겔 철학의 전체 내용을 뼈대 내지 틀에 의해 전개해 나간다. 예컨대 살아 있는 인간이 있다고 하면, 인간에 대한 해부학이 바로 헤겔의 『논리학』에 비유될 수 있다. 헤겔은 세계 현상을 정신 현상으로 보았고[관념론], 현상과 현상의 발전 단계에 관한 학문인 논리학을 존재와 본질 그리고 개념으로 나누었다.

우선 헤겔은 순수한 있음(유)은 무라고 말했다. '빵이 있다', '칼이 있다', '여자가 있다'에서 있음은 이미 정해진 있음이다. 그러나 유와 무라고 할 경우 '순수한 유'는 아직 무엇이라고 규정되지 않은 있음이므로 그것은 무이다. 그러나 유가 무라고 한다면 이것은 변화 개념에 도달한다.

변화는 있음(유)과 없음(무)을 자신 안에 포함하는데, 유가 무보다 힘이 세고 월등할 때 생성이 나타나고 무가 유보다 월등할 때 소멸이 나타난다. 예컨대 사람이 태어나고 죽는 것을 살펴보자. 사람이 태어나면 무보다 유가 우세해져 우리는 "어린아이가 있다"고 말한다. 그러나 사람이 죽으면 그는 있음으로부터 없음으로 이행하므로 무가 유보다 우세해진다.

모든 사물은 변화 때문에 현실적으로 존재한다. 변화로 인해 사물들은 성질과 아울러 관계를 소유하게 된다. 사물은 성질과 관계에 의해서 규정되지만, 각 사물은 자신과 자신이 아닌 것을 이 규정에 의해서 통일한다. 그렇다면 이 규정에 의해서 다수성, 다시 말해서 양(量)이 생기며 다수성은 분리를 초래한다. 분리된 것은 연속적으로 이어지고, 따라서 차례차례로 헤아릴 수 있는 수가 부여된다.

수개념은 양적이므로 그것은 질적인 정도의 개념으로 이행하고 나아가서 질적인 양의 개념, 곧 척도로 이행한다. 척도에 따라서 사물은 '무엇임', 곧 본질이 결정된다. 예컨대 두 살배기는 척도에 따라서 '어린아이'로, 서른 살인 사람은 척도에 따라서 '어른'으로 일컬어진다.

있음(유)과 본질(사물의 '무엇임')이 결합될 때 개념이 성립한다. 우리가 직접 생각할 수 있으며 또한 실재하는 것은 '무엇임'이 있어야 하기 때문에 바로 개념이 형성된다. 헤겔은 『논리학』에서 궁극적으로 '인식은 절대자의 이념'에 도달한다고 말했다. 이 말은 우리의 앎이 세계의 변증법적 논리를 파악할 때, 세계 현상의 전개는 절대자의 전개이고 이러한 모든 과정은 '절대자의 이념'이 이 세계에서 실현되는 것 이외의 다른 것이 아님을 뜻한다. 실재 대상들의 최고의 통일을 생각할 때, 우리는 필연적으로 절대자의 이념을 전제한다.

정신 현상학과 변증법

헤겔은 『논리학』에서 자신의 철학의 뼈대를 체계적으로 일목요연하게 전개했고, 『정신 현상학』에서는 그것이 비록 초기의 저술임에도 불구하고 자신의 철학의 뼈대에 살을 입혔다. 헤겔은 철학의 본질이 동적인 체계와 일치한다는 것을 제시하기 위해서 "철학은 개별적인 것을 자신 안에 포괄하는 보편성의 요소들 안에 있다"고 말했다. 이는 "미네르바의 올빼미는 어둠이 깔리면 날기 시작한다"는 말과 뗄 수 없는 관계를 가진다. 보편성의 요소들에서 각각의 요소는 동적 변증법의 계기가 되는데, 마찬가지로 아침부터 저녁에 이르기까지의 순간들은 어둠이 되기 위한 계기들이며 이 계기들이 다 모여서 무르익어야 비로소 올빼미가 날게 된다. 헤겔 철학은 보편 철학이자 관념 철학이다.

'보편성의 요소들'에서 보편성은 무엇을 뜻하는가. 보편성은 정신을 의미하며, 정신이란 절대정신 그리고 그것에 도달하기 위해서 있는 각 계기들을 일컫는다. 철학은 개별과 보편을 통일하는 학문이다. 형식논리의 입장에서 보면 개별과 보편은 서로 모순된다. 플라톤에서 칸트에 이르기까지 개별과 보편의 문제는 철학의 가장 핵심적인 과제가 되어 왔으며, 현재에도 역시 중요한 문제로 남아 있다.

『정신 현상학』은 '머리말', '주관 정신', '객관 정신', '절대정신'의 네 부분으로 구성되어 있다. 머리말에서 헤겔은 칸트, 피히테, 셸링의 철학을 비판하면서 "규정성에 따라서 구체적이며 풍부한 전체를 파악하기 위해" 어떻게 정신(세계 근거)이 자신의 운동 과정을 통해서 절대지에 도달하는지를 밝힘으로써, 부분적 계기들이 절대정신에 의존하며 다시 절대정신으로부터 부분적 계기들이 생기는 것을 제시하고자 했다. 정신은 단순한 존재의 상태, 생성·변화의 상태 그리고 완성된 상태를 거치면서 절대정신이 된다. 이때 주관 정신과 객관 정신 그리고 그것들의 여러 계기들은 모두 절대정신을 드러내기 위한 계기의 역할을 담당한다.

헤겔은 『정신 현상학』의 체계를 변증법적으로 전개했다. 『정신 현상학』이후의 저술들의 체계 또한 변증법적으로 전개했다. 변증법이란 존재의 법칙 내지 존재의 논리이다. 고정되어 있는 형식논리학과 달리, 변증법은 움직이는 세계 자체의 논리이다. 예컨대 형식논리학은 'A=A'라고 고정불변하는 사고 법칙을 대변하지만, 변증법은 'A=A이면서 A≠A'라고 주장한다. 구체적으로 예를 들면 씨앗은 자신을 부정해 싹이 되고, 싹은 다시 스스로를 부정해 잎과 줄기 그리고 꽃이 되며, 꽃은 또 자기를 부정함으로써 씨앗이 된다. 자신을 부정함으로써 자신의 긍정적인 면을 살리는 것을 '지양'이라고 하는데, 지양은 바로 변증법의 핵심적 성격이다.

헤겔의 역사철학, 법철학, 종교철학의 체계를 보면 그것 역시 변증법적이다. 역사철학에서는 역사의 전개 과정을 아시아적, 그리스·로마적 및 게르만적 단계로 구분한다. 법철학에서는 추상적 법, 도덕 및 인륜의 계기를 법이 성립하는 과정으로 보며, 인륜을 다시금 가정의 사랑, 사회의 협동, 국가의 법으로 구분한다. 이들 체계는 이미 변증법적 특징을 가지며 그 근거는 『정신 현상학』의 주관 정신, 객관 정신 및 절대정신의 변증법적 체계에 포함되어 있다.

헤겔은 칸트, 피히테, 셸링의 철학을 비판함으로써 변증법적 사고의 발판을 마련하고자 했다. 칸트나 피히테는 생생한 '실체가 없는 반성의 극단'에 도달했기 때문에 그들에게서 자기의식적 정신은 본질적 생명을 상실한다는 것이 헤겔의 견해이다. 셸링은 개념이 아니라 아름다움과 영원에 그리고 사태의 필연성이 아니라 황홀경에 호소해 맹목적 동일성에 안주하기 때문에 현실성을 결여하고 있다고 헤겔은 지적한다. 마치 꽃봉오리는 씨앗을 맺으면 소멸되고 어린아이가 어른이 되는 것처럼, 정신은 부단한 운동 과정을 통해서 완성 단계에 이른다. 헤겔이 칸트, 피히테, 셸링을 비판하는 요점은 그들이 고정불변하는 형식논리에 집착하기 때문에 정신의 생생한 운동 과정을 파악하지 못한다는 데 있다. 헤겔은 칸트, 피히테, 셸링의 철학을 '한 가지 색깔의 형식주의'라고 비판했다.

헤겔은 언제나 개별과 보편의 전체를 파악하는 것을 철학의 목표로 삼았다. 따라서 그에게는 목적 자체는 무의미하며, 과정으로서의 계기들을 포함하는 목적만이 의미 있다. 그러므로 헤겔은 "참다운 것은 전체이다. 그러나 전체는 자신의 전개를 통해서만 완성되는 본질이다"라고 말했다. 예컨대 자아는 생성·변화이며, 생성·변화는 매개이다. 여기에서 자아는 전체이지만 이 전체는 운동으로서의 전체이며, 운동은 각 계기들을 통해서 자아를 매개한다. 그렇다면 참다운 것으로서의 전체는 영원불변한 실체가 아니라 스스로 변화하며 매개하는 그리고 자신을 지양하는(부정하면서 긍정하는) 주체로 드러난다. 그러하기에 헤겔은 "참다운 것은 자기 자신의 생성·변화이다"라고 말했다.

헤겔이 『법철학』에서 "이성적인 것은 현실적이며, 현실적인 것은 이성적이다"라고 한 말 역시 『정신 현상학』의 변증법 체계를 확장해 설명한 것이다. 이러한 변증법적 체계는 『논리학』에서의 유·무·생성·변화의 체계와도 일치한다. 왜냐하면 유·무·생성·변화는 각각 이성적이면서 현실적이기 때문에 정신의 계기들이고, 서로 단절되어 존재하는 것이 아니라 전체의 운동 과정 안에서 파악되어야 하기 때문이다. 헤겔은 "유와 무는 그 진리를 분리가 아니라 이행, 곧 생성·변화 안에서 소유한다"고 했다.

헤겔은 자신의 변증법을 역사철학, 법철학, 종교철학, 미학 등 철학의 모든 분야의 원리로 제시했다. 그는 세계를 종전과 달리 동적 체계로 설명했을 뿐만 아니라, 세계를 거대한 관념론적 정신의 변증법 체계에 의해 파악하고자 했다.

헤겔 철학은 그로부터 현대의 다양한 경향의 철학들이 나올 수 있었던 거대한 호수였다. 그의 철학 이념은 19세기와 20세기에 특히 정치철학적인 분야에 지대한 영향을 미쳤다. 마르크스·엥겔스 철학의 핵심 원리는 헤겔로부터 빌려온 변증법이었다. 프랑스에서는 낭만주의적 입장에서, 미국과 이탈리아에서는 형이상학적 및 종교적인 견지에서 헤겔 철학을 받아들였다. 구소련에서는 민족적·문화적인 입장에서 헤겔 철학을 수용했다.

헤겔 철학은 철학 이외에도 법학, 역사학, 사회학과 같은 개별 과학에도 깊은 영향을 끼쳤다. 무엇보다도 쇼펜하우어, 키르케고르, 듀이, 마르크스 등 현대의 철학 경향들은 대부분 반헤겔적 또는 친헤겔적 입장을 대변하기 때문에 헤겔 철학으로부터 현대철학이 흘러나왔다고 말해도 지나치지 않을 것이다.

역사와 정치 및 철학은 불가분의 관계를 가진다. 독일은 15세기부터 19세기 말까지 수많은 봉건국가들로 이루어져 있었으며, 독일 민족의 통일을 위해서는 크고 작은 전쟁을 무수히 치러야 했다. 따라서 르네상스의 꽃을 피울 수 없었고, 화려한 근대철학의 전성기에도 참여가 미미했다. 독일제국의 통일은 1871년에 비로소 달성되었다. 칸트로부터 헤겔에 이르기까지 독일철학이 종합적 성격을 띠는 것은 정치적 통일 정신과도 밀접한 관계가 있다.

현대철학

이 장에서는 현대철학을 두루 살펴봄으로써, 현대의 특징인 세계 위기에 철학이 어떤 영향을 미쳤는지, 또 현대에는 철학이 어떤 성격을 가지고 있는지, 나아가 현대의 인간에게 철학은 어떤 의미를 여전히 가지고 있는지를 밝혀보겠다. 앞에서 나는 헤겔의 관념론적 변증법 철학을 비교적 길게 설명했다. 헤겔은 독일관념론을 집대성하여 거대한 체계를 만들었다. 그러나 헤겔 이후의 많은 철학자들은 헤겔 철학이 극단적인 관념에 치우쳐 구체적인 현실과 생생한 삶을 등한시했다고 생각했다. 그들은 헤겔로부터 특정한 방법을 빌려왔으면서도 헤겔의 관념론을 반박했다.

20세기에 접어들면서 서양철학은 19세기까지 가졌던 영향력과 관심을 잃게 되었다. 물론 19세기 중반부터 쇼펜하우어, 니체, 키르케고르 등이 등장해 헤겔 철학에 거세게 반발했지만, 20세기에 접어들면서 철학에 대한 관심과 그 영향력이 극도로 쇠퇴해 철학 자체가 위기에 몰리게 되었다. 이와 같은 위기를 극복하기 위해서 여러 경향의 철학적 움직임이 활발하게 대두되기 시작했다.

니체는 삶과 세계에 대한 심원하고도 광범위한 안목과 함께, 문제점들에 대한 예리한 통찰로 새로운 삶의 근거를 제시하려고 했다. 키르케고르는 삶의 의미를 결단으로서의 실존에서 구하려고 했다. 쇼펜하우어는 삶과 세계의 본질을 비합리적으로 꿈틀거리는 삶의 의지에서 찾고자 했으나, 이러한 의지는 맹목적인 것으로서 윤리적으로는 고통에 불과하다고 보아, 궁극적으로는 열반에 도달하려고 했다. 그런가 하면 딜타이는 현대의 삶이 소유하는 여러 가지 문제점들을 해석학적 입장에서 풀어보려고 했다.

지금까지 예로 든 철학자들은 철학의 위기를 절박하게 느끼고 사유했기 때문에 단순히 관념의 지평에서만 머물지 않았다. 구체적이면서도 주체적인 삶을 추구했으며, 삶의 상황으로서의 세계 위기를 가장 중요한 당면 과제로 보았다.

니체의 "신은 죽었다"는 말은 종교적 차원에서뿐만 아니라 철학적인 의미에 있어서도 당시의 철학의 위치를 대변한다. 나아가 그 말은 철학의 관심과 영향, 곧 철학의 역할에 관해서도 암시를 던져준다. 헤겔적 체계에 의해서 확립된 이성과 정신으로 완전히 무장한 관념 철학은 더 이상 그 가치를 유지할 수 없게 되었다. 삶의 근원적 측면뿐만 아니라 우리의 존재 방식이 종래의 철학이 해석한 것과는 전혀 다른 모습을 갖는다는 점에서 니체는 신이 죽었다고 말한 것이었다.

이런 점에서 볼 때, 니체뿐만 아니라 20세기 초반의 철학자들에게 철학은 그 이전 세기의 사상과 긴밀한 연관성을 가질 수 없었다.

오히려 그것에 대한 완강한 반발과 투쟁의 결과라고 말할 수 있다.

엄청나게 거대한 이성 및 정신의 체계는 19세기 철학의 특징이다. 그러한 전통은 영국경험론과 대륙합리론을 거쳐서 독일의 칸트, 피히테, 셸링, 헤겔에 이르기까지 그 뿌리가 매우 깊다. 이러한 합리적 체계의 사고방식은 일차원적인 삶의 방식을 보여주는 것으로서, 그 자체 안에 이미 서구문화의 위기라는 싹을 내포하고 있었다. 그렇기 때문에 쇼펜하우어, 니체, 키르케고르는 이성적·형식적·절대적 관념의 체계를 파괴하고 유기적인 삶과 실존의 기치를 내걸었다. 또 마르크스는 변증법적 유물론을 바탕으로 헤겔의 역사철학을 방향 전환시켜, 물질의 자기 전개를 역사 과정으로 보았다. 한편, 엄밀한 자연과학의 훈련을 수단으로 삼은 실증주의의 비판적 자세를 견지하면서 학적 진리를 추구하려 했다. 프로이트는 심층심리학 이론으로써 의식의 새로운 영역을 제시해 전통적 사유에 일대 경종을 울렸으며, 아인슈타인은 상대성이론으로 고전물리학적 시간개념에 혁명적인 변혁을 가져왔다.

엄밀하게 학문적인 의미에서 현대철학의 문을 열기 시작한 경향으로는 19세기 말의 '학문 비판'을 꼽을 수 있다. 이 경향은 지금까지 역학이 근거로 삼았던 수학적 자연과학의 입장을 유지하지 않고, 학문의 독단주의를 타파하기 위해서 인식론적 분석을 핵심으로 취한다. 이 경향은 학문의 정립 근거를 결코 합리적 체계와 형식적 범주에 의해 설명하려고 하지 않는다. 오히려, 진전하며 변화하는 탐구 정신과 가치 보장을 근거로, 사유 모델과 개념의 존재 구조를 밝히고자 하는 것이 학문 비판의 목적이었다.

독일에서는 이미 19세기에 헬름홀츠, 키르히호프 등이, 오스트리아에서는 마흐가 이러한 경향을 대변했다. 또 프랑스에서도 학문비판의 경향이 강하게 일어나, 과학 일반에 대한 비판이 활발해졌다. 푸앵카레, 루지에 등이 이 경향을 대변했다.

영국에서는 화이트헤드, 러셀 등에 의해서 수학과 자연과학의 기초에 대한 비판이 활발히 진행되었다.

이들은 인간의 인식 가능성이 어디까지 현실화될 수 있고 어떤 점에서 타당성을 가질 수 있는지 날카롭게 물었다. 이들이 제기하는 물음은 미래의 새로운 문제에 대한 폭넓은 안목을 지닐 수 있게 해주었다.

특히 일반 과학 전체에 대한 비판에 지대한 영향을 미친 것은 후설로부터 출발하는 현상학이다. 후설은 의식과 체험의 영역인 현상에 관한 엄밀한 탐구를 통해서 지금까지의 철학이 지닌 자기 정립 및 근거의 불확실성에 대한 비판을 출발점으로 삼아 '엄밀학으로서의 철학'을 확립하고자 했다. 후설의 이러한 노력은 오늘날의 개별 과학에 매우 큰 영향을 끼쳤다. 상당수의 개별 학문이 탐구 방법으로서 현상학의 방법을 사용하고 있다. 주어진 현상으로서의 구체적 체험 내용을 예리하게 분석하는 것이 현상학의 주된 방법인데, 이러한 방법을 근거로 그것을 한층 더 확장시켜서 가치문제와 존재문제에까지 논의를 이어나간 사람들이 셸러와 하르트만이다.

현대에 들어와서는 정신과학(문화과학 또는 인문과학)의 근거 정립이 커다란 문제였다. 신칸트학파의 빈델반트, 리케르트 등은 정신과학의 근거 정립을 위해 노력했다. 딜타이는 정신과학 자체의 체계와 이 체계의 고유한 이해에 대해 심도 있게 탐구했다.

현대의 가치문제는 사회문제와 긴밀한 관계를 가지고 탐구되어야 했다. 니체는 가치의 전도를 주장하며, 인간의 약동하는 삶에 고유한 '힘에의 의지'가 바로 인간과 세계의 본질이라고 보았다. 이에 비해 후설, 셸러, 하르트만 등은 정신적이며 윤리적인 삶의 현상을 분석함으로써 인간과 세계의 본질과 구조를 살피려고 했다.

한편 미국에서는 제임스, 듀이 등의 실용주의가 철학을 대변했다. 실용주의는 앎과 진리의 개념을 일상생활에 있어서의 기능으로 파악했다. 실용주의는 특히 자본주의와 물질문명이 지배하는 미국 사회에 적용되어 실생활에 지대한 영향을 미쳤는데, 유럽의 철학 전통과 미국의 서부 개척정신이 결합된 특수한 형태의 철학이라고 말할 수 있다.

최근의 철학은 크게 두 가지 경향으로 말할 수 있다. 비판철학과 분석철학이 그것이다. 비판철학은 선험적 의식의 반성이 특징이며, 삶의 철학 내지 실존철학의 형태를 가진다. 딜타이로부터 하이데거에 이르기까지의 철학이 비판철학의 경향을 지닌다. 또한 프랑크푸르트학파의 '비판이론'은 비록 정치학, 사회학 및 정신분석학적 차원에서 철학의 문제들을 전개해 나갈지라도 여전히 삶의 철학과 실존철학에 대해 밀접한 연관성을 가지고 있다.

분석철학은 과학철학, 일상언어철학, 기호논리학 등 취급하는 내용에 따라서 입장의 차이가 있기는 하나 실제적인 경험과 검증 및 그것에 의한 언어분석 그리고 명제의 참·거짓에 대한 판단 등의 공통된 방법을 가지고 있다.

물론 이러한 경향과는 약간 다르게 다시금 전통 철학의 주제들에 접근해 삶의 본질을 추구하려는 시도가 베르그송, 하르트만 등에 의해 수행되어 왔다. 이들은 삶의 본질을 종전과 같이 철학의 특정한 한 분야에서가 아니라 철학의 전체 분야들의 종합적 측면으로부터 탐구함으로써 삶과 세계의 본질 및 구조를 해명하려고 했다. 특히 셸러가 대변하는 '철학적 인간학'은 종합적 관점에서 인간을 밝히고자 했다. 개별 과학으로서의 정신과학이나 자연과학은 인간의 삶을 단지 부분적으로만 연구하는 데 비해, 철학적 인간학은 인간의 삶을 유기적 통일성과 전체성으로 그리고 세계를 구체적으로 직접 체험하는 주체로 탐구한다. 철학적 인간학이 인간의 삶을 탐구하면서 제기한 것은 절대자, 이성, 이념, 영원성 등이 아니고, 역사적으로 제한된 인간존재가 가지는 고유한 체험의 구조 및 그 의미였다.

야스퍼스와 하이데거는 철학적 인간학이 제기한 문제를 한층 더 심도 있게 탐구했다. 야스퍼스는 삶의 상황을 좌절로 보고 이 좌절 속에서 현존재가 암호를 해독함으로써 실존을 성취할 수 있다고 했다. 이 세상은 암호로 가득 차 있다. 암호는 존재 자체 또는 포괄자의(신적인) 암호이고 삶 자체의 암호이다. 야스퍼스가 말하는 좌절은 암호해독을 위한 하나의 실존적 계기이다. 하이데거 철학의 시발점은 일상성으로서의 현존재이다. 현존재는 은폐된 자이고 비진리이다. 이 가면의 세계가 비은폐된 세계의 진리 및 개방된 것으로 이행할 때 실존의 의미가 밝혀진다.

마르크스의 사회변혁을 시도하는 철학적 경향은 프랑크푸르트학파의 철학자들에 의해 수정된 형태로 전개되어 왔는데, 이 역시 비판철학의 영역에 속한다고 말할 수 있다. 호르크하이머로부터 하버마스에 이르기까지, 비록 마르크스의 자본가와 노동자의 이분법을 거부하고 노동자에 의한 혁명을 인정하지 않는다고 할지라도 인간의 소외를 극복하기 위해서는 학문의 비판 작업과 의사소통에 의해서 사회가 변혁되어야 한다는 주장이 비판철학의 맥을 잇고 있다.

지금까지 현대철학의 대체적 경향을 살펴보았다. 이러한 경향을 눈여겨보면, 다음과 같은 점을 통찰할 수 있다. 우선 현대라는 상황은 다양한 성격을 가지고 있으므로 어떤 특정한 사유의 방향에서 현대의 상황을 한눈에 명백하게 파악하는 것은 거의 불가능하다. 다음으로 현대라는 시점에서는 인간의 삶에 대해 부정적인 상황들이 지배적이므로, 이러한 상황을 정확하게 진단하고 그 방향을 전환시키려는 노력이 무수히 많은 관점에서 수행되고 있다. 마지막으로 인간의 삶과, 세계의 본질과 구조를 해명하고 정립하려는 많은 노력에도 불구하고, 현대인의 삶은 끊임없는 전쟁과 이데올로기의 도식화된 무기적 집단화와 기능화에 시달리고 있다.

철학의 뜻은 '철학'이라는 고정된 형식적 개념이 아니라 '철학한다'는 유기적·계통적 개념에서 찾아야 한다. 철학의 참뜻은 삶과 세계를 해석하면서 동시에 변화시키는 데 있다. 이렇게 본다면, 우리가 "과연 철학은 소멸되고 있는가?"라는 물음을 던질 때에야 비로소 철학은 새로운 힘을 가지고 우리의 존재와 삶에 역동적인 근거를 마련해 줄 것이다.

13장
삶의 철학과 실존주의, 철학적 인간학

인간이란 무엇인가

삶의 철학을 탐구하다
쇼펜하우어, 니체, 베르그송

> 쇼펜하우어가 '삶에의 의지'를, 니체가 '힘에의 의지'를 형이상학적 원리로 삼았다면, 베르그송은 '삶의 약진'을 핵심으로 하는 생명을 형이상학적 원리로 고양했다.

아르투어 쇼펜하우어(1788~1860)는 헤겔의 형식적이며 체계적인 변증법적 관념론의 철학을 '허풍선이의 철학'이라고 맹공하면서 비합리주의적 경향의 삶의 철학을 정초했다. 그는 피히테, 셸링, 헤겔 등의 철학이 관념에만 몰두하는 사변철학이라고 보고, 생동하는 삶의 근거를 찾으려고 했다.

'삶에의 의지', 쇼펜하우어

쇼펜하우어는 『의지와 표상으로서의 세계』에서 플라톤, 칸트 그리고 인도철학의 영향을 설명하면서 "세계는 나의 표상이다"라고 했다. 그는 칸트의 현상과 물자체의 이원론을 받아들이면서도 물자체를 알 수 없는 어떤 것이 아니라 바로 나 자신의 존재의 근거인 의지가 물자체라고 보았다. 통일적인 세계 의지는 곧 '삶에의 의지'

이며 이것이 객관적으로 나타난 것이 표상으로서의 세계에 해당한다. '삶에의 의지'는 합리적이며 목적론적인 종전의 이성이나 정신 또는 신 등과 질적으로 전혀 다른 것으로서, 꿈틀거리는 생명력 자체이다.

쇼펜하우어는 무기적 자연[무기물]과 유기적 자연[생명체]에서 의지는 서로 다르게 나타난다고 보았다. 유기적 자연에서 의지는 의식으로 고양되며, 특히 인간에게 있어서 의지는 지성에 의해 표상으로 전개된다. 칸트는 감성 형식과 오성형식에 의해서 파악되는 세계를 현상이라고 했다. 칸트의 현상은 쇼펜하우어의 표상에 해당된다. 쇼펜하우어는 표상 세계의 모든 변화는 인과율의 원리에 따라서 일어난다고 보았다. 그러나 나 자신과 세계의 존재 근거는 의지이다. 무기적 자연에 있어서 의지는 맹목적이다. 쇼펜하우어는 유기적 자연의 기초를 무기적 자연으로 보기 때문에 의지의 기본 형태는 혼돈에 찬 무이성적 의지이다. 맹목적 의지는 결국 윤리적 측면에서 전체의 삶을 고통스럽게 한다. 쇼펜하우어는 혼돈에 찬 의지로 인해 고통과 권태라는 두 가지 악령이 삶을 물들인다고 말했다. 그는 고통과 권태를 물리치기 위해서는 혼돈에 찬 의지를 극복해야 한다고 주장하면서 의지의 극복에는 소극적인 자세와 적극적인 자세가 있다고 했다.

우선 소극적인 의지 극복은 무관심한 직관적 미적 고찰에 의해서 가능하다. 인간 주관은 순수한 플라톤적 이데아를 직관하면서 의지의 욕망을 망각하나, 그것은 일시적일 뿐이다. 또 자살에 의해서 의지를 극복하려고 하는 사람들도 있지만, 자살은 신체만 소멸시키고 의지는 극복하지 못하기 때문에 그 역시 적극적인 방책이 될 수 없다.

적극적인 의지 극복 방법은 '열반'에 의해서 가능하다. 쇼펜하우어는 의지를 삶에서 완전히 멀리하기 위해서는 삶의 모든 필요를 침묵하게 해야 한다고 주장하면서, 영원한 정적인 열반에 이르러야 비로소 의지를 극복한 성자가 가능할 수 있다고 말했다. 즉 의지의 전적인 부정인 허무에서 비로소 의지의 극복이 가능하다. 고통과 권태로운 삶을 제거하기 위해서는 삶의 뿌리인 의지를 부정해야 한다는 것이다.

쇼펜하우어가 의지의 본질을 맹목적인 것, 혼돈에 찬 것으로 보면서 그것이 윤리적으로 고통과 권태를 초래한다고 주장한 점은 비약이다. 또한 의지의 본질을 혼돈에 찬 것이라고 말하면서 의지를 극복하려던 것 역시 모순에 해당된다.

쇼펜하우어의 '삶에의 의지'를 기초로 한 삶의 철학은 후에 니체, 바그너, 헤벨 그리고 현대의 호르크하이머 등에게 많은 영향을 미쳤다. 비록 그의 사상이 체계적인 측면에서 비약과 모순을 내포하고 있다고 할지라도, 비합리주의적이며 맹목적인 '삶에의 의지'를 삶과 세계의 근거로 본 그의 사상은 고정된 형식적 세계관을 파괴하는 데 크게 공헌했다.

힘에의 의지와 초인을 믿은 니체

프리드리히 빌헬름 니체(1844~1900)는 고대 그리스의 정신과 과학적 생물학 그리고 쇼펜하우어의 '삶에의 의지'에 영향을 받아 지금까지의 생동감 없는 합리적·관념적 체계의 철학을 과감히 해체하고자 했다. 형식주의를 붕괴시키려는 포스트모더니즘의 철학자들이 니체를 자기들의 선구자로 여기는 데에는 충분한 근거가 있다.

니체는 프로이트, 마르크스, 아인슈타인 등과 함께 현대사상의 전환점을 장식한 사상가이다. 이들의 공통된 특징은 현대 초기까지의 세계관을 전도시켰다는 점이다. 이들은 인간과 자연과 사회에 대한 종래의 고정된 형식주의를 타파해 버림으로써 은폐되거나 고정된 이론이 아니라 생동하는 실천에 걸맞는 이론을 제시했다. 이들과 공통된 입장을 유지하면서도 특히 니체는 관념론 및 형이상학과 기독교에 의해 채색된 염세주의와 허무주의를 극복하고 가치의 전도를 꾀함으로써 우리에게 초인 사상을 제시하고자 했다.

형식적 이성주의를 타파하고자 한 노력은 마르크스를 위시해서 베르그송, 호르크하이머, 아도르노 등 현대철학자들에게서도 잘 나타난다. 철학은 더 이상 세계를 해석할 것이 아니라 세계를 변화시켜야 한다는 주장[마르크스], 삶을 이론에 의해 형식적으로 분석할 것이 아니라 삶을 순수 지속으로서 직관해야 한다는 견해[베르그송], 계몽 변증법에 의해서 도구 이성만을 사용할 것이 아니라 실천적 부정 변증법에 의해서 사회를 개선해야 한다는 입장[호르크하이머, 아도르노] 등은 모두 이성적 형식주의를 타파하려는 시도들이다.

니체 철학은 문명 비판의 특징을 가지는데, 이에 대한 가장 큰 이유는 그의 철학이 소크라테스 주의가 대변하는 형식적 이성을 배격하기 때문이다. 전통 형이상학이나 단순한 관념론은 니체에 의하면 염세주의이다. 니체에 의하면 "사람은 확고하게 자신의 자리를 잡지 않으면 안 되며, 용감하게 자신의 두 다리로 서지 않으면 안 된다. 그렇지 않으면 사람은 전혀 사랑할 수 없다." 니체는 형식적·고정적 소크라테스 주의와 기독교 도덕을 가면 또는 허구라고 하여 그것들을 배격하고 전도시키고자 했다.

　니체는 형식주의적 염세주의 또는 허무주의를 디오니소스적 염세주의에 의해서, 곧 부정의 부정에 의해서 극복하고자 했다. 결국 니체는 삶을 긍정한다. 니체는 타락한 본능과 최고의 긍정을 대립시키는데, 타락한 본능의 예들은 기독교와 소크라테스 주의이며, 이것들은 관념론의 형태를 가진다. 니체는 초기에 『교육자로서의 쇼펜하우어』에서 쇼펜하우어가 칸트를 넘어서서 불가지론을 극복하고 '삶에의 의지'를 제시한 것에 큰 영향을 받았지만, 말기에 와서는 쇼펜하우어의 철학을 관념론으로 낙인찍고 형식주의적 염세주의와 타락한 본능에 속한다고 보았다. 니체는 부정의 부정에 의해 최고의 긍정을 찾았다.

　고통과 죄와 현존재의 낯설고 의문스러운 모든 것들을 주저하지 않고 긍정하는 것이 최고의 긍정이다. 삶에 대한 긍정을 가장 잘 제시해 주는 것은 그리스 비극이다. 그리스 비극은 형식주의를 붕괴하고 동적인 디오니소스와 정적인 아폴론의 조화를 창조함으로써 역동적인 삶 자체를 표현한다. 니체가 염세주의의 극복이나 삶에의 긍정을 말할 수 있는 것은 운명애와 일맥상통한다. "자, 일곱 번째 넘어졌으면 여덟 번째는 다시 일어나라"는 니체의 외침은 삶에 대한 긍정과 운명애가 없다면 불가능할 것이다.

　니체 철학에서 또 하나의 중요한 개념은 영겁회귀이다. "영겁회귀는 만물의 무조건적이며 무한한 반복된 순환 운동이다"라는 니체의 말에서 세계는 양적으로는 동일하게 제한되어 있지만, 질적으로는 무한한 운동과 변화 과정에 있다는 뜻이 암시되어 있음을 알 수 있다. 따라서 니체의 영겁회귀는 '동일한 것의 영겁회귀'라고 일컬어진다. 니체는 "보편적 해결과 불완전에 대한 경직된 감정에 대립해 나는 영겁회귀를 주장한다"고 말했다.

니체의 영겁회귀 사상은 헤라클레이토스의 '만물유전(萬物流轉)' 사상과 비슷하고, 또한 불교의 '제행무상(諸行無常)'과도 유사하며, 노자의 '무위자연(無爲自然)' 사상에도 근접한다.

니체는 결국 모든 가치들을 전도시킴으로써 초인을 정립하고자 한다. 니체는 스스로 '비도덕자'가 되어 무화(無化)의 쾌락을 맛보고자 하며, 모든 가치들의 전도를 통해 최고의 자기 사려를 획득하고자 한다. 그는 다음과 같이 말했다. "선과 악에 있어서 창조자가 되려고 하는 자는 우선 파괴자가 되어 가치들을 붕괴시키지 않으면 안 된다."

니체는 미래의 철학, 곧 낙관적인 세계관을 구성하기 위해서, 그리고 초인 개념을 정립하기 위해 모든 가치들의 전도를 제시했다. 그것은 형식적이며 관습적인 것을 반박하고, 생동감 넘치는 '힘에의 의지'를 긍정하며, 더 나아가 힘에의 의지의 관점에서 기독교 도덕과 소크라테스 주의의 허구를 파괴하기 위한 과정에서 제시된 것이다.

니체는 특히 『이 사람을 보라』에서 관념론과 기독교를 파괴함으로써, 다시 말해서 염세주의를 극복함으로써 운명애에 의해 삶을 긍정하고, 모든 가치들을 전도해 영겁회귀를 인정하고 힘에의 의지를 긍정함으로써 초인을 정립한다. 이와 같은 철학적 주제의 전개는 니체의 전체 저술들에서 일목요연하게 전개된다. 니체의 초인은 실존적 인간을 말하며, 초인의 본질은 힘에의 의지이다.

니체는 현대문명의 허구성과 제한성 및 일차원적 단편성을 날카롭게 비판함으로써 창조적 인간상과 인간의 본질을 창출해 열린 문명에의 가능성을 제시했다는 점에서 현대인들의 가치관에 일대 혁신을 가져다주었다. 그러한 점에서 하이데거를 비롯해 프랑스의 포스트모더니스트들인 푸코, 리오타르, 데리다 등은 니체의 해체주의로부터 지대한 영향을 받았다고 볼 수 있다.

삶의 창조적 진화와 베르그송

앙리 루이 베르그송(1859~1941)은 특히 생명의 창조적이며 유동적인 특징에 주목했다. 그래서 그는 생명(삶)을 형이상학적 원리로까지 끌어올렸다. 쇼펜하우어가 '삶에의 의지'를, 니체가 '힘에의 의지'를 형이상학적 원리로 삼았다면, 베르그송은 '삶의 약진'을 핵심으로 하는 생명을 형이상학적 원리로 고양했다. 이와 유사한 입장을 취한 또 하나의 철학자는 지멜(1858~1918)이다.

베르그송은 삶을 창조적 활동성 자체로 보았다. 기계론이나 목적론은 고정된 형식에 의존하기 때문에 삶 자체를 결코 붙잡을 수 없다. 삶은 정지되어 있지 않으며 미리 결정된 일정한 계획에 따라서 기계적으로 움직이지도 않고 매 순간 스스로를 새롭게 창조한다. 베르그송은 삶이 자신을 창조할 수 있는 근원적 힘을 '삶의 약진'이라고 불렀다.

삶의 약진은 스스로 전개되어 본능과 지성이라는 전혀 다른 두 가지 기능으로 나뉜다. 본능은 현실에 직접 적응하기는 해도 의식을 가지지 못하기 때문에 자신과 대상을 알지 못한다. 지성은 의식을 가지긴 해도 현실을 공간화하고 간접적 상징 개념에 의해서 현실을 파악한다. 따라서 지성은 현실 자체와 삶 자체를 파악하지 못하고 단지 삶의 피상적 단편만을 이해한다.

베르그송에 의하면, 철학은 본능에 의존해서도 안 되고 지성에 의존해서도 안 되며, 오직 내적 직관에 의해서 삶의 본질인 순수 지속을 붙잡지 않으면 안 된다. 베르그송은 합리론과 경험론을 비롯해 전통 철학의 형식성을 비판하고, 삶의 약진에 의해서 전개되는 순수 지속으로서의 삶을 직관에 의해서 파악하는 것이 참다운 철학의 과제라고 주장했다. 그는 삶이 창조적으로 진화한다고 보았는데, 이러한 견해는 유기체 진화설을 근거로 삼아 성립한 것이다. 베르그송의 형식주의에 대한 비판은 매우 예리하고 어느 정도 타당성이 있다. 하지만 그의 직관 이론은 다분히 신비주의 철학의 색채를 띠고 있다.

실존과 본질
키르케고르, 야스퍼스, 하이데거, 사르트르

> 실존주의는 현존재 인간이 자유와 자기 결단을 실천적으로
> 성취하려는 경향을 일컬으며,
> 실존주의 철학은 실존주의를 이론적으로
> 해명하려는 작업에 속한다고 말할 수 있다.

실존의 문제는 다른 어떤 존재자도 아니고 오직 인간에게만 일어난다. 실존주의는 존재나 존재자의 문제를 탐구하는 것이 아니라 인간이 어떻게 존재할 것인가에 관한 문제를 탐구 과제로 삼는다. 전통적 서양철학은 주로 본질의 문제를 탐구했음에 비해, 실존주의는 실존의 문제를 탐구한다. 본질철학은 인간을 탐구할 때 인간이 '무엇'인지를 탐구하는 데 비해, 실존철학은 인간이 어떻게 존재해야 인간다운 인간이 될 수 있는지를 탐구한다. 본질철학은 인간의 본질(인간을 인간답게 하는 근거로서의 이성이나 정신)을 탐구함에 비해, 실존철학은 인간의 본래적인 존재 방식에 대해 물음을 제기한다.

이것이냐 저것이냐의 결단 앞에 선 키르케고르

쇠렌 오뷔에 키르케고르(1813~1855)에 의하면, 헤겔의 관념론

적 변증법은 형식주의에 빠져 있으므로 양적 변증법이고, 자신의 변증법이 양을 극복하고 비약을 포함하기 때문에 질적 변증법이라고 말했다.

키르케고르는 인간의 존재 방식을 세 단계로 구분했다. 각 단계는 특정한 실존으로 이해될 수 있다.

첫 번째 단계는 미적 실존의 단계이다. 돈 주앙의 삶이 그것을 대변한다. 돈 주앙은 오직 향락에서만 삶의 의미를 찾는데, 한 가지 일에 곧 싫증을 내고 끊임없이 새로운 향락의 대상을 따라다닌다. 이 단계에서 흔히 사람은 본래의 자기를 상실한다.

두 번째 단계인 윤리적 실존은 미적 실존으로부터의 비약이다. 예를 들면 이 단계는 성실한 결혼 생활에 어울린다. 서로 다른 성의 남녀가 만나 엄숙한 결혼의 책임과 의무를 수행하며 사랑하지만, 사랑은 습관화되어 권태를 초래한다. 부부는 권태를 탈피하기 위해서 결혼 당시의 황홀한 사랑으로 되돌아와서 사랑을 유지하며 서로의 책임을 다하려고 하나 항상 후회와 오만을 떨쳐버릴 수 없다.

세 번째 단계인 종교적 실존은 윤리적 실존으로부터의 비약이다. 종교적 실존에서 인간은 하느님과 맺어진 생활을 영위한다. 영원한 하느님은 그리스도라는 인간존재에 의해 현실화된다. 그리스도는 영원이지만 현실의 시간상 제한 받기 때문에 타락의 가능성이다. 그렇지만 영원한 시간을 소유하기 때문에 신앙의 가능성이기도 하다. 이 점에서 키르케고르의 역설적인 실존적 의미가 성립한다. 신이면서 사람인 예수 그리스도를 매개로 삼음으로써 인간은 종교적 실존자가 될 수 있다.

키르케고르의 실존 사상의 출발점은 자기이다. 그의 자아는 불안을 안고 있다. 이 불안으로부터 하느님이 요청되는 것은 결코 아니며, 하느님이 은폐되어 있으므로 자아는 불안하다. 인간은 불안한 가운데서 하느님을 구하고, 하느님 안에서 본래적 자기로서 구원될 수 있다. 인간은 그리스도를 통해 하느님 앞에 항상 단독자로 선다. 키르케고르는 철학의 좌절로부터 종교에의 비약을 수행하기 때문에 종교적 실존에서 인간의 참다운 실존적 의미를 발견했다.

암호해독과 야스퍼스

카를 야스퍼스(1883~1969)는 현존재 분석을 통해서 실존철학의 사유를 밝히고자 한 독일의 대표적 실존철학자이다. 하이데거가 나치에 협력했음에 비해, 야스퍼스는 유대인 부인과 이혼하면 교수직을 계속 지녀도 좋다는 나치의 지시를 거부하여 교수직을 버리고 부인과 함께 스위스로 망명했다. 야스퍼스에 의하면, 인간은 실존적 사유에 의해 참다운 자기 자신을 획득한다. 실존적 사유는 개별 대상에 대한 인식을 초월해 자신의 자유에 호소함으로써 초월자(포괄자)를 만나고, 그러한 상황에서 자신을 위한 무조건적 행위의 공간을 만들어낸다는 것이 야스퍼스의 주장이다.

야스퍼스의 실존은 개별 대상을 초월하는 형이상학적 사유에 의해서 자신의 자유를 실현하는 인간 현존재를 일컫는다. 우리 인간은 누구나 고통, 우연, 죄, 죽음 등의 한계상황에 던져지며 그 앞에서 항상 좌절한다. 그러나 형이상학적 사유는 개별 대상에 대한 사유를 초월하기 때문에 그것은 한계상황과 아울러 자신의 무제약성, 곧 자유를 조명한다. 형이상학적 사유는 초월자의 암호를 해독함으로써 현존재 인간의 실존을 증명한다.

인간 현존재는 고통, 우연, 죄, 죽음 등의 한계상황에 처하게 되면 세계 과정의 모순과 파괴를 맛볼 수밖에 없다. 한계상황은 없다가 있고 또 있다가 없어지는 것이 아니라, 언제나 그리고 어디에서나 현존재 인간이 대면하고 있는 상황이다. 야스퍼스는 인간의 가능적 실존은 한계상황에 처해 초월자의 암호를 해독할 때 비로소 현실적 실존이 된다고 말했다.

야스퍼스의 실존은 자신의 자유를 구현하는 자유로운 인간존재이다. 인간 현존재가 한계상황에 처해 좌절하고 고뇌하다 드디어 초월자의 암호를 해독할 때, 인간은 각성적 진단에 의해 자신의 존재를 확인한다. 각성적 진단이란, 인간으로 하여금 자유로운 존재라는 것을 회상하게 하는 작업이다.

각성적 진단으로부터 우리는 다음과 같은 두 가지 서로 다른 생각을 가질 수 있다. 하나는 염세주의적 경향이다. 즉 인간의 역사는 자유롭게 되려고 하는 헛된 시도라는 것이다. 인간의 역사는 비록 현실적이라고 할지라도 무의미하며 매 순간 좌절하는 것이기 때문이다. 무의미한 상태의 현존재 중에서는 우선 자연적 현존재를, 다음으로는 기술적 현존재를 말할 수 있다. 자연적 현존재는 무의미한 일상생활을 영위하는 인간이며, 기술적 현존재는 단지 수단적 과학기술에만 의존해서 살아가는 인간이다. 양자는 모두 인간의 소멸과 종말 이외의 다른 어떤 것도 뜻하지 않는다.

각성적 진단은 또 다른 한편으로 낙관적 경향을 우리에게 제시한다. 즉 몰락과 좌절이라는 염세주의의 절정에서 인간은 자유로운 자신을 돌아보게 되고 자기 존재의 원천성을 통찰한다. 인간 현존재는 세계의 모든 것들이 암호로 가득 차 있다는 것을 알게 되고 자신이 자유롭다는 것을 각성한다. 불가피하게 여겨지는 한계상황은 모두가 암호에 불과하다. 암호를 모두 풀고 나면 초월자(포괄자)와 대면해 있는 자유로운 자기를 보게 된다. 야스퍼스는 현존재 인간이 암호를 해독해 초월자와 대면하는 것을 일컬어 '초월자를 향한 실존의 비약'이라고 보았다.

야스퍼스는 후기의 대표 저술 『이성과 실존』에서 비대상적, 초월적 존재를 '포괄자'라고 불렀다. 포괄자는 우선 주관적 존재로서의 포괄자와 객관적 존재로서의 포괄자로 구분된다. 주관적 포괄자는 다시금 내재적 포괄자(현존재, 의식 일반, 정신)와 이것들의 바탕인 실존으로 구분된다. 객관적 포괄자는 세계와 포괄자 자체인 초월자로 구분된다. 이 모든 포괄자를 결합하는 것이 이성이다. 야스퍼스에 의하면 이성에 의해서 실존이 해명될 수 있고, 또 실존에 의해서 이성은 내용을 가질 수 있다. 각성적 진단은 이성에 의해서 비로소 가능하며, 인간 현존재는 각성적 진단에 의해서 주관적 포괄자와 객관적 포괄자 그리고 궁극적으로 초월자의 암호를 해독함으로써 결국 실존으로부터 초월자로의 비약을 성취할 수 있다.

일상성으로부터 실존으로 향하는 하이데거

마르틴 하이데거(1889~1976)는 후설의 현상학과 딜타이의 해석학을 철학적 방법으로 채택해 자신의 고유한 형이상학과 존재론을 정립한 현대 독일철학의 가장 대표적인 철학자이다. 그는 나치에 협력함으로써 오늘날 인간 하이데거와 그의 사상이 과연 어떻게 조화될 수 있는지에 대해 심각한 문제를 던져주었다. 그럼에도 불구하고 20세기 초반부터 후반에 이르기까지 현대인을 가장 심원하고 종합적으로 분석, 진단함으로써 삶과 세계의 의미를 해명한 그의 철학적 작업은 그 예를 찾아보기 힘든 업적이라고 말할 수 있다.

하이데거에 의하면 '일상성'을 특징으로 매일을 살아가고 있는 인간이 바로 현존재이다. 현존재인 인간은 일상생활에서 분위기를 느끼면서 자기 자신과 관계하며 살아간다. 그러면서 현존재는 자기 자신이 아닌 다른 것에 대해서도 염려한다. 현존재 인간은 자기가 아닌 영역, 곧 세계 속에 있는 세계 내 존재이다.

현존재는 염려하는 것의 전체성으로서 언제나 기구들, 즉 재봉틀, 차량 기계 등을 가까이에 가지고 있다. 각각의 기구는 현존재가 활동하는 목적을 지시한다. 현존재는 기구에 대해서 신중한 태도를 유지하면서 수동적인 입장을 취하며, 이때의 염려는 동적이지 못하기 때문에 현존재는 가까이 있는 것으로부터 자신의 의미(실존적 의미)를 제대로 파악할 수 없다. 만일 기구들에 대한 염려로부터 현존재가 자신의 의미를 파악한다면 단지 대상적 의미만 소유하게 될 것이다.

하이데거에 의하면 실존의 특징은 현존재의 본질과 아울러 현존재의 근원에 있다. 이러한 실존(자기 자신이 결단해 존재 근거를 밝히는 현존재 인간)은 인간 현존재의 자기 염려로부터 밝혀진다. 염려는 기구나 대상에 대한 것도 있으나, 실존을 해명해 줄 수 있는 염려는 현존재에 앞서서 언제나 있는 염려이다.

현존재 인간은 자기 밖의 기구(대상)에 대해서 염려하고 또한 자신의 본질과 원천에 대해서 염려하기 때문에 '염려'는 세계-내-존재인 현존재 인간의 근거이다. 하이데거는 기구나 사물에 대한 염려를 '고려'라고 부르며, 현존재 인간들에게 공동으로 부여되고 있거나 아니면 이웃에 대한 염려를 일컬어 '배려'라고 부른다.

염려는 현존재인 인간의 고유한 존재 가능성에 대한 염려로 나타날 경우 현존재의 자기 존재가 부각되며 이 자기 존재는 세 가지 위협에 처해 결국 타락하게 된다. 우선 현존재인 인간은 익명의 공동체인 전체성에 종속됨으로써 자기 자신의 고유한 가능성을 잃어버린다. 다음으로 현존재인 인간은 순간적인 일상성에 던져지며, 마지막으로 현존재인 인간은 일상적 활동에 몰두해 타락한다.

하이데거는 공포와 불안을 구분한다. 번개나 호랑이 같은 특정한 대상 앞에서 느끼는 두려움은 공포이다. 그러나 고독이나 죽음과 같이 특정 대상이 없는 것에 대한 두려움은 불안이다. 현존재인 인간의 타락은 고유한 존재 가능성의 상실이고, 이러한 상실은 특징 없는 중성적 인간, 일상성으로 던져짐, 타락 등으로 의식된다. 불안은 현존재인 인간으로 하여금 무(無)를 직면하게 한다. 사람들은 불안과 함께 '나는 아무것도 아니지 않은가'라는 물음을 던진다.

모든 인간 현존재는 무, 곧 죽음에 직면해 있으며, 따라서 현존재는 '죽음에의 존재'이다. 죽음은 무의 절정이므로, 그것은 우리가 건너뛸 수 없는 현존재의 가능성에 대한 근원적 가능성이다. 현존재인 인간이 '죽음에의 존재'를 의식할 때 현존재는 죄에 직면한다. 현존재는 죄를 지을 수 있는 가능성을 기획하고, 이때 염려는 양심의 형태를 소유하게 된다. 양심은 현존재로 하여금 자신의 존재를 결단하게 하며, 결단성에 의해서 염려는 결국 자신의 고유성에 도달한다.

하이데거는 인간 현존재의 본질을 염려에서 찾는데, 염려는 시간성과 아울러 죽음에의 존재로 증명된다. 하이데거에 의하면, 인간 현존재의 존재 가능성은 '죽음에의 존재'이다. 불안은 죽음에의 존재에 직면할 때 생기며 이러한 불안 속에서 현존재가 자신의 죽음을 미리 앞서서 결단할 때 비로소 실존은 가능해진다. 결국 하이데거는 현존재의 유한성에 대한 자각을 강조하며 이러한 자각에 의해서 현존재가 본래적인 자기 자신으로 회귀하고, 그때 비로소 현존재 인간과 세계의 근원인 '있음(존재)'이 진리로서 드러난다고 보았다.

실존은 본질에 앞선다고 말한 사르트르

우리는 '실존주의'와 '실존주의 철학'을 동일한 의미로 사용하는 경향이 있다. 그러나 실존주의는 현존재 인간이 자유와 자기 결단을 실천적으로 성취하려는 경향을 일컬으며, 실존주의 철학은 실존주의를 이론적으로 해명하려는 작업에 속한다고 말할 수 있다. 따라서 키르케고르나 니체 등은 실존주의자이며 야스퍼스, 하이데거, 사르트르 등은 실존주의 철학자라고 부를 수 있다.

장 폴 사르트르(1905~1980)는 제2차 세계대전 이후 실존 사상을 실존주의라는 명칭으로 널리 전파시킨 프랑스의 대표적인 실존주의 철학자이다. "실존은 본질에 앞선다" 또는 "실존주의는 휴머니즘이다"는 사르트르가 남긴 유명한 말이다. 사르트르는 한때 하이데거에게서 배웠으며, 제2차 세계대전 중에는 레지스탕스 대원으로 활동하기도 했다. 1960년대에는 공산주의자로 활약하기도 했으나, 얼마 후 공산주의 사상을 버렸다. 그는 『존재와 무』 『실존주의는 휴머니즘이다』 등의 철학 저술과 소설, 희곡 등을 통해서 자신의 실존주의 철학을 전개하면서 동시에 정치적 현실에도 적극적으로 참여했다.

사르트르는『실존주의는 휴머니즘이다』에서 인간에게 있어서 실존은 본질에 앞선다는 자신의 핵심 사상을 전개했다. 도구 존재의 경우 연필, 시계, 책상 등은 제작자의 두뇌 안에 그것에 대한 틀(무엇임), 곧 본질이 먼저 있은 다음에 만들어져서 존재하기 때문에, 본질이 존재(있음)에 앞선다고 말할 수 있다. 인간의 경우 만일 신이 있어서 신의 생각 속에 인간의 본질이 있은 다음에 인간이 창조되어 존재하게 되었다면 인간에게서도 본질(무엇임, 곧 인간다움)이 존재에 앞선다고 말할 수 있겠으나, 사르트르는 신이 처음부터 존재하지 않았다고 생각했다.

사르트르에 의하면, 인간은 실제로 존재할 뿐이고 실존에 앞서서 본래부터 있는 본질은 없기 때문에 인간은 무(無)로부터 존재하게 되었다. 그러므로 인간은 스스로 자신을 창조하는 자유로운 존재이다. 사르트르는『존재와 무』에서 실존을 분석하면서 자신의 인간 이해를 전개해 나갔다.

사르트르는 데카르트의 영향 아래에서 세계를 의식(정신)과 대상으로 구분했고, 또한 후설의 영향 아래에서 의식을 현상학적 지향성이라고 말했다. 의식은 항상 어떤 것에 대한 의식이며, 어떤 것은 사물 존재이다. 어떤 것은 의식되든 되지 않든 간에 언제나 의식을 초월해 존재하기 때문에 본래부터 있는 것이고, 따라서 그것은 자체적으로 자신과 밀착되어 존재하는 즉자(卽自)이다.

그러나 의식은 자체로 존재하지 않고 항상 어떤 것에 대한 의식, 곧 다른 존재와의 관계를 지향하는 성질이 있기 때문에 대자(對自)

이다. 자기 아닌 것으로 넘어가는 의식은 '어떤 것에 대한 의식'으로서 자기 자신을 논리부로 내어던지는 존재이면서, 동시에 미래를 향해서 자기 자신을 초월하는 존재이기 때문에 무(無)이다. 사르트르가 말하는 실존은 탈자적(脫自的)·초월적 방식으로 존재하는 인간 현존재이다.

사르트르에 의하면 인간 현존재의 운명은 자유이다. 인간은 항상 모든 것을 초월하며, 모든 것을 성취하거나 선택할 수 있기 때문에 자유롭다. 그러나 인간의 의식은 대자이고 무이기 때문에 무의 공허함을 메우기 위한 몸부림으로부터 자유가 가능한 것이다. 우리는 자유를 가장 고귀한 것으로 여기는 경향이 있으나, 사르트르에 의하면 자유의 근거는 무(無)이기 때문에 자유는 인간의 축복이 아니라 오히려 저주에 불과하다.

사르트르는 대자로서의 의식과 즉자로서의 사물 존재의 통일을 '즉자-대자'라고 말했다. 그러나 그러한 통일은 오직 관념론에서만 가능한 것이다. 왜냐하면 대자로서의 의식은 무를 바탕 삼아 항상 자기를 버리고 초월하고자 하기 때문이다. 그럼에도 불구하고 인간이 미래에 자신의 존재 방식을 선택하는 행위는 결코 맹목적인 것이 아니며, 책임 있는 참여로서의 행동이다.

각 인간의 자기 선택은 전 인류의 선택일 것이기 때문에, 각자는 책임감을 가지고 공동사회에 참여해야 한다.

사르트르의 실존주의 철학은 종래의 관념론이나 합리론 등의 본질철학에 대해서 커다란 반성의 기회를 마련해 주었다. 실존은 본질에 앞선다는 그의 주장은 키르케고르나 니체의 실존주의와 맥락을 같이하며, 인간의 불변하는 본질을 해석하는 것이 아니라 인간이 자유와 책임 및 양심을 가지고 현실적으로 어떻게 존재해야 할 것이냐 하는 인간의 존재 방식을 해명하고 실천하는 데 역점을 두었다고 볼 수 있다.

철학적 인간학을 추구하다
셸러, 카시러

철학적 인간학은 근대 이후 자연과학 일변도의 인간관,
유물론적 경향이 강한 실증주의적 인간관 및 기계론적 인간관에 반해서
인간이 자유롭고 창조적인 존재라는 점을 강조한다.

'인간이란 무엇인가'라는 물음은 인간의 자기 인식에 대해 결정적 역할을 담당하는 물음이다. 원래 인간이 무엇인지를 탐구하는 인간학은 생물학의 한 분과로서 인간 신체의 특징들을 탐구하는 자연과학적 학문이었다. 그러나 19세기 중반, 원인류의 두개골 발견 이후 인간학은 인류의 자연사를 체계화하기 시작했으며, 이러한 연구에 진화론과 아울러 유전학이 도움을 주었다.

한편 영국, 프랑스, 독일에서는 민족학이나 인류학의 분야에 속하는 문화인류학과 사회인류학이 발전했는데, 이들은 자연과학의 측면이 아니라 문화적인 측면에서 인간의 유형과 특징을 탐구했다. 자연과학적 인간학과 문화인류학 및 사회인류학은 인간의 신체적 특징과 문화적 성과만 탐구 대상으로 삼았기 때문에 이러한 태도에 반대하고 인간 자체의 의미를 묻는 입장이 생겼는데, 그것이 바로 '철학적 인간학'이다.

철학적 인간학은 인간의 본질, 인간의 삶의 원리 및 인간의 특수성에 관해서 탐구함으로써 인간의 의미를 밝히고자 했다. 인간의 본질이 역사 및 사회에서 드러나는 형태, 인간의 삶이 형성하는 문화, 그리고 역사 및 사회와 삶의 관련 구조 등에 대해서도 철학적 인간학은 관심을 가진다. 철학적 인간학이 체계적으로 등장하기 시작한 것은 20세기 초반 독일의 셸러나 클라게스, 카시러 등에 의해서이다. 여기서는 셸러와 카시러의 철학적 인간학의 내용을 살펴보겠다.

우주에 있어서 인간의 위치와 막스 셸러

막스 셸러(1874~1928)는 서구의 인간 유형을 역사적 순서에 따라서 파악하고자 하며, 인간을 정신적 존재로 이해함으로써 인간의 세계 개방성을 정신에서 찾으려고 했다. 그는 서구의 역사적 성격에 따라서 인간 유형을 다섯 가지로 나누어서 고찰했다. 이러한 고찰은 인간의 특징 또는 본질이 무엇인지를 알고자 하는 목적을 가지고 있다.

셸러가 말하는 서구의 다섯 가지 인간 유형은 이성적 인간, 종교적 인간, 도구적 인간, 세기말적 인간, 인격적 인간이다. 이성적 인간은 서구의 가장 뚜렷한 인간관이다. 그리스의 소크라테스 이래로 현대에 이르기까지 '인간은 이성적 동물이다'라는 명제는 서양에서 자명한 것으로 받아들여졌다. 이성적 인간관은 인간이 다른 존재들과 구분되는 점을 이성에서 찾기 때문에 어디까지나 합리적으로 생각하고 행동하는 데 인간의 본질이 있다.

종교적 인간은 유대교와 기독교의 전통을 업고 있다. 인간은 창조주 신의 피조물이기 때문에 불완전한 자이고 죄를 범한 자이다. 따라서 인간은 절대자 신에게 복종하고 귀의함으로써 구원을 얻을 수 있다. 이러한 인간관을 대표하는 것은 중세 기독교철학 일반이며, 특히 아우구스티누스, 아퀴나스, 루터, 칼뱅, 바르트 등에서 두드러지게 나타난다.

세 번째 인간 유형은 도구적 인간이다. 인간의 활동은 자기보존을 목적으로 삼으며, 인간은 자기보존을 위해 도구를 사용함으로써 문명을 발전시켜 나간다는 입장이 도구적 인간관에서 주장된다. 근대의 자연주의, 실용주의, 실증주의 등은 도구적 인간관을 대변하는 사상들이다.

네 번째 인간 유형은 세기말적 인간인데, 이는 퇴폐적 인간이기도 하다. 세기말적 인간관은 인류 역사에 대해서 염세적이며 비관적이다. 쇼펜하우어와 같은 철학자는 삶의 근거를 맹목적 의지로 보고 그것에서부터 전개되는 삶과 역사를 병든 것 그리고 무의미한 것으로 보았다.

다섯 번째 인간 유형은 인격적 인간 내지 미래적 인간이다. 인간은 자유로운 윤리적 존재자로서의 인격이다. 하르트만과 니체가 말하는 미래적 인간은 바로 인격적 인간에 해당한다. 인격적 인간관은 인간의 자율성 및 도덕적 책임을 보장하기 위해서 요청적 무신론의 입장을 가진다. 인간이 자유롭기 위해서 그리고 자신의 행동에 책임을 지기 위해서는 절대자 신이 존재할 필요가 없기 때문이다.

이들 다섯 가지 인간 유형은 서양의 역사 발전 과정에 따라서 각각 그리스적, 중세적, 근세적, 세기말적 및 미래적인 성격의 인간을 지칭한다고 볼 수 있다.

셸러가 이렇듯 다섯 가지 서구의 인간 유형을 역사 전개 과정에 따라서 구분한 목적은 어디에 있는가. 그것은 인간의 고유한 특징을 찾기 위함이다. 셸러는 저서 『우주에 있어서 인간의 지위』에서 모든 생명체들이 더 높은 존재의 본질 형식과 아울러 더 낮은 존재의 원리들을 내면에 포함하고 있음을 밝히면서, 인간만이 고유하게 소유하고 있는 본질을 드러내고자 했다.

또 셸러는 인간을 고등동물로 보는 자연과학적 인간관과, 인간을 동물과 근본적으로 다른 존재로 보는 철학적 인간관의 대립을 극복함으로써, 유기적 생명체들의 영역 안에 속하면서도 자기만의 고유한 본질을 소유하는 인간의 특징을 해명했다.

인간은 생물이기 때문에 생물이 가지는 특징을 모두 소유하면서 동시에 인간만의 고유한 특징을 가진다. 셸러는 네 단계의 원리들이 생물에게 고유하다고 보았다. 우선 식물은 감각 충동을 가지는데 여기에서는 감각과 본능이 구분되지 못한다. 감각 충동은 성장과 번식을 가능하게 하는 충동으로서 모든 생물에게 가장 기초적이다. 다음 단계는 본능인데, 이것은 타고난 능력을 말한다. 본능은 동물의 설득적 능력이지만, 인간은 타 동물에 비해 본능의 힘이 약하다. 세 번째 단계는 연상적 기억이며, 이것은 본능의 반복에 의존한다. 동물의 연상 기억은 충동 충족에 종속되지만 인간의 연상 기억은 전통과 함께 형성된다. 네 번째 단계는 실천적 지능인데, 원인류와 아울러 인간도 실천적 지능을 소유하고 있다. 셸러에 의하면 이 네 가지 단계의 본질 형식은 낮은 단계로부터 높은 단계를 향한 생명체의 특징들을 보여주기는 해도, 어떤 것도 인간만이 소유한 본질 형식은 아니다.

그러므로 인간은 이 네 가지 본질 형식 이외에 인간이 다른 생명체와 구분될 수 있는 고유한 본질 형식을 소유해야 한다. 예컨대 개가 정원에 있을 때 개는 정원과 하나가 된다. 그러나 인간은 정신적 사고에 의해서 '내가 정원에 있다'고 생각함으로써 정원으로부터 자신을 분리시킨다. 인간은 환경을 벗어나서 자신의 내면적 인격에 의해 정신적으로 환경을 상황으로 만듦으로써 세계를 개방한다. 인간은 낮은 본질 형식들의 강한 충동을 억제하고, 정신적 반성의 힘에 의해 자신의 삶을 형성하고 보존해 나간다.

카시러의 상징 형식으로서의 철학

셸러와 함께 철학적 인간학을 대변하는 사람들로는 겔렌과 포르트만이 있다. 이들은 인간의 생물학적 특징과 관련하여 인간의 고유한 특징을 제시했다.

아놀드 겔렌(1904~1976)은 인간을 가리켜서 확정되지 않은 미완성의 존재, 따라서 스스로를 교육하고 훈련할 수 있는 존재라고 보아, '훈육을 필요로 하는 존재'라고 정의했다. 겔렌의 인간 이해는 역설적 인간관이다. 인간의 생물학적 허약함과 인간의 가능성이라는 양자의 모순관계 속에서 인간의 가능성이 문화를 창조한다고 말했기 때문이다. 자연은 1차적 환경인데, 인간은 본능의 허약함으로 인해 자연에 적응하지 못하기 때문에 정신적인 것을, 곧 문화를 창조해 2차적 환경인 문화 안에서 삶을 영위한다. 문화 창조의 능력은 어떤 다른 것이 아니라 인간의 생물학적 특징, 곧 미완성의 존재,

다시 말해서 훈육을 필요로 하는 존재로부터 생긴다.

아돌프 포르트만(1897~1982) 역시 카시러나 겔렌과 유사한 관점에서 인간이 생물학적 환경이나 구속으로부터 자발적으로 독립해 문화를 창조하는 특징을 소유한다는 점을 강조했다. 그는 인간이 다른 동물에 비해서 출생 및 성장과정이 특이하다고 보았다. 그는 우선 발생학적 측면에서 인간은 자궁외 조기출산을 특징으로 가진다고 말했다. 인간은 소나 코끼리 등 다른 포유동물에 비해서 임신기간이 짧다. 그러면서도 성장 기간은 다른 포유동물들보다 훨씬 더 길다. 인간의 짧은 임신기간과 긴 성장 기간은 인간이 출생해서 사망할 때까지 생각하고 배워야 하는 학습 존재임을 증명한다. 인간의 세계는 인간이 자유의지에 의해서 선택하고 결단해야 하는 개방된 세계이다. 인간은 결국 제한된 환경, 곧 생물학적 구속을 극복하고 자신의 자유의지에 의해서 문화를 창조하는 존재이다.

에른스트 카시러(1874~1945)는 겔렌, 포르트만, 셸러 등과 비슷한 입장에 서 있으면서도, 문화를 상징 형식으로 해석하는 독특한 철학적 인간학을 정립한다. 그는 『상징 형식으로서의 철학』에서 언어, 신화, 예술 및 정치제도를 인간 삶의 상징 형식으로 보고 인간을 일컬어 '상징적 동물'이라고 말했다.

카시러에 의하면 인간을 '이성적 동물'로 정의하는 것은 너무 좁은 의미를 가진다. 인간은 언어나 기호 등의 상징을 사용함으로써 고유한 문화를 창조하는 상징 능력의 소유자이다. 모든 생물은 감수 체계와 반응 체계를 가지고 있다. 어떤 생물이든 외부의 자극을 받아들이며, 또한 외부의 자극에 대해 반응한다. 인간도 예외일 수 없다. 그러나 인간이 다른 생물과 질적으로 다른 것은, 인간이 감수 체계 및 반응 체계 이외에 또 다른 고유한 상징 체계를 가지고 있다는 점이다. 감수 체계와 반응 체계는 외부 자극에 대해서 곧바로 직접 작용하지만, 상징 체계는 인간만이 소유하는 상징의 우주로서 인간은 상징 체계에 의해서 문화를 창조한다.

　인간은 언어와 기호 등의 상징 능력을 통해서 자신의 고유한 상징적 세계의 부분들인 신화, 예술, 학문, 종교 등의 영역을 개척해 왔다. 상징 세계는 인간 자체도 아니고 객관적 자연 대상도 아니다. 상징 세계는 인간과 자연 사이에 존재하는 가상적인 세계이지만, 그것은 인간의 삶에 고유한 문화 세계이기도 하다.

　철학적 인간학은 근대 이후 자연과학 일변도의 인간관 그리고 유물론적 경향이 강한 실증주의적 인간관 및 기계론적 인간관에 반해서 인간이 자유롭고 창조적인 존재라는 점을 강조한다. 또한 철학적 인간학은 마르크스주의라든가 독점자본주의에 의해서 폐쇄적으로 되어가는 인간의 의미를 '문화 창조'의 측면에서 확장시켜 준다는 데 커다란 의미를 가진다.

"이념의 개체들은 영원한 의지의 현상일 뿐이다. 그것들은 사라지고 쇠락하며 대체된다. 마치 태양빛에 속한 그림자들처럼. 그러나 삶 그 자체는 남아 있으며 파괴될 수 없다."

― 쇼펜하우어

14장
해석학과 현상학

직관적으로 파악해
분석하고 기술한다

삶 자체의 의미를 해석하다
딜타이

체험은 현실을 인식함으로써, 현실을 나에게 속한 것으로 만듦으로써 존재한다. 체험은 사유에 의해 대상이 된다. 딜타이는 체험에 의해 삶의 전체성을 이해하려 했다.

오늘날 철학을 비롯해 인문·사회과학에 속하는 문학, 사회학, 교육학, 신학 등이 방법론으로 택하는 중요한 이론 중 하나가 해석학이다. '해석학(Hermeneutik)'이라는 독일어는 신과 인간 사이를 매개하는 역할을 담당하는 그리스의 헤르메스(Hermes) 신에서 온 것으로, 그 의미는 '해석하는 방법'이다. 해석학은 슐라이어마허와 딜타이에 의해서 철학적 의미를 가지게 되었다.

자연을 설명하고 정신을 이해한 딜타이

해석학은 원래 인문과학의 방법 문제와 밀접하게 연관되어 등장했다. 18세기 말부터 19세기에 이르기까지 인문과학을 탐구하는 방법은 칸트, 밀, 브렌타노 등에서 볼 수 있는 것처럼 수학이나 물리학 또는 천문학 등 자연과학의 방법을 기초로 삼았다. 그 당시에는 인문과학의 고유한 방법이 인정되지 않았다. 19세기 말 빈델반트(1848~1915) 등의 독일철학자들에 의해서 인문과학을 탐구하는 고유한 방법이 모색되기 시작했다. 빈델반트는 1894년 하이델베르크 대학의 총장 취임 연설에서 모든 학문을 '법칙 정립적 과학'과 '개성 기술적 과학' 두 가지로 분류했다. 즉 자연과학의 방법은 일정한 법칙을 정립하는 것이고, 인문과학(정신과학 또는 문화과학)의 방법은 특수한 개성을 기술하는 데 있다는 것이다.

리케르트(1863~1936)는 빈델반트가 구분한 두 방법을 보편화하는 방법(자연과학의 방법)과 개성화하는 방법(인문과학의 방법)으로 나누어, 모든 학문을 자연과학과 문화과학으로 구분했다. 그 후 딜타이나 가다머는 문화과학을 일컬어 정신과학이라고 했다. 딜타이는 "우리는 자연을 설명하고 정신생활을 이해한다"고 말하면서 자연과학과 정신과학을 구분했다. 딜타이에 따르면 정신과학의 특징은 이해하는 방법에 있다.

애초 딜타이는 자연과학의 방법론에 대립하는 정신과학의 방법론으로 해석학을 언급했다. 그러나 그는 후에 삶 자체를 해석학적이라고 말했다. 이해는 정신과학의 방법이기를 떠나서 삶의 가장 본질적인 현상이기 때문이다.

해석학이란 말을 처음 사용한 슐라이어마허는 성서 등의 고전을 가장 옳게 이해하기 위한 탐구 방법을 해석법이라고 했다. 플라톤의 '대화편'을 평생에 걸쳐서 독일어로 번역한 슐라이어마허는 처음에는 문장의 이해에 관심을 기울였으나, 차츰 이해 자체의 현상에 주목해 이해의 보편적 원리 내지 법칙을 알고자 했다. 슐라이어마허는 인간의 이해 현상을 이해하는 인간의 사유 형성과 언어적 표현의 계기에 의해 파악하고자 했다.

빌헬름 딜타이(1833~1911)는 정신과학의 방법으로서 이해 내지 해석의 개념을 사용했다. 자연은 주관에 대립하는 타자이고, 이 타자의 구조나 체계를 설명함으로써 자연과학이 성립한다. 그러나 정신세계는 우리가 원자적 요소로 분석할 수 있는 객관 대상이 결코 아니다. 나아가서 정신세계는 모두 의미와 가치와 구조에 있어서 유기적인 전체를 형성하고 있으므로 단순히 설명되지 않는다. 정신세계는 인간의 창조적 표현이므로, 우리는 그것을 설명하는 것이 아니라 이해하기 때문에 정신과학이 성립할 수 있다.

딜타이에 의하면 삶 자체를 해석학적인 것으로 보고 내적 및 역사적 삶의 구조로써 통찰할 경우 삶의 범주들이 드러난다. 체험과 표현과 이해는 삶의 순환 구조를 형성하는 삶의 범주들이다. 딜타이에 의하면 체험은 다음과 같은 성격의 것이다. "체험 개념은 현실이 나를 위해서 존재하는 특수한 존재 형식을 말한다. 체험은 마치 지각된 어떤 것 또는 어떤 표상처럼 내 앞에 대상으로 나타나는 것이 아니다. 내가 현실을 인식함으로써, 그리고 내가 현실을 직접 나에게 속한 것으로 가짐으로써 체험은 나에게 존재한다. 그리고 이 체험은 사유에서 비로소 대상이 된다." 딜타이는 주관주의나 객관주의에 집착하지 않고 체험에 의해서 삶의 전체성을 이해하려고 했다.

우리는 체험을 표현하고, 또 표현을 이해한다. 따라서 체험과 표현과 이해는 '순환 구조'를 형성한다. 이러한 순환 구조가 가능한 것은 인간의 창조성이 있기 때문이다. 슐라이어마허의 해석학을 한층 더 체계적으로 심화시킨 것이 딜타이이며, 딜타이의 해석학을 자신의 존재론의 관점에서 발전시킨 사람이 하이데거이다. 하이데거는 세계-내-존재로서의 실존은 감존성(感存性)과 함께 이해를 구성한다고 보았다. 이해는 인간 현존재를 구성하는 하나의 구조이다. 하이데거는 인간 현존재를 구성하는 구조로서 감존성과 이해 그리고 언어를 열거했다. 하이데거는 딜타이의 해석학을 한층 더 확장해 심화했다고 볼 수 있다.

이해와 유희로 성립하는 철학적 해석학
가다머

가다머는 인문학의 방법론으로서의 해석학을 거부하고
인간에 대한 이해의 과정으로서의 해석학을 제안했다.
그에 의하면 예술작품의 이해는 예술작품의 진리를 체험하게 한다.

한스 게오르크 가다머(1900~2002)는 프랑스의 리쾨르와 함께 해석학을 대변한 독일의 대표적 철학자이다. 가다머는 『진리와 방법』에서 예술 및 문학 작품의 이해 내지 체험과 연관된 철학적 해석학의 입장을 전개했다. 그는 학창 시절 하이데거와 함께 수학하였으며, 그의 철학적 해석학의 일부 사상은 하이데거의 해석학적 현상학으로부터 큰 영향을 받았다.

예술 체험은 진리 체험이다

가다머의 철학적 해석학에서 가장 중요한 개념은 '이해'이다. 가다머가 말하는 이해는 방법적으로 확정된 것도 아니고 그렇다고 해서 실증주의적 자연과학의 실험이나 관찰에 의해서 검증될 수 있는 성질의 것도 아니다. 이해란 예술이나 문학 작품을 직접 대할 때 우리가 소유하게 되는 체험 내지 사건이다.

『진리와 방법』에서 가다머는 우리의 예술 체험이 철학과 밀접하게 연결되어 있다고 주장했다. 왜냐하면 우리가 어떤 예술 작품을 체험할 경우 그것은 바로 진리 체험이기 때문이다. 이해는 세계-내-존재인 현존재 인간의 존재론적 특징이다. 가다머는 딜타이와 마찬가지로, 이해는 체험 및 표현과 순환 구조를 이루고 있다고 보았다.

가다머는 예술 체험을 진리 체험으로 개방함으로써 칸트가 『판단력 비판』에서 단지 제한된 의미에서 사용하였던 미학을 철학적 해석학으로 전환시켰다. 칸트의 미적 체험은 쾌감을 소유하는 주관적인 마음의 상태이지만, 가다머는 예술이나 문학 작품에 대한 우리의 미적 체험은 언어와 대화를 통해서 이해되기 때문에 진리 체험으로 확장된다고 보았다.

이해와 유희

가다머의 철학적 해석학은 시간적이며 역사적인 인간 현존재에 대한 이해를 출발점으로 삼는다. 이해가 가능한 것은 역사적 의식 때문이다. 우리 인간의 의식은 역사의 영향을 받으면서, 동시에 역사의 결과에 대하여 개방되어 있다. 예컨대 우리는 역사적 및 종교적 텍스트와 예술 작품들이 전통과 함께 전해진 것에 영향을 받으면서도 그것들의 의미와 가치를 묻는 이해의 지평을 소유한다.

이해는 구성적 역할을 담당하는데, 가다머의 이해는 딜타이 및 하이데거와 마찬가지로 매개적이며 순환 구조를 가진다. 이해의 순환 구조는 악순환이 아니고 구성적이며 창조적이다. 왜냐하면 이해는 텍스트의 부분들과 예술 작품을 해석함으로써 전체로서의 진리를 계획하고 체험하도록 하기 때문이다.

가다머의 해석학에서 또 하나의 중요한 개념은 '유희'이다. 텍스트를 해석하거나 예술 작품을 체험할 때 우리는 마치 어떤 놀이에 흠뻑 빠지는 것처럼 텍스트나 예술 작품에 몰입할 수 있다. 특히 가다머는 해석학적 체험의 매개를 언어로 보며, 진리 체험은 개별적 경험 의식이 아니라 대화로서의 언어유희에서 성립한다고 했다.

대화를 통해서 타자의 지평과 나의 지평이 만나기 때문에 가다머는 주관주의를 극복한 진리 체험이 가능하다고 말했다. 가다머의 철학적 해석학은 데리다나 하버마스 등에 의해 여러 문제점이 노출되기는 했어도, 20세기 후반에 가장 영향력 있는 철학적 경향 중 하나였다.

은유와 상징의 해석
리쾨르

리쾨르는 현상학으로부터 출발하여 정신분석학과 구조주의를 해석학적 입장에서 이해함으로써 텍스트 개념을 바탕 삼아 체계적인 해석학 이론을 정립하였다.

폴 리쾨르(1913~2005)는 독일의 가다머와 함께 해석학을 대변한 프랑스 철학자로, 초기에는 야스퍼스의 실존주의 철학 및 후설의 현상학에 심취하였다. 『의지의 철학 1』에서는 인간의 삶에 있어서 의지적 측면과 비의지적 측면의 상호 관계를 밝히기 위해 현상학적 방법을 도입하였다. 그러나 리쾨르는 『의지의 철학 2』에서 인간이 오류 및 잘못을 범할 수 있는 것을 해명하기 위하여 신화와 상징의 의미를 해석했다.

1950년대와 1960년대에 파리의 지식층에게 크게 영향을 미친 두 가지 경향은 정신분석학과 구조주의이다. 리쾨르는 『해석에 대하여: 프로이트에 관한 시론』에서 프로이트가 말하는 의식되지 않은 것의 정신 과정은 해석 활동과 분리되지 않는다고 말했다. 리쾨르는 정신분석학을 일종의 해석학으로 보았다. 정신분석학은 이해하기 어려운 행동과 말을 특수한 규칙, 가정, 전형 등에 의존해서 분석하고 해석하기 때문에 특정한 자연과학이 아니라 역사비평이나 문학비평처럼 해석학에 속한다는 것이 그의 주장이다.

리쾨르는 소쉬르의 구조주의 언어학 및 그로부터 영향 받은 구조주의 철학을 비판했다. 구조주의의 방법은 제한된 체계 내지 구조를 근거로 언어와 인간의 행동을 설명하기 때문에 사태에 대한 포괄적 이해를 제공하지 못한다는 점이 리쾨르의 지적이었다. 예컨대 신화에 대한 레비스트로스의 구조주의적 해석은 그릇된 것이었다. 왜냐하면 신화는 제한된 구조에서 생기기보다 장구한 역사 전통을 통하여 세대에서 세대로 전해지면서 형성되었기 때문이다.

텍스트와 은유와 이야기

해석학적 입장에서 볼 때, 넓은 의미의 텍스트는 삶 자체이고 좁은 의미의 텍스트는 기록된 담론이다. 기록된 담론은 음성적 발언과 몇 가지 점에서 구분된다. 텍스트에서는 기록된 것만 의미를 지닌다. 발언에서는 말한 것의 의미와 말하는 사실 사이의 상호작용이 있으므로 정확한 의미를 이해하기 힘들다. 발언에서는 말하는 사람의 의도와 말한 것의 의미가 겹치지만, 기록된 담론에서는 그런 일이 일어나지 않는다. 발언은 특정인을 대상으로 삼는 데 비해서, 기록된 담론은 상대적으로 보편적이다. 발언에서는 연관된 주변 상황이 발언에 많은 영향을 주지만, 기록된 담론에서는 주변 상황이 그다지 큰 영향력을 행사하지 못한다.

리쾨르는 텍스트를 해석 대상으로 삼으면서 설명적 분석 방법을 사용할 경우, 해석 과정이 한층 더 쉬워지며 풍요롭게 되리라고 생각하였다.『해석 이론』에서 리쾨르는 텍스트가 기록된 담론의 특징들을 지닌다고 말했다. 그러나『해석학과 인문사회과학』및『텍스트에서 행동으로』에서 리쾨르는 텍스트를 확장하여 인간의 행위를 텍스트와 유사한 것으로 보았다. 따라서 행위는 텍스트의 기록된 담론의 특징들을 소유하기 때문에 우리가 인간의 행위를 해석할 수 있는 것이다.

리쾨르는 그의 말기 저술에 속하는『시간과 이야기』세 권을 통해서 은유와 이야기가 지닌 창조적 국면을 밝히고자 했다. 특히 언어에서 은유와 이야기는 창조적 국면을 가지는데, 이는 인간이 언어에서 생산적 상상력을 발휘하기 때문에 가능하다. 우리는 구성적 해석을 통해서 은유와 이야기가 포함하는 창조성과 상상력을 이해할 수 있다.

리쾨르에 의하면 이야기의 핵심은 줄거리(플롯)에 있으며, 줄거리는 성격, 목표, 기회, 원인, 결과, 어법 등을 동반하면서 이전과 전혀 다른 새로운 사건을 구성한다. 줄거리 구성에서 가장 중요한 것은 언제나 인간의 상상력이다. 리쾨르의 이야기는 아리스토텔레스의『시학』에 전개된 모방 이론을 채택한다.

『시간과 이야기』에서 리쾨르는 인간의 행위와 존재를 재구성하는 역할을 담당하는 것은 모방적 기능(미메시스)이라고 말했다. 예컨대 역사적 이야기라든가 허구적 예술 작품은 모방적 기능에 의해서 은유와 이야기로 구성되면서 인간의 창조성과 상상력을 표현한다.

사태 자체로 탐구의 눈을 돌리다
후설

후설에게 있어서 의식의 본질과 구조는 바로 '사태 자체'이다. 그러므로 후설의 현상학은 사태 자체를 탐구함으로써 엄밀하고 보편적인 기초학으로서의 철학을 확립하고자 했다.

오늘날 인문과학과 사회과학이 방법론으로 널리 채택하고 있는 현상학의 창시자는 독일의 에드문트 후설(1859~1938)이다. 후설이 현상학을 창시하게 된 동기로는 다음과 같은 네 가지를 들 수 있다. 우선 후설은 세계관적 전제 또는 개인의 특별한 성향을 떠나서 엄밀학이나 보편학으로서의 철학을 구축하려고 했다. 다음으로 그는 인식론, 형이상학, 윤리학, 미학, 논리학 등 모든 철학 분과의 기초학으로서 선천적 학문을 정립하고자 했다. 세 번째로 그는 이 선천적 학문을 직접 우리의 직관에 주어지는 본질에서 찾으려고 했고, 칸트처럼 우리의 인식 형식에서 찾으려고 하지 않았다. 마지막으로 후설은 철학과 실질적 문화 내용의 거리를 극복하고, 철학에 실질적인 것을 부여하려고 했다.

후설이 현상이라고 말하는 것은 의식 현상이다. 후설은 종래의 주관과 객관의 대립을 극복하고자 하며, 나아가 경험론과 합리론의 대립도 극복하고자 했다. 후설의 현상은 칸트 식의 인식된 대상으로서의 현상도 아니고, 그렇다고 헤겔 식의 절대정신의 전개로서의 현상도 아니다. 후설의 현상은 의식하는 의식과, 의식된 것을 말한다. 그에게 있어서 의식의 본질과 구조는 바로 '사태 자체'이다. 그러므로 후설의 현상학은 사태 자체를 탐구함으로써 엄밀하고 보편적인 기초학으로서의 철학을 확립하고자 했다.

후설은 의식의 본질과 구조를 밝히기 위해서 매우 정교하게 인식론적·논리적으로 의식 현상을 탐구하기 때문에, 전개는 마치 중세의 스콜라철학적인 번거로움에 빠져 있는 듯한 인상마저 준다. 의식의 본질과 구조를 밝히면 그것을 출발점으로 삼아 엄밀하고 보편적인 철학을 구축할 수 있다고 후설은 생각했다. 후설의 현상학은 크게 두 가지 방법으로 나누어지는데, 첫 번째 것은 '형상적 환원'이고 두 번째 것은 '선험적 환원'이다. 후설은 이 두 가지 환원을 합해서 '현상학적 환원'이라고 불렀다.

후설의 '현상학적 환원'

우선 우리가 자연을 관찰하는 방법을 예로 든다면, 그것은 소박한 사고방식을 동반하는 경험이다. 이 경험 안에는 시간적·공간적인 사실들이 있지만 이것들은 편견을 가져다주기 때문에 이 사실들을 괄호 안에 넣고 '판단 중지'할 필요가 있다. 우리는 형상적 환원에 의해서 종래의 형이상학적 세계와 경험적 객관 대상에 대해서 판단을 중지하고 의식과 의식 대상을 기술할 수 있다. 즉 형상적 환원은 특정한 개별자가 아니라 의식의 본질을 기술한다.

판단 중지에 의해서 우리는 종래의 형이상학이 자명한 것으로 주장하던 신, 자아, 논리 법칙 등의 존재에 대한 판단을 중지할 뿐 아니라, 경험적인 객관 대상들에 대해서도 판단을 중지한다. 판단 중지는 데카르트의 방법적 회의와 유사한 것 같지만 전적으로 다르다. 데카르트는 모든 것들을 의심한 결과 "나는 생각한다. 고로 존재한다"라는 철학의 제1원리를 이끌어냈지만, 후설은 의심하지도 않고 증명하지도 않으면서 전통적 사고의 대상에 대한 판단을 중지한다. 우리는 흔히 신, 자아, 세계 등을 믿는데, 후설은 판단 중지에 의해 그러한 존재에 대한 믿음을 중지하고 그러한 것들을 믿는 의식을 통찰할 것을 요구했다.

형상적 환원의 다음 단계는 선험적 환원이다. 선험적 환원에서는 내재적 세계로서의 순수의식의 영역이 발견된다. 의식은 언제나 '어떤 것에 대한 의식'이기 때문에 의식의 본질은 지향성이다. 순수 의식의 지향성은 의식하는 의식과, 의식되는 의식의 구조를 소유한다. 후설의 현상학은 종래의 인식론과 달리 의식 자체를 엄밀히 분석함으로써 의식의 본질과 구조를 탐구하는 후설의 고유한 연구 태도를 반영한다. 후설은 아리스토텔레스의 존재론, 데카르트의 합리론, 브렌타노의 기술심리학 등의 영향을 받아 자신의 고유한 현상학을 체계화한다. 물론 플라톤, 아퀴나스 및 칸트가 후설에게 미친 영향도 무시할 수 없다.

후설 이후의 현상학자들

후설 이후 현상학파에 속하는 많은 학자들은 현상학적 방법에 의해서 철학의 엄밀한 형식과 함께 풍부한 내용까지도 획득하고자 했다. 후설 이전까지는 신칸트학파의 철학자들에 의해서 학문의 인식 가능성 그리고 선험적 조건으로서의 인식 형식이 중요한 철학적 관심의 대상이었다. 말하자면 내용이 결여되어 있었다. 현상학자들은 학문의 내용을 직관적으로 파악해 분석하고 기술하고자 했다. 셀러와 하이데거가 가장 대표적이다.

셸러는 철학적 인간학의 입장을 대변하지만 삶의 철학의 영향을 받았고, 방법론적으로는 현상학적 직관주의의 태도를 취했다. 셸러는 『윤리학에 있어서 형식주의와 실질적 가치윤리학』에서 칸트의 형식주의적 윤리학을 반대하고 직관적으로 파악되는 가치 질서의 객관성과 선천성을 논증함으로써 실질적인 가치윤리학을 성립시키려고 했다. 또한 셸러는 모든 형태의 지식을 현상학적으로 분석해 지식의 사회적 조건을 논함으로써 지식사회학을 정초하려고 했다. 특히 그는 인간존재의 본질을 해명하고 인간과 인간 이외의 다른 존재와의 관계 및 인간의 지위 등을 탐구하는 철학적 인간학을 구축하고자 했다.

하이데거의 '기초 존재론'은 후설의 현상학을 출발점으로 삼으면서, 삶은 삶 자체로부터만 해석 가능하다는 딜타이의 해석학적 방법을 택한다. 그리고 하이데거의 기초 존재론은 나아가서 참다운 존재는 유한하고 개별적인 단독자일 뿐이라고 하는 실존주의를 기초 체험으로 택한다. 하이데거는 일상성 속에 타락해 자신을 망각한 채 살아가는 인간 현존재를 분석함으로써 결단에 의해서 자신의 본래성을 회복하고 현존재의 의미를 탐구하는데, 여기에서 그의 실존의 개념이 드러난다.

후설의 현상학은 셸러, 하이데거뿐만 아니라 메를로퐁티, 하버마스 등에게도 지대한 영향을 미쳤으며, 오늘날까지도 논리학, 윤리학, 미학, 사회학, 법학, 교육학 등에 무시할 수 없는 영향을 미치고 있다.

15장
언어철학과 정신분석학

언어를 규명해
인간존재를 분석하다

언어는 기호의 체계이다
소쉬르

소쉬르는 언어가 선험적 법칙에 의해서 구성되는 것이 아니라 사회의 관습적인 기호체계에 의해서 구성된다는 구조주의 언어학을 대변했다.

현대철학의 조류 중 하나인 구조주의는 스위스의 언어학자 페르디낭 드 소쉬르(1857~1913)의 구조주의 언어학으로부터 시작되었다. 소쉬르의 『일반 언어학 강의』는 구조주의 언어학을 대변하며 더 나아가서 구조주의 철학이 형성되는 데 핵심적인 역할을 담당하였다.

소쉬르는 19세기의 전통적 언어학자들에게 정면으로 반대하면서, 언어는 특정한 선험적 법칙에 의해서 결정되는 것이 아니고 전적으로 임의적인 역사적 관습 체계에 의해서 결정되는 기호체계라고 주장했다. 따라서 언어학 탐구는 비교언어학자들이 주장하는 것처럼 시간의 진행에 따라서 역사적으로 발전하는 언어형식을 연구해서는 안 되고, 어떤 주어진 시간에 동일한 체계에 속하는 기호들의 관습적 관계를 연구해야 한다. 소쉬르는 언어 연구는 공시적이어야 하고 통시적이어서는 안 된다고 주장했다.

랑그와 파롤

소쉬르 언어학의 출발점은 '랑그(langue)'와 '파롤(parole)'의 구분이다. 모든 언어는 기본적인 관습의 체계와 그 체계의 일상적 사용으로 구분된다. 예컨대 '사랑'이라고 말할 때 독일인은 '리베(liebe)'로, 프랑스인은 '아무르(amour)'로, 미국인은 '러브(love)'로 발음하며 기록한다. 이처럼 실제로 사용되는 말이 파롤이며, 파롤의 바탕이 되는 사회적 관습 체계가 랑그이다.

우리는 사회생활에서 인간 대 인간의 관계를 유지하기 위해서 파롤을 사용하기 때문에 파롤은 의도적일 수밖에 없다. 그렇지만 파롤의 근거가 되는 관습 체계로서의 랑그는 실생활에서 사용되지 않고 단지 논리적으로 파롤에 선행하며 동시에 파롤보다 더 추상적이다. 그렇기 때문에 언어에 있어서 근본적인 것은 실생활에서 사용되는 말이나 글이 아니라 관습적인 언어의 기본 체계인 랑그이다.

예컨대 한국인은 한국어(말)로 말한다. 우리가 사용하는 말이 파롤이다. 그런데 우리가 쓰는 말의 바탕에는 논리적 문법이나 사회 관습 체계가 깔려 있는데 이것이 랑그이다.

기호체계

소쉬르는 오늘날 미국의 실용주의 철학의 선구자인 퍼스와 함께 현대 기호학 이론의 토대를 마련하였다. 소쉬르의 기호론에 의하면 모든 기호는 청각적 국면과 개념적 국면을 소유한다. 예컨대 '사나이', '사내', '사내자식' 등의 청각적 국면은 '남자'라는 개념적 국면에 대응한다. 이 말은 한 단어가 청각적 국면[signifiant: 기표]과 개념적 국면[signifié: 기의]을 동시에 가진다는 것을 뜻한다.

한 단어에 있어서 청각적 국면과 개념적 국면의 관계는 선험적 법칙에 의해 결정되는 것이 아니고 우연적으로 결정된다. 소쉬르는 단어의 청각적 국면과 개념적 국면의 관계가 언어 이외의 다른 요소에 의해서 결정된다는 견해에 반대했다. 언어심리학의 입장에서 보면, 우리의 지각 과정에 있어서 청각상은 '에코(echo)'로 그리고 시각상은 '아이콘(icon)'으로 우리 뇌에 코드화되어 저장된다. 대상을 지각할 때 에코로 코드화하는 것은 아이콘으로 코드화하는 것보다 훨씬 더 명백하게 지각된다. 이러한 이론은 소쉬르가 말하는 단어의 청각적 국면의 이론을 뒷받침해 준다.

소쉬르는 『일반 언어학 강의』에서 자신의 언어학을 사회심리학 그리고 일반심리학의 한 부분이라고 말하면서, 동시에 기호학이라고 했다. 언어는 기호체계[랑그]를 바탕으로 삼으며, 기호체계는 사회적 관습에서 성립하기 때문이다. 소쉬르의 구조주의 언어학의 방법론은 후에 메를로퐁티, 레비스토로스, 바르트, 라캉 등에게 지대한 영향을 미쳤다. 그러나 현상학, 해석학 등의 등장에 따라 구조주의가 쇠퇴의 길을 걸은 것도 사실이다.

언어는 존재의 집이다
비트겐슈타인, 하이데거

> 분석적 언어철학에서는 경험을 근거로 삼아
> 기호 안에서 언어의 의미를 찾는다.
> 해석학적 언어철학에서는
> 언어가 해석학적 체험의 매개물이라는 것에서 언어의 의미를 찾는다.

오늘날의 과학철학과 현상학, 그리고 분석철학과 해석학 등은 탐구 과제와 방법론에 있어서 서로 접근하는 것같이 보이는 측면이 있다. 그렇지만 엄밀히 살펴볼 경우 이들은 접근하는 것이 아니라 오히려 서로 분리되고 또한 각각 고립되어 가는 경향이 강하다.

현대에 들어오면서 전통적 의미에서의 인식의 문제를 비롯해 실체와 윤리, 논리와 미학의 문제들은 해결의 실마리를 언어의 본질과 구조에서 추구하려는 경향이 매우 두드러졌다. 인간의 사고나 감정은 논리적이든 아니든 간에 언어로 표현되며, 또한 언어를 수단으로 삼아 인간의 의사소통이 성립되고 삶이 표현된다.

현대 언어철학의 두 갈래

현대의 언어철학은 대략 두 갈래의 흐름으로 구분된다. 하나는 대륙의 해석학적 입장이고, 또 하나는 영미의 분석적 입장이다. 해석학적 입장은 다시 현상학적 견해, 구조주의적 견해 및 해석학적 견해로 세분할 수 있다. 분석적 입장은 다시금 비트겐슈타인과 태도를 같이하는 견해, 비트겐슈타인과는 입장을 달리하는 옥스퍼드학파 및 기호논리학적 견해로 세분된다.

우리는 언어를 매우 다양한 각도에서 연구할 수 있으나, 오늘날 언어철학의 주된 관심사는 언어와 사유, 언어와 논리, 언어와 사회 등이다. 그러나 언어철학의 주된 관심사들을 탐구하기에 앞서서 밝혀야 할 것은 언어란 무엇이고 어떤 것인가 하는 점이다. 언어철학의 가장 기본적이고 핵심적인 문제는 언어의 의미에 있다. 분석적 언어철학에서는 언어 현상, 곧 '언어가 어떤 것인가'라는 문제에 집중하는 반면, 해석학적 언어철학에서는 언어의 본질, 곧 '언어란 무엇인가'라는 문제에 관심을 집중시킨다.

분석적 언어철학에서는 경험을 근거로 삼아 기호 안에서 언어의 의미를 찾고자 한다. 그런가 하면 해석학적 언어철학에서는 언어가 해석학적 체험의 매개물이라는 것에서 언어의 의미를 찾는다. 이 두 입장은 서로 다를 뿐만 아니라, 서로 대립되는 것처럼 보인다. 언어의 의미에 관해서 분석적 입장과 해석학적 입장은 어떤 점에서 서로 양립하는가, 그리고 언어의 의미가 포괄적 입장에서 밝혀질 수 있을까 하는 것은 해결되어야 할 물음들이다.

분석적 언어철학

분석적 언어철학의 입장에서는 우선 현상을 '사태'로 본다. 비트겐슈타인은 『논리 철학 논고』에서 "모든 대상이 주어져 있다면 모든 가능한 사태로 주어져 있다"고 말했다.

사태는 상(像)을 형성한다. 상은 우리의 언어에 의한 표현 형식을 떠날 수 없다. 표현 형식은 명제로 나타난다. 명제는 사물의 본질을 밝히는 것이 아니라 사물의 현상만을 언급한다. 표현이 의미를 가지는 장소는 오직 명제이다. 만일 우리의 사유 구조가 사태 구조와 논리적으로 서로 상관관계에 있다면, 언어의 의미는 명제 이외의 다른 곳에서 찾아질 수 없다. 우리는 이제 명제가 의미 있는지 아니면 의미 없는지를 결정하는 기준을 찾아야만 한다. 명제의 의미는 검증 원리라는 기준에 의해서 결정된다는 것이 분석적 언어철학자들의 일반적 견해이다.

비트겐슈타인은 언어 현상을 '말놀이'에서 밝히고 있다. 선생님이 한 대상을 의미하는 말을 했는데 학생이 따라서 말했을 때, 이와 같은 현상을 말놀이라고 한다. 언어와 언어가 결부된 행위의 전체는 말놀이이다. 비트겐슈타인에 의하면 이러한 말놀이에 있어서도 언어를 이해하는 것은 명제를 이해하는 것이다. 그는 다음과 같이 말했다.

명제를 이해하는 것은 언어를 이해하는 것이다. 언어를 이해하는 것은 기술을 지배하는 것이다.

분석적 입장에서 볼 때 검증 원리가 받아들여지지 않으면 과학적 가설이나 상식적 언명이 성립할 수 없기 때문에, 언어의 의미가 타당할 수 있는 범위는 검증 원리의 범위와 일치한다. 그러나 분석적 언어철학은 언어를 형식적·논리적 측면에서만 탐구해 언어의 의미를 밝히고자 하기 때문에, 인간 삶 자체의 표현인 언어를 전체적 관점에서 바라보지 못하는 단점을 안고 있는 것도 사실이다.

해석학적 언어철학

분석적 언어철학에서는 형이상학적 명제가 검증 원리에 타당치 못하기 때문에 거짓이고, 따라서 탐구 대상으로부터 제외되어야 한다고 주장한다. 그러나 해석학적 언어철학에서는 언어를 해석학적 체험의 매개물로, 그리고 또한 해석학적 존재론의 지평으로 이해한다. 물론 언어는 인간의 의사소통을 가능하게 하는 객관적인 의미 체계이지만 해석학에서 문제 삼는 언어의 의미는 언어 현상이 아니라 언어의 본질에 있다.

하이데거는 "언어의 실존-존재론적 기초는 대화"라고 말함으로써, 언어가 대담이 아니라 대화에 뿌리박고 있음을 밝혔다. 대담은 물론 논리적 구조를 가지고 있다고 할지라도 그것은 단순한 음성의 연속이고 의미가 없다. 야스퍼스도 비슷한 입장을 전개했다.

외침, 피리 불기, 바람 소리, 새나 개구리의 울음 등은 전혀 언어가 아니다. 언어는 내가 듣거나 말하는 소리 속에서 대상에 관한 나의 의향과 의미를 이행할 때 성립한다. 내가 소리 속에서 나와 거리를 두고 있는 대상을 의식하면서 지향하는 그것이 근본 현상이다.

단순한 대담은 지껄임에 지나지 않기 때문에 의미를 소유하지 못한다. 하이데거는 인간이 바로 대화라고 했다. 인간은 서로 말하고 들을 수 있는 존재적 관계에 있다는 것이다. 하이데거는 존재론적으로 현존재의 존재인 진리를 드러내기 위해 지금까지의 논리적 언어 탐구를 포기하지 않으면 안 된다고 주장했다. 논리적 언어형식은 살아서 생동하는 언어의 내용과 전체성을 무시하고, 단지 언어의 껍질만을 알려주기 때문이다. 언어형식에 의해서 우리는 결코 '사태 자체'를 획득할 수 없다.

하이데거에 의하면, 언어는 존재의 언어이며 일종의 존재 방식이다. 그는 "언어는 존재의 집이다. 그 집 안에 인간이 산다. 생각하는 자와 시 쓰는 자는 이 집의 문지기이다"라고 말했다. 또한 "구름이 마치 하늘의 구름인 것과 마찬가지로 언어는 존재의 언어"라고 설명했다.

언어의 본질은 본질, 곧 존재의 드러남을 의미한다. 하이데거에게 있어서 언어의 의미는 형식적 문법과 논리적 측면을 넘어서서 역사적으로 인간존재를 보장하는 최고의 가능성이며, 또한 진리를 드러내는 존재 방식이기까지 하다.

가다머는 『진리와 방법』에서 하이데거의 입장을 한층 더 심화시켜, 플라톤의 로고스에서 보는 것처럼 인간의 세계 체험에 있어서의 언어는 존재에 관한 사유를 발전시킨 실마리로 보았다. 가다머에 의하면 언어는 세계 체험으로서의 언어이다.

분석적 언어철학과 해석학적 언어철학의 의미론적 지양

이제 분석적 언어철학과 해석학적 언어철학이 안고 있는 문제점들을 서로 보완하는 입장에서 해결할 수 없는 것일까라는 물음을 놓고 해답을 찾아보기로 하자.

루드비히 비트겐슈타인(1889~1951)은 "철학의 목적은 사유의 논리적인 해명이다. 철학은 교훈이 아니라 해명이다. 철학의 결과는 철학적 명제가 아니고 명제에 의한 해명이다"라고 말했다. 사유로서의 사유는 표현으로 나타난다. 물론 이 표현은 논리적 표현이다. 그렇다면 우리는 분석적 입장이나 해석학적 입장에 의존하지 않고 언어의 의미를 이해하기 위해서 의미론에 의존할 필요가 있다. 우리가 의미론에 의존할 경우, 형식으로서의 언어와 내용으로서의 사유 사이의 내면적 연관성이 드러날 수 있다. 언어의 의미는 사유 현상으로서 언어의 본질과 현상에 모두 타당하다.

우리는 언어의 의미를 매우 다양한 각도에서 탐구할 수 있지만, 언어의 의미는 주로 형식적 현상의 측면에서 그리고 본질의 측면에서 탐구된다. 한국말만 아는 사람은 "She is very nice."라고 말하면 이해하지 못하지만 "그녀는 매우 멋지다"라고 말하면 곧 이해한다. 신호등을 한 번도 본 적이 없는 섬 아이가 서울에 와서 신호등을 보면 어리둥절해 한다. 그러나 사람들의 행동이나 설명을 통해서 아이는 곧 신호등에 적응하게 된다. 인간은 어떤 경우든지 이해하기 위해서 기호를 사용함으로써 기호 상황을 만든다.

분석적 언어철학에서 보면 비트겐슈타인이 말한 것처럼 언어의 의미는 논리적 사태에 관한 사유의 형식이다. 그러나 해석학적 언어철학에서 보면 언어의 의미는 가다머가 말한 것처럼 세계 체험의 지평이다. 언어는 대상을 지시하기 때문에 언어의 의미는 대상이고, 의미가 입고 있는 틀로서의 명칭은 기호이다. 이 경우 기호는 단순히 기호논리학적 의미의 기호보다 넓은 의미에서 이해될 필요가 있다. 기호는 형식이면서도 항상 사유 내용을 담고 있기 때문이다.

언어의 의미는 명제의 참·거짓을 포함할 뿐만 아니라 대상과 사유 관계의 특징이고, 더 나아가서 존재 방식이며, 인간 체험의 지평이기도 하다.

세계의 심층구조를 밝히다
레비스트로스

레비스트로스의 구조주의적 방법론은 언어 현상 및 친족관계에서 큰 성과를 성취했다. 그는 사회학적이며 보편주의적인 방법으로 친족관계의 기본 구조가 무엇인지를 해명하고자 했다.

우리의 세계와 삶은 다양한 현상으로 나타난다. 우리에게 직접 나타나는 자연과 인간 및 사회와 문화의 현상은 표면적인 것이고, 그것들의 심층구조는 항상 은폐되어 있다. 이 심층구조를 드러낸 보편 법칙을 해명함으로써 보편 법칙에 의해 현상을 파악하고자 한 노력은 1960년대 후반 프랑스의 인류학자 클로드 레비스트로스(1908~2009)에 의해 새로운 철학적 방법으로 정립되었다.

인간과 자연과 문화의 심층구조

레비스트로스가 구조주의를 구상하게 된 밑바탕에는 마르크스와 프로이트의 사상 그리고 지질학이 깔려 있다. 그는 『슬픈 열대』에서 자신의 '세 가지 만남'에 관해서 기술했다. 첫째, 어떤 현실 유형을 다른 유형으로 환원시킬 때 참다운 이해가 가능하다는 것이다. 둘째, 참다운 현실은 표면에 나타나지 않는다는 것이다. 셋째, 진리란 본질상 스스로 은폐하려는 면밀성에서 암시된다고 하는 것이다.

레비스트로스는 무엇보다도 프라그 학파가 발전시킨 음운론의 방법과 성과로부터 큰 영향을 받았다. 말하자면 그의 구조주의 방법론은 구조주의 언어학으로부터 많은 영향을 받은 것이다. 그는 음운론이 우리의 과학 전체에 적용될 수 있다고 보았다. 언어학자는 낱말들을 분석하고 음운의 실재를 해명한다. 만일 언어학자가 여러 언어들 속에서 동일한 대립 음소들의 적용을 확인한다면, 그것은 서로 다른 개성적 언어들을 비교하는 것이 아니고 겉으로 보기에 서로 다른 대상들의 심층적 동일성을 전혀 새로운 차원에서 보장하려는 것이다.

여기에서 문제되는 것은 상호 유사한 현상들이 아니라 동일한 사실이다. 레비스트로스는 의식적 표면으로부터 무의식적 심층으로 이행하는데, 이 이행은 특수한 개성으로부터 보편적 절대성으로의 이행이다. 언어학에서 이 보편성이 중요한 것과 마찬가지로 인류학에서도 똑같이 보편성이 중요하다. 우리는 언어에서 표현된 상징적 기능을 연구한 결과 모든 언어의 바탕에는 동일한 원리(또는 형상)가 있다는 것을 알아냈다. 인간의 정신작용은 재료에 특정한 원리를 부여한다. 이 원리는 고대인과 현대인 그리고 원시인과 문명인에게 동일하다. 이러한 사실을 알 때 우리는 모든 제도와 습관의 심층에 있는 무의식적 구조를 찾아낼 수 있다.

레비스트로스는 언어 현상과 아울러 친족관계에서 구조주의적 방법론의 큰 성과를 성취했다. 지금까지 민속학자나 인류학자가 사용했던 관찰 방법은 개별적이며 생물학적인 것이었다. 레비스트로스는 이러한 방법을 떠나서 사회학적이며 보편주의적인 방법에 의해서 친족관계의 기본 구조가 무엇인지를 해명하고자 했다. 그에 의하면 친족관계의 기본 구조는 '교환'이다. 레비스트로스는『친족관계의 기본 구조』에서 어떤 형태의 결혼 제도이든 결혼 제도의 공통된 기초는 교환이라고 주장했다.

언어의 시초를 상징적 사유라고 한다면, 자연으로부터 순화로의 발전을 가능하게 한 것은 바로 교환이다. 레비스트로스는 근친상간의 금지를 비롯해 다양한 결혼 제도를 설명하면서 교환의 의미를 밝혔다. 같은 씨족이나 부족에 속하는 여자를 자연적 본능 충족의 대상으로 삼지 않고 일종의 교환 대상으로 여긴다는 것은 여자를 사회라는 관계 체계의 기호로 생각하는 것이다. 우리 인간의 사회적 삶은 기호의 교환이다. 또한 문화는 상징의 해석이므로, 문화는 곧 언어생활이다.

레비스트로스는 친족관계를 연구한 후 토테미즘을 연구함으로써 인간 사회의 심층에 깔려 있는 원리들을 한층 더 명확하게 밝히고자 했다. 그에 의하면 지금까지 종교사학자나 인류학자 들이 설명한 토테미즘의 현상은 이를 항상 경멸하고 멸시하려는 문명인들의 관습이 날조해 낸 것에 불과하다. 레비스트로스는 인류학을 연구하기 위한 구조주의적 방법으로서 다음과 같은 가설적 모델을 제시했다.

① 연구해야 할 현상을 둘 또는 그 이상의 여러 가지 표현들 사이의 관계로 이해한다.

② 이러한 표현들 사이에 가능한 모든 교환 관계의 도식을 작성한다.
③ 우선 연구 대상으로 드러난 경험적 현상을 여러 가지 교환 관계들 중 하나의 결합으로 여기고, 그것을 전체 체계의 일부로 설명한다.

레비스트로스에 의하면 토테미즘이란 자연과 문화 사이에서 성립하는 관계들에 관한 현상이다. 자연은 범주와 개체를, 그리고 문화는 집단과 개인을 포함한다. 그렇다면 토테미즘이란 대립되는 반대개념들인 문화나 자연의 개념이 특정한 형식으로 결합된 것에 지나지 않는다. 토테미즘이란 멸시나 경멸의 대상도 아니고 전혀 이상한 것도 아니며, 단지 보편적 법칙에 의해서 나타나는 현상에 불과하다.

레비스트로스는 아메리카의 토인 부족들의 상하 관계, 전쟁과 평화 등 대립 개념들과 중국의 음양의 조화로운 대립적 요소들을 연구해 심층의 보편적 구조를 해명했다. 더 나아가서 신화와 음악의 구조도 연구해, 공간적 신화로부터 시간적 신화로의 변천, 그리고 감성적 성격의 논리로부터 심층적 현상을 향한 논리의 변천을 연구함으로써 자신의 구조주의적 탐구의 심도를 깊게 했다. 레비스트로스의 구조주의적 탐구 방법은 특히 프랑스의 현대철학자들에게 커다란 영향을 미쳤다.

심층 심리와 정신분석학

프로이트, 융, 아들러

정신분석학은 의식하기 어려운 정신의 심층을 관찰하고 분석하며, 심층 의식과 관계있는 일상생활의 심리 현상에 대해서 연구하는 학문이다.

지그문트 프로이트(1856~1939)는 마르크스, 니체, 아인슈타인 등과 함께 현대사상에 일대 충격을 가져다준 정신분석학자로서, 정신병리학과 심층심리학을 기초로 하여 정신분석학을 체계화했다. 그는 유대인이었고 대학교수가 되는 것이 꿈이었지만, 당시 유대인에 대한 박해 때문에 꿈을 이루지 못하고 개업 의사가 되어 일생 동안 정신분석학 연구에 몰두했다. 말년에는 구강암 수술을 33회나 받으면서도 연구를 계속했다.

프로이트의 학설은 충동론, 인격 구조의 이론(심적 장치론), 심층의식론, 심적 기제론, 방어기제론, 신경증론, 꿈의 해석론 등 여러 분야로 나뉜다. 정신 현상을 관찰하고 분석하는 것은 심리학의 과제이다. 그러나 모든 정신 현상이 직접 관찰될 수 있는 것은 아니다. 꿈처럼 일상생활의 의식과는 분리되어 있어서 의식과 상관없이 이루어지는 일도 얼마든지 있다. 정신분석학은 보통 우리가 의식하지 않고 있는 정신의 심층을 관찰하고 분석하며, 심층 의식과 관계 있는 일상생활의 심리 현상에 대해서 연구하는 학문이다.

처음에 프로이트는 심층 의식을 분석하기 위해서 최면술이나 전기요법 등을 사용했으나 곧 포기하고 자유연상법을 채택했다. 연상법은 머릿속에 떠오르는 생각을 계속해서 연상하게 함으로써 의식 내의 감정적 복합을 알아내는 방법이다. 프로이트는 신경증(노이로제)을 치료하기 위해서 자유연상법을 사용하기 시작했다. 이 방법을 이용해서 그는 의식의 내면을 탐구하고 동시에 신경증을 치료했다.

프로이트에게 영향을 준 친구 브로이어의 두 가지 관찰

프로이트는 친구 브로이어의 관찰을 기초로 하여 1893년과 1895년에 히스테리에 관한 연구를 발표했다. 빈의 정신과 의사 브로이어가 프로이트에 영향을 미친 관찰은 다음의 두 가지이다.

브로이어는 히스테리 증세를 지닌 안나라는 미모의 젊은 여성을 진찰했는데, 그녀는 멀쩡한 눈을 가지고도 자주 아무것도 볼 수 없다고 호소했다. 안나는 꿈꾸는 상태에서 무엇인가를 중얼거렸다. 브로이어는 꿈꾸는 상태에서 중얼거리는 환자의 말이 그녀가 마음속 깊이 품고 있는 것과 관계있다고 여겼고, 안나가 중얼거린 말들을 기록한 다음에 그녀를 최면 상태에 끌어들인 후 그 말들을 다시 들려줌으로써 그녀의 마음 깊이 사무쳤던 사건들을 이끌어내려고 했다. 안나는 중병을 앓는 아버지를 간호하면서 너무 울어서 눈은 멀쩡하지만 눈물이 앞을 가려 보이지 않았다는 사실을 털어놓았다. 안나는 브로이어의 치료를 6개월 정도 받고 정상인으로 돌아왔으며 그 후 오스트리아의 유명한 여성운동가가 되었다. 이로써 브로이어는 환자 치료에 최면요법이 가장 적절한 방법이라는 확신을 가지게 되었다.

브로이어의 치료를 받은 또 다른 환자는 물 마시기를 거부하는 증세가 있었다. 브로이어는 이 환자를 최면 상태로 끌어들인 다음, 환자로 하여금 마음속에 있던 말을 털어놓게 했다. 이 환자는 가정교사에 대한 고통스러운 느낌을 이야기하면서 가정교사가 마시던 컵에 든 물을 그녀의 개가 마시고 있는 것을 목격한 적이 있었음을 털어놓았다. 이렇게 마음속에 품었던 것을 털어놓음으로써 환자는 지금까지 억제해 왔던 분노를 터뜨리고 차츰 컵의 물을 마실 수 있었다.

프로이트는 브로이어의 관찰과 치료를 근거로 히스테리에 관한 연구를 발표했고 거기에서 다음과 같은 결론을 얻었다. 신경증의 증상은 잊힌 과거의 일과 관계가 있으며 그 일들을 회상함으로써 증상이 제거될 수 있다. 환자는 과거의 일들을 억제하고 있어서 마음에 상처를 입고 있으므로 그것이 신체의 여러 가지 증상으로 나타난다. 따라서 과거의 일들을 재현하게 해주지 않으면 환자는 치료될 수 없다.

프로이트는 이 연구에 의해서 다음과 같은 몇 가지 결과를 이끌어냈다. 우선 프로이트는 신경증의 증상은 우연히 발생되는 것이 아니고 과거에 있었던 사건에 의해서 발생되어 결정된다는 심적 결정론에 도달했다. 다음으로 그는 증상의 원인은 무의식적인 것이므로 환자 자신은 그 증상을 전혀 모르고 있다는 사실을 알게 되었다. 세 번째로 그는 증상의 원인, 곧 억압이 무의식으로 남아 있는 이유는 증상의 원인이 불쾌한 체험이었다든가 또는 다른 경향과 충돌하기 때문에 의식에 떠오르지 않게 의식의 심층에 묻혀 있다는 것을 발견했다. 마지막으로 프로이트는, 발산되지 못하고 무의식 안에 남아 있는 억압 충동은 어떤 계기를 맞이해 말이나 행위로 터져야만 마음이 깨끗해진다는 카타르시스(정화법) 이론을 제시했다.

억압된 관념은 성적인 것이다

그러나 프로이트는 최면요법의 한계를 발견하고 자유연상법을 제시했다. 그는 일상인의 심리 현상을 연구해 『꿈의 해석』과 『일상생활의 정신 병리』를 저술했으며, 말이나 글의 잘못은 모두 심층 의식(무의식)이 겉으로 드러나는 것임을 밝혔다. 프로이트는 신경증의 원인이 성적인 요소와 밀접한 관계가 있다고 생각했다. 그는 『성의 이론에 관한 세 가지 논문』에서 억압된 관념은 성적인 것이며, 성욕은 이미 유아의 구강기부터 있는 것이라고 주장했다. 그는 아동의 발달을 구강기, 항문기, 성기기 및 잠복기로 구분하고, 구강기에는 입으로 빠는 것에서 성적 쾌감을 느끼고, 항문기에는 배설에서 성적 쾌감을 느끼며, 성기기에는 아동이 직접 자신의 성기를 접촉함으로써 성적 쾌감을 느낀다고 했다.

프로이트는 성욕으로 설명할 수 있는 영역을 확장했으며, 또한 신경증의 원인을 억압된 과거의 사건보다 성적 소질에서 찾고자 했다. 그는 비정상적인 정신상태가 성적 요소와 깊은 관계가 있다고 보았고, 범죄와 종교 심리 그리고 문학과 정신병 치료에 있어서 성적 요소의 중요성을 강조하면서 정신분석학 연구를 계속했다. 뒤이어 그는 인격 구조를 연구했고, 인격 구조를 이루는 요소들로 의식적 자아, 원시적이고 충동적인 자아의 심층 부분인 이드, 그리고 유아기 부모의 교육에 의해 형성된 초자아(양심) 등 세 가지를 말했다. 여기에서 의식적 자아는 우리가 일상생활에서 잘 알고 있는 '나'이며, 이드는 심층의 충동이고 초자아는 유아기에 어른들에 의해서 주입된 도덕적·관습적 생각이다. 말년의 프로이트는 심층 의식의 충동을 본능으로 보고 이 본능 또는 힘을 죽음의 충동과 삶에의 충동으로 나누어 보기도 했다.

프로이트는 개인 심리에 치우쳤고 또한 지나치게 성적 요소를 강조했기 때문에 말년에 제자들로부터 반박되었다. 융과 같은 제자는 스승 프로이트와 다른 각도에서 정신분석학을 탐구했다. 현대에 들어와서는 개인 심리 연구에 치중한 프로이트의 정신분석학을 확장해 사회심리 연구에 비중을 두는 경향이 더 강하다. 마르쿠제나 하버마스, 프랑스의 리쾨르나 라캉 등은 프로이트로부터 지대한 영향을 받은 철학자 또는 심리학자이다.

융의 집단무의식

카를 구스타프 융(1875~1961)은 프로이트와 함께 고전적 정신분석학을 대표하는 정신분석학자이다. 그는 처음 몇 년간은 프로이트를 추종하면서 인간의 정신 과정의 근원을 성충동으로 여겼으나, 곧 반기를 들고 프로이트와 결별하였다. 더 이상 프로이트의 결정론을 따를 수 없었기 때문이다.

융은 인간의 정신 과정(심리 과정 또는 영혼 과정)이 집단무의식, 개인 무의식 및 자아의 세 가지 요소로 구성된다고 보았다. 집단무의식은 태곳적부터 현재까지 경험한 것들이 심층 의식에 쌓여 있는 것이다. 예컨대 우리는 암흑과 뱀을 무서워한다. 원시인들은 밝고 따뜻한 태양과 캄캄하고 차가운 밤을 경험했으며, 공룡과 같은 파충류 앞에서 엄청난 공포를 느꼈을 것이다. 이러한 경험들은 장기간 축적되어 심층 의식을 이루며, 이것이 바로 집단무의식에 해당한다.

우리 각자는 일생을 살아가면서 여러 가지 기술을 익히고 다양하게 행동한다. 그렇지만 우리는 모든 기술이나 행동을 일일이 의식하지 않고 거의 무의식적으로, 곧 자동적으로 처리한다. 모든 인간에게 보편적으로 있는 심층 의식을 집단무의식이라고 한다면, 개인의 심층 의식은 개인적 무의식이다. 그런가 하면 각 개인은 언제나 의식적인 나를 주장하는데, 이것은 자아이다.

인간은 누구나 지각하고 기억함으로써 인지하고 사유하며 판단할 뿐만 아니라 복잡한 정서와 감정을 표현한다. 집단무의식과 개인 무의식 이외에 인지하고 사유하고 의식하는 나는 자아이지만, 두 가지 심층 의식과 자아를 통합하는 것은 '자기(自己, Selbst)'이다. 융이 보기에 바람직한 인간이란 얼마만큼 균형 잡힌 자기를 소유하는가에 달려 있다. 융의 정신분석학은 집단무의식과 개인 무의식의 내용을 알기 위해서 처음부터 끝까지 꿈을 분석하고자 한다.

신정신분석학자들이 보는 기본적 욕구의 원천

아들러, 프롬, 호나이, 설리반과 같은 신(新)정신분석학자들은 인간의 의식적 자아가 기본적 욕구의 원천을 가진다는 프로이트와 융의 고전적 정신분석학 이론에 동의한다. 그렇지만 신정신분석학자들은 기본적 욕구의 원천을 프로이트처럼 성충동으로 보지도 않고, 융처럼 집단무의식과 개인 무의식으로 생각하지도 않는다.

알프레드 아들러(1870~1937)에 의하면, 인간이 소유한 기본적 욕구의 원천은 바로 열등감이다. 인간은 외딴섬에 홀로 사는 존재가 아니라 어디까지나 인간들과의 관계 속에서 사는 사회적 존재이다. 인간은 누구나 성공적인 사회생활을 하기 위해서 열등감을 극복하려는 창조적 자기를 가져야 한다. 따라서 열등감이야말로 인간을 보다 바람직한 삶을 향해 스스로를 발전시키는 기본적 욕구의 원천이며 원동력이다.

프랑크푸르트학파의 한 사람인 에리히 프롬(1900~1980)은 사회철학적 관점에서 정신분석학 이론을 전개했다. 프롬에 의하면 인간은 상반되며 갈등하는 다섯 가지 기본 욕구를 가지고 있다. 그것들은 소속욕, 초월욕, 착근욕(着根欲), 정체욕(正體欲), 준거욕(準據欲)이다. 예컨대 인간은 어딘가에 소속되고자 하면서도 동시에 그것을 벗어나고자 한다.

현실의 삶에서 상반되며 갈등하는 욕구들을 어떻게 처리하느냐에 따라 한 인간의 인간상이 결정된다고 볼 수 있다. 동시에 갈등하는 욕구들을 반영하는 사회 조건 또한 매우 중요하다. 왜냐하면 사회 조건은 인간의 삶을 특징짓는 중대한 요소이기 때문이다.

여성 정신분석학자 카렌 호나이(1885~1952)는 인간의 기본적 욕구(충동이나 욕망)를 불안으로 보았다. 심층 의식 안에 억압되어 있는 욕구는 신경증적 불안으로서 이것은 바로 기본 불안이다. 이 기본 불안은 다음과 같은 10가지를 원하는 신경증적 불안이다. '애정, 이성(異性), 자신의 영역, 권력, 타인 지배, 명예, 자기 찬미, 성취, 독립, 완전'이 그것이다. 우리 각자가 이 10가지를 향한 기본 불안을 어떻게 충족시키는가에 따라서 우리의 인간상이 결정된다.

해리 스택 설리반(1892~1949)에 의하면, 자아란 실재하는 것이 아니고 인간관계에서 생긴 가상적 개념이다. 우리는 습관적 역동과 인격화에 익숙하다. 인간관계에서 습관적 역동에 익숙한 사람은 큰 불안을 느끼지 못한다. 또한 우리는 각자 나름대로 사람들을 멋대로 평가하는데, 이것이 인격화이다. 대상을 정확히 인지(認知)할수록 습관적 역동에 잘 적응할 수 있으므로 설리반은 인지를 중요하게 여겼다.

신정신분석학을 대변하는 프랑스의 현대 정신분석학자 라캉에 대해서는 따로 소개하겠다.

상상과 상징과 실재

라캉

라캉은 프로이트주의자를 자처하면서도 헤겔과 하이데거의 철학 그리고 소쉬르의 구조주의 언어학 및 레비스트로스의 구조주의 인간학을 정신분석학에 접목시킴으로써, 현대 프랑스 정신분석학의 새로운 위상을 확립한 철학자이다.

자크 라캉(1901~1981)은 헤겔 변증법 철학의 영향을 받아 주관과 객관 사이에는 차별성이 존재한다고 말했다. 헤겔은 『정신 현상학』에서 자기의식을 다루면서 자기의식의 예로서 주인과 노예를 제시했다. 주인은 노동하지 않으면서 노예가 노동한 결과를 소유하고, 노예는 노동하지만 결과물을 소유하지 못한다. 주인의 의식과 노예의 의식은 모두 불완전한 의식이고, 결국 노예가 노동하여 생산한 것을 소유할 때 노예는 참다운 자기의식을 소유한다. 주인과 노예의 틈 내지 갈등(모순)을 근거로 라캉은 프로이트의 의식되지 않은 것을 이해했다.

주관과 객관 사이의 틈

프로이트의 정신분석학과 마찬가지로, 라캉의 정신분석학의 궁극적 목적은 윤리적 주체로서의 인간을 정립하는 것이었다. 그러한 목적을 위해서 라캉은 인간의 심리 과정을, 그중에서도 특히 의식되지 않은 것(심층 심리 과정)을 분석하여 그 이론을 전개시켰다.

라캉에 의하면 자아 기능을 구성하는 첫 번째 단계는 '거울 단계'로서 그것은 '상상의 단계'이다. 생후 6개월 이후 아이들은 의도적 통일을 위해서 외적 모델을 필요로 한다. 아이들은 거울을 통해서 또는 타인의 행위를 모방함으로써 자기들의 상을 발견하는데, 이것이 바로 상상의 단계이다.

라캉은 소쉬르의 구조주의 언어학과 레비스트로스의 구조주의 인간학의 영향을 받은 이후 상상 이론을 상징 이론으로 대치시켰다. 소쉬르에 의하면 모든 단어는 기표와 기의로 구성되는 기호이다. 라캉은 소쉬르를 따라서 인간의 모든 정신 과정은 '의식하는 것'과 '의식된 것'의 갈등(틈)을 소유한다고 보았다.

욕망 안에서 언어는 기호화하는 것을 통해 기호화된 것을 표현하지만, 이들 사이에는 언제나 틈이 있다. 욕망은 기표로부터 기의로 이동하면서 끊임없이 새로운 동일화(자아)를 산출하지만, 항상 새 동일화를 산출하기 때문에 언제나 동일화를 해체한다. 이 단계에서 욕망(의식되지 않은 것)은 기호체계의 상징 역할을 담당한다.

말년에 라캉은 프로이트의 죽음 충동이라는 에너지를 상징적인 것에 의해 순화시키려고 하였다. 결국 라캉이 보기에 실재는 상상도 아니고 상징도 아니며, 현실적으로 파악 불가능한 실재이다. 라캉은 정신(의식)의 역동적인 구조를 주체, 욕망, 큰 타자(상상), 작은 타자(상징) 등 네 가지 요소들이 긴밀하게 연결된 불가분의 역동적인 관계로 표시했다. 그는 현실을 상상계, 상징계, 실재계의 보로메

오 사슬로 표현했다. 또한 의식의 요소와 의식 세계의 진행과정을 뫼비우스의 띠로 나타냈다. 상식적인 원의 띠는 안과 밖이 분명해서 안과 밖은 통할 수 없으나, 뫼비우스의 띠에서는 안쪽을 따라가다 보면 바로 바깥쪽이 나온다. 그러나 라캉은 어디까지나 프로이트의 정신분석학을 철저히 바탕에 두었다.

16장
마르크스주의, 실용주의, 논리실증주의

형이상학과 형이하학의
규명과 투쟁

인간 해방과 사회혁명을 꿈꾸다

마르크스, 엥겔스

마르크스가 변증법적 운동법칙에 따르는 사회의 역사적 발전을 논하고 이상적인 사회주의사회를 건설하고자 했다면, 그의 친구인 엥겔스는 유물사관을 자연으로 확대해서 변증법적 유물론을 체계화하려고 했다.

우리는 마르크스(1818~1883)의 사회주의 철학을 '마르크스주의'라고 부른다. 마르크스주의, 공산주의, 사회주의의 세 개념은 혼동하기 쉽다. 사유재산제도가 인정되지 않고 개인주의에 대립되는 개념이 사회주의이다. 공산주의나 마르크스주의는 사회주의의 범주 안에 들어간다. 마르크스는 헤겔의 변증법, 영국의 고전경제학 그리고 프랑스혁명이라는 세 가지 요소로부터 영향 받아 자신의 고유한 사상을 형성했다. 다시 말해서 그는 철학과 경제 및 정치를 종합함으로써 마르크스주의를 구성했다고 볼 수 있다.

마르크스의 공산주의사회

마르크스주의는 크게 유물론적 역사관과 변증법적 유물사관 두 가지로 구분된다고 말할 수 있다. 변증법적 유물사관은 후에 마르크스의 친구인 엥겔스에 의해서 명백하게 체계화되었다.

마르크스는 『정치경제학 비판』에서 유물론적 역사관의 공식을 세 가지로 말했다. 가장 먼저 사회적 생산 활동에 있어서 인간은 물리적 생산력의 일정한 발전 단계에 걸맞는 생산 단계에 들어간다. 이러한 생산관계의 전체는 사회의 참다운 기초를 이루는 경제토대를 형성한다. 이 토대는 근본적인 하부구조이고, 이를 근거로 정신적인 것들, 즉 학문과 예술 및 종교 등의 상부구조가 성립한다. 다음으로 만일 사회의 물질적 생산력이 일정한 발전 단계에 도달하면 그것은 지금까지의 생산관계와 모순된다. 마지막으로, 이러한 모순으로부터 사회혁명의 시대가 다가온다. 경제 기초가 무너지면서 거대한 상부구조 전체가 붕괴된다.

마르크스는 헤겔이 말한 역사의 변증법적 발전 개념을 그대로 받아들였다. 그러나 마르크스는 정신이 변증법적으로 전개된다는 헤겔의 주장을 배격하고, 물질적인 생산관계의 변화에 따라서 사회가 역사적으로 발전한다고 주장했다. 마르크스에 의하면 각 사회 발전 단계의 특징은 각 단계마다 생활수단을 소유하는 방식에 따라서 파악되어야 한다. 우리는 마르크스의 입장을 사회구조론, 사회의 역사적 발전 이론, 사회의 역사적 인식 방법론으로 나누어 살필 수 있다.

마르크스는 사회적 존재로서의 인간을 생산관계에서 규정한다. 인간이 살아가기 위해서는 사회조직과의 관계를 뗄 수 없다. 인간과 사회조직과의 관계는 생산관계이다. 생산관계의 총체는 역사 발전 단계에서 각 관계의 사회경제적 구조를 형성한다. 마르크스에 의하면 "인간의 의식이 인간을 결정하는 것이 아니라 사회적 존재가 인간의 의식을 결정한다." 사회는 기본적인 하부구조와 부차적인 상부구조로 구분된다. 모든 생산구조는 그 자체로 성립하는 것이 아니라 하부구조인 생산력 및 생산관계의 경제 구조가 변하면 그에 따라 제약되고 변화될 수밖에 없다. 마르크스는 지금까지의 철학이 세계를 해석하기만 했음에 비해, 자신의 철학 과제는 세계를 변화시키는 데 있다고 말했다.

마르크스는 생산력과 생산관계의 변화에 따라서 사회가 역사적으로 발전한다고 주장했다. 지금까지의 생산관계가 무너지고 생산력과 생산관계의 모순이 극도에 달하면, 새로운 생산관계가 형성되어 혁명이 일어난다고 했다. 노동자와 자본가의 관계에서 자본가의 착취가 극도에 달하면 노동자는 생산품이 자신의 노동에 의한 산물임을 의식하고 혁명을 일으킨다는 것이다. 마르크스에 의하면, 혁명은 정신적 의식에 의해서 일어나는 것이 아니고 사회적 생산력과 생산관계의 모순, 곧 물질적 생활의 모순으로부터 생긴다. 정신적 의식은 상부구조에 속하기 때문에 의식의 변혁은 물질적 삶의 모순으로부터 자동적·법칙적으로 생긴다.

이처럼 마르크스는 사회 발전에 관한 역사적 인식 방법을 생산방식의 고찰에서 찾았다. 즉 역사는 생산력과 생산관계에 의해서 일정한 사회의 형태를 가지고 변화하면서 발전한다는 것이다. 그에 따르면 인간 사회는 역사의 필연적 발전 과정에 따라서 원시 공동사회로부터 노예제사회로, 봉건사회와 자본주의사회로, 마지막에는 사회주의사회로 발전한다. 마르크스의 유물론적 역사관의 종착점은 사회주의사회이다. 마르크스에 의하면, 사회주의사회에서 모든 인간은 공동 분배와 생산에 참여함으로써 물질적 욕망을 충족시키고 행복하게 된다. 그러나 포퍼와 같은 현대의 사회철학자는 마르크스의 유물론적 역사관을 일컬어 '역사법칙주의'라고 칭하고, 그것은 폐쇄된 사회만을 가져온다고 비판했다.

엥겔스의 변증법적 유물사관

마르크스가 변증법적 운동법칙에 따르는 사회의 역사적 발전을 논하고 이상적인 사회주의사회를 건설하고자 했다면, 그의 친구인 엥겔스는 유물사관을 자연으로 확대해서 변증법적 유물론을 체계화하려고 했다. 프리드리히 엥겔스(1820~1895)는 공장주의 아들로서 마르크스와 친교를 맺은 후 마르크스를 경제적으로 후원했다. 뿐만 아니라 마르크스에 동조해 공동 저술 활동을 하기도 했고, 마르크스가 죽은 후 마르크스주의의 철학적 기반을 확고하게 하는 데 기여했다.

엥겔스가 주장한 '과학적 사회주의'는 후에 레닌과 스탈린에 의해서 '과학적 세계관'으로 일컬어졌다. 엥겔스가 체계화한 변증법적 유물론은 후에 마르크스·레닌주의의 핵심적인 세계관이 되었다.

엥겔스는 헤겔이 말한 정신의 변증법을 철저하게 물질 내지 자연의 변증법으로 전환해, 정신에 대해서 물질이 근원적이라고 주장했다. 모든 발전의 동기는 사물 안에서 일어나는 모순에 있다고 보는 유물변증법은 진보와 비약, 연속과 단절, 양적 변화와 함께 질적 변화가 필연적이라고 주장했다. 사물 안에서 일어나는 모순은 사회에서 부르주아지(유산계급 또는 유산자)와 프롤레타리아트(무산계급 또는 무산자) 사이에서 일어나는 계급투쟁의 내면적 논리에 대응한다. 이 계급투쟁은 생산의 사회적 성격과 생산수단의 개인적 소유 사이에 있는 모순으로부터 생긴다.

　계급투쟁의 논리를 더 자세히 보면 다음과 같다. 낡은 질의 사회를 새로운 질의 사회로 변화시키기 위해서는 전체 사회를 형성하는 긍정적이며 보수적인 힘과, 부정적이며 혁명적인 힘의 투쟁이 필연적이다. 엥겔스에 의하면, 모순이나 투쟁은 자본주의로부터 사회주의로의 발전에 그리고 인간 사회의 혁명적 발전에 있어서 가장 명확한 기본 법칙이다.

　엥겔스는 헤겔의 예를 따라서 자연현상에도 변증법적 발전이 있으며, 이와 동일한 발전이 사회에서도 일어난다고 보았다. 물이 일정 온도에 도달하면 수증기가 된다. 즉 사물의 양이 극한점에 달하면 사물은 질적으로 변한다는 것이다. 인간 사회의 역사적 발전에도 이와 같은 결정적인 비약이 있어서, 서로 다른 힘들이 충돌함으로써 발전의 역사가 전개된다. 결정적 순간이 지나면 투쟁이 법칙의 완성에 도달하는 사회가 형성된다.

　엥겔스나 마르크스는 인간 해방을 위해서 사회의 개혁을 주장했으나, 인식론적으로나 형이상학적으로 엄밀한 탐구가 부족했다. 1980년대 말, 소련과 동유럽의 공산주의가 붕괴되면서 마르크스주의는 점차 철학적 비중을 잃어갔다. 그러나 마르크스가 주장한 인간 해방이나 사회의 개선에 관한 문제의식은 프랑크푸르트학파의 철학자들에 의해서 명맥이 이어졌다.

실용적인 것이 진리이다
퍼스, 제임스, 듀이

19세기 후반 퍼스로부터 시작된 실용주의는
전통적인 유럽의 합리주의 사상과 미국의 서부 개척정신이 결합된
미국의 고유한 철학 경향이다.

실용주의는 19세기 후반 퍼스로부터 시작된 미국의 철학이지만, 실용주의를 대표하는 퍼스, 제임스, 듀이 등은 실용주의 범주 안에서 제각기 조금씩 다른 이론을 전개했다. 실용주의는 전통적인 유럽의 합리주의 사상과 미국의 서부 개척정신이 결합된 미국의 고유한 철학 경향이라고 말할 수 있다.

퍼스의 발상법과 기호론

찰스 샌더스 퍼스(1839~1914)의 실용주의는 개념의 의미를 명백하게 하는 방법이다. 퍼스는 『우리들의 관념을 분명하게 만드는 방법』에서 개념의 의미가 명백하지 못하면 공허한 논쟁을 되풀이하게 된다고 말하면서 공허한 논쟁을 막기 위해서는 실용적 준칙이 필요하다고 주장했다. "우리의 개념의 대상이 실천적 영향을 소

유하리라고 여겨지는 어떤 결과들을 가질 것인지 고찰하라. 그러면 이러한 결과들에 대한 우리의 개념은 대상에 대한 우리의 개념 전체이다." 이 말은, 개념이 포함하는 가능적 경험을 생각할 경우에 개념의 의미가 파악된다는 것을 뜻한다. 따라서 '만일 ……이라면, ……이다'라는 실용적 준칙이 성립하는데, 실용적 준칙이란 목적을 위해서는 수단이 요구됨을 말한다. 칸트의 '실천적'이라는 표현과 '실용적'이라는 표현은 다같이 행위에 관계되지만, 기본적으로는 서로 대립된다. 실천적이라는 표현은 단적으로 타당한 것을 말하는 반면, 실용적이라는 말은 "만일 A를 원한다면 B를 해야 한다"는 가언명제(假言命題)에서 알 수 있는 것처럼 목적과 수단의 관계를 보여준다. 실용적 준칙이 적용될 경우 개념의 의미는 실천적 결과에 의해서 명석하게 판명될 수 있다. 이러한 태도는 실험주의적 성격을 가진다.

퍼스는 일생 동안 칸트의 영향을 많이 받았다. 그의 인식론은 기호론을 기초로 한 발상법이다. 기호, 대상, 해석자 및 해석의 네 가지 요소에 의해서 기호론이 성립한다. 퍼스가 기호론을 근거로 전개하는 발상법은 과학적 탐구에 필요한 가설의 논리이다. 퍼스에 의하면, 발전적 과학 지식에 있어서 새로운 관념을 가설적으로 세우기 위해서 우리는 발상법을 사용해야 한다. 발상법에 의해서 일단 어떤 가설이 성립되면 연역법에 의해서 어떤 결과가 생길지를 예견한다. 예견된 결과가 사실과 일치하는지는 귀납법으로 검증한다. 그렇게 해서 검증된 타당한 것이 곧 진리이다. 퍼스의 실용주의는 실상 실험주의이고, 그가 말하는 진리는 제임스가 말하는 '실제적 유용(practical utilities)'과는 질적으로 다른 것이다.

실제적 유용성과 제임스의 실용주의

윌리엄 제임스(1842~1910)는 공리주의적 입장에서 진리는 고정 불변하는 절대적인 것이 아니고 우리 생활에 실제적 유용성을 가져다주는 것에 불과하다고 주장했다. 생활에 편의를 제공하지 못하는 관념은 여분의 진리로서 쓸모없는 것이다.

제임스는 일원론을 거부하고 다원적 세계관을 옹호했다. 유물론적 일원론 내지 관념론적 일원론은 절대 실체를 내세워 개인을 무력하게 만들기 때문에, 일원론의 체계는 인간의 본성에 깃들어 있는 요구를 충족시키지 못한다. 우리가 세계의 가변성과 다양성을 인정하는 다원적 세계관을 가질 때 인간의 행위가 성공적일 수 있다는 것이 제임스의 주장이다.

제임스는 프랑스의 '삶의 철학자' 베르그송과 오랫동안 친교 관계를 유지했고, 생철학의 영향을 많이 받았다. 제임스에 의하면, 다원론적 세계관의 입장에서 대상은 생명의 직접적 흐름으로부터 파악된다. 참답게 존재하는 것은 이미 만들어져 있는 것이 아니라 만들어지고 있는 것이다. 진리는 미완성의 것이며 경험 안에서 성장하고 발전하는 것이다. 신의 존재 또한 실용적 방법에 의해서 정당화되어야 한다. 신 존재는 과학적 논증의 대상이 결코 아니고 인간의 '믿으려는 의지(will to believe)'에 바탕을 두고 있다. 따라서 제임스는 실용주의의 극단적인 입장에서 신을 믿는 사람에게는 신 존재가 참답고, 신을 믿지 않는 사람에게는 신 존재가 참답지 않다고까지 말했다.

듀이의 도구주의

존 듀이(1859~1952)는 퍼스와 제임스의 실용주의를 종합하면서 칸트의 인식론, 헤겔의 변증법 그리고 다윈의 진화론으로부터 영향을 받아 자신의 실용주의를 도구주의로 발전시켰다. 듀이는 『탐구의 이론』에서 논리적 체계를 확립했다. 듀이에게 있어서 탐구란, 문제가 생긴 상황을 몇 가지 단계를 거쳐서 해결하는 것이다. 우리는 세계 안에 살면서 시간과 장소를 가리지 않고 수많은 문제적 상황에 직면한다. 듀이의 '탐구 이론'은 불확정한 상황, 가설 형성, 추리, 실험, 확정된 상황의 단계를 거쳐서 문제를 해결할 것을 제시한다. 듀이의 탐구 이론은 퍼스의 발상법과 유사하며 실험주의 정신을 바탕에 깔고 있다. 탐구의 최종 단계에서 듀이는 확정된 상황에 도달해 '보증된 언명 가능성(warranted assertibility)'을 얻는다고 말했다.

그러면 문제적 상황을 해결할 수 있는 인간의 능력은 무엇일까? 듀이는 그것을 '창조적 지성'이라고 불렀다. 지성은 현재 우리 행동의 지침이 되며, 동시에 현재의 조건에서 미래의 가능성을 예견한다. 지성은 인간의 창조적 도구이다. 우리는 지성에 의해서 이미 주어져 있는 것과 불필요한 것 사이의 충동을 제거할 수 있다.

듀이는 도구주의적 입장에서 진리관을 제시했다. 지성의 산물인 관념, 견해 그리고 개념 등은 모두 문제적 상황을 해결하는 데 필요한 도구이고, 이 도구가 환경과의 조화와 아울러 적응을 우리에게 보장한다면 도구는 진리로 일컬어질 수 있다. 듀이에 의하면 도구의 성공적 작용은 진리의 기준이나 원인이 아니고 진리 자체에 해당한다.

듀이의 실용주의는 도구주의이며, 또한 그것은 실험주의이다. 듀이는 도구주의에 의해서 개념과 판단을 논리적으로 정확하게 만들고자 했으며, 그럼으로써 미래의 결과를 실험적으로 결정하기 위해 우리의 사고가 어떻게 작용하는지를 파악하고자 했다. 그의 도구주의 사상은 이후 철학을 비롯해 교육학, 심리학 등에 광범위한 영향을 미쳤다.

형이상학적 명제에 반대한 논리실증주의

카르나프, 에이어

> 형이상학적 명제는 참·거짓을 결정할 수 없으며, 분석적인 것도 아니고 경험적인 것도 아니기 때문에 무의미하다. 무의미한 명제는 거짓 명제, 곧 사이비 명제이다.

논리실증주의란 1920년대 빈(Wein)학파를 중심으로 발전한 철학의 한 경향이다. 논리실증주의는 '경험적 실증주의'라고도 일컬어지며, 파이글 같은 학자는 논리실증주의를 '논리적 경험론'이라고 불렀다. 미국으로 건너간 논리실증주의는 실용주의와 폴란드의 의미론을 결합해 '과학적 경험론'이라는 명칭으로 불렸다.

논리실증주의의 일반적 경향

크게 보면 논리실증주의는 소위 분석철학의 범주에 속하는 현대 철학의 한 경향이다. 분석철학은 20세기 초반 헤겔의 절대적 사변(관념)철학에 대한 비판을 시발점으로 삼아 확대된 철학적 탐구의 방법으로, 형이상학적 명제를 배격하고 철저한 논리적 분석에 의해서 문제를 명백하게 해결하고자 했다. 명제를 논리적으로 분석할 때 우리의 사고는 언어라는 매개체에 의해서 전개되고 표현되므로 분석철학에서는 언어분석이 가장 중요한 비중을 차지한다.

분석철학의 입장을 지닌 학자들은 각기 색깔이 다른 여러 집단으로 구분될 수 있다. 일상언어 학파, 의미론적 분석학파, 프랑스·스위스·이탈리아의 과학론 그룹, 케임브리지 분석학파, 경험철학 협회, 북유럽 분석학파, 실용주의, 조작주의, 빈학파 등이 대표적인 집단들이다. 이 그룹들은 철학을 과학화해야 한다는 것에 동의하면서도 방법 문제와 철학의 주제 선택에 있어서는 서로 다른 견해를 보였다.

논리실증주의를 탄생시킨 빈학파는 슐리크를 중심으로 1924년에 창시되었다. 슐리크, 카르나프, 파이글, 노이라트 등 주로 자연과학에 종사하는 학자들이 모여서, 논리적 분석으로 철학을 과학화하는 것에 대해서 다각도로 논의했다. 당시 이 학파의 일원은 아니었지만 논리실증주의와 밀접한 관계를 맺고 있었던 대표적인 두 사람으로는 비트겐슈타인과 포퍼를 꼽을 수 있다.

논리실증주의가 논의 대상으로 삼은 주제는 광범위했다. 그중에서도 주로 형이상학, 명제의 진위(참과 거짓) 문제, 검증 가능성의 원리 및 프로토콜 명제(Protocol-Satz: 명제들 중에서 가장 기본적인 명제), 명제의 진리와 의미 그리고 과학의 통일 등이 주된 논의의 대상이었다.

우선 논리실증주의자들은 형이상학적 명제(예컨대 신, 자유, 영혼 불멸 등에 관한 명제)는 참·거짓을 결정할 수 없기 때문에 무의미하다고 했다. 무의미한 명제는 거짓 명제, 곧 사이비 명제이다. 형이상학적 명제가 무의미한 이유는 그것이 분석적인 것도 아니고 경험적인 것도 아니기 때문이다. 분석적 명제는 술어가 주어를 해명해 주는 명제로서 대표적인 것은 수학 명제이다. 예컨대 'A=A'와 같은 동치 내지 동의어 반복의 명제는 분석적 명제이다. 명제가 분석적이어서 논리적 및 수학적으로 참·거짓이 밝혀지거나, 명제가 경험적이어서 명제의 참·거짓이 실험, 관찰 및 검증에 의해서 드러나면 명제는 의미 있는 명제이겠지만, 형이상학적 명제는 분석적이지도 그렇다고 경험적이지도 않다. 논리실증주의자들의 이러한 주장은 명확한 근거에 의해서 철저한 사고 및 그것의 언어적 표현을 획득하고자 하는 노력이라고 말할 수 있다.

형이상학을 배격한 카르나프

루돌프 카르나프(1891~1970)는 물자체, 존재, 무, 절대자, 신, 실체 등에 관한 명제는 논리적이지도 않고, 또 경험을 초월하는 지식을 나타내는 명제이기 때문에 형이상학적이며, 참·거짓이 가려지지 않기 때문에 학문의 범주에서 제외되어야 한다고 주장했다. 그가 형이상학적 명제를 무의미하다고 하는 것은 그것의 참·거짓을 가릴 수 없기 때문이지 형이상학적 명제가 전적으로 쓸모없다고 하는 것은 아니다. 카르나프에 의하면 형이상학이란 비논리적이고 경험에 의존하는 것도 아니므로, 시와 마찬가지로 상상적 성격을 갖는다. 형이상학은 시와 마찬가지로 감정의 산물에 불과하다.

시는 원래부터 허구적이므로 사실을 있는 그대로 기술하지 않지만, 형이상학은 경험을 초월하는 것에 관해서 마치 사실을 기술하는 것처럼 주장하기 때문에 거짓에 지나지 않는다는 것이 카르나프의 주장이다. 카르나프에 의하면 철학이 사용하는 언어 기능은 대상 표시 기능이어야 하는데, 형이상학은 시와 마찬가지로 언어의 의사 표시 기능을 사용하기 때문에 오류를 범할 수밖에 없다. 이러한 근거에서 카르나프는, 형이상학이 실제로는 아무런 지식도 가져다주지 못하면서도 지식이라는 착각이나 환상을 우리에게 가져다주므로 당연히 배제되어야 한다고 말했다. 카르나프는 『철학의 논리적 구문』의 제1장 '형이상학의 배격'에서 이러한 내용을 밀도 있게 다루었다.

영국의 일상언어 학파에 포함되는 철학자 앨프리드 줄스 에이어(1910~1989)도 카르나프와 비슷한 입장에서 형이상학적 체계의 모든 언명을 철학적 논의에서 배제할 것을 주장했다. 카르나프나 에이어가 명제의 참·거짓을 판별하는 기준으로 제시한 것은 검증 가능성의 원리이다. 그것은 명제가 분석적이든가 아니면 경험적으로 검증이 가능해야만 의미를 가질 수 있다는 것을 말한다.

카르나프에 의하면 명제를 검증하는 방법으로는 직접적 검증 방법과 간접적 검증 방법이 있다. 우리가 관찰해서 검증할 수 있으면 그것은 직접적 검증 방법이고, 간접적으로 검증할 수 있다면 그것은 간접적 검증 방법이다. 에이어는 카르나프보다 더 구체적으로 실제적 검증 가능성과 원리상의 검증 가능성을 구분했다. 우리가 지구상의 물을 직접 관찰해서 물의 존재를 검증할 경우 그것은 실제적 검증 가능성에 의존한다. 그러나 화성의 물의 존재를 간접적으로 추론해 검증한다면, 그것은 원리적 검증 가능성에 의존하는 것이다. 이는 각각 강한 의미의 검증 가능성과 약한 의미의 검증 가능성에 대응하며, 우리가 사용하는 대부분의 경험적 명제는 약한 의미에서 검증 가능하다는 것이 에이어의 견해이다.

　논리실증주의자들은 형이상학적 명제를 무의미한 것으로 배격하고 검증 가능성의 원리에 적용될 수 있는 명제를 의미 있는 명제, 곧 '프로토콜 명제'라고 불렀다. 프로토콜 명제는 '직접적 명제' 또는 '관찰 명제'라고 일컬어지기도 한다.

　카르나프와 노이라트 등 논리실증주의자들은 과학의 통일을 또 하나의 과제로 생각했다. 이들은 자연과학과 정신과학, 사실과학과 규범(가치)과학 등 서로 다른 여러 과학(학문)이 있다는 것을 반대하고 과학의 통일을 꾀했다. 즉 그들은 과학의 통일에 의해서 자연과 인간 생활의 현상에 관한 프로토콜 명제로부터 포괄적인 법칙에 도달하는, 인식론적으로 동일한 성질을 가진 명제 내지 문장을 과학적으로 만들고자 하는 의도를 가지고 있었다.

　카르나프는 노이라트와 함께 포괄적 법칙에 도달하는 명제를 얻기 위해서는 물리적 언어 또는 사물 언어를 사용할 필요가 있다고 보았다. 이들에 의하면 물리적 언어는 감정적 언어와 전혀 다르게 개별 과학들의 기초 언어일 뿐만 아니라 모든 과학을 포괄적으로 다룰 수 있는 보편 언어이다. 논리실증주의는 무엇보다도 기호논리학의 분야에서 두드러지게 발전했으며, 또한 의미론 연구와 과학의 분석 분야에 있어서도 현저하게 발전했다.

17장
포스트모더니즘, 현대 프랑스 철학, 21세기 응용윤리학

해체의 모험과
새 시대의 탐구

이성 중심적 합리주의에 대한 근본적 비판
푸코, 데리다, 리오타르

> 포스트모더니즘은 근대성, 다시 말해서
> 이성 중심적 합리주의에 대한 근본적 비판을
> 가장 중요한 과제로 삼았다.

우선 포스트모더니즘이 실존주의나 실용주의 또는 마르크스주의 등과 마찬가지로 현대철학의 한 조류인지 물을 필요가 있다. 한때 철학이나 문학 또는 예술 분야에서 포스트모더니즘이라는 말이 거의 유행처럼 사용되었다. 그러나 현재 포스트모더니즘이라는 개념은 철학의 한 조류로서 명확한 규정이나 어떤 경향을 제시하지 못하고 있는 실정이다.

푸코 이후 데리다, 리오타르 등의 프랑스 철학자들이 근대와 아울러 현대의 이성 중심적 합리주의 문화를 해체해야 한다고 주장했을 때, 프랑스 신문《르몽드》는 그와 같은 경향의 주장을 일컬어 '포스트모더니즘'이라고 불렀다. 오늘날 우리가 알고 있는 포스트모더니즘은 프랑스의 일부 철학자들과, 그들의 주장에 큰 영향을 받은 미국의 일부 철학자와 예술 평론가 들이 대변한 탈근대성 이론이라고 넓게 말할 수 있다.

이미 현대라는 시점을 맞이하면서 과거의 형식적·제한적 세계관 및 인생관을 전도시킨 대표적인 사상가들로는 니체, 마르크스, 프로이트, 아인슈타인 등을 꼽을 수 있다. 포스트모더니즘은 특히 니체의 '모든 가치들의 전도'라는 기치를 이어받으면서 전통을 해체하려는 모험을 시도했다.

전통적인 철학의 이성 중심적 합리주의를 해체하고 새로운 대안과 시도를 추구하는 포스트모더니즘의 직접적 시발점을 마련한 사상가는 니체이다. 또 그 중간 다리는 현대인의 소외의 원인을 기술로 보고 존재론적 차원에서 결단하는 주체로서 현존재 인간을 주장한 하이데거이다. 푸코, 데리다, 리오타르 등은 정신분석학, 언어학, 문예학 등을 바탕으로 삼고 현실을 구체적으로 검토함으로써 전통적 형이상학 및 합리주의가 얼마나 허구적이며 폐쇄적인가를 밝혀냈다. 이들은 삶의 광범위한 영역에 걸쳐서 근대성 전반을 비판하고 그것을 해체해 구속되지 않는 삶과 문화를 정립하고자 했다.

모더니즘과 포스트모더니즘

모더니즘(근대성)을 대변하는 말은 '이성'과 '합리화'이다. 이것은 데카르트의 "나는 생각한다. 고로 존재한다"라는 명제에서 가장 뚜렷하게 나타난다. 현대성은 바로 근대성의 연장에 불과하다. 자연을 조직적이고 체계적인 거대한 유기체로 보는 자연관도 근대성의 특징이며, 진보의 이론도 근대성의 특징이다. 이러한 견해는 니체의 입장과 일치한다. 니체가 보는 근대성은 합리주의와 기독교 도덕의 결함에 의해서 생긴 것이다. 그것은 허구이자 날조며, 따라서 퇴폐주의와 허무주의로 나타난다. 포스트모더니즘은 근대성의 부정적 한계를 예리하게 통찰하고 비판한다.

포스트모더니즘에서는 인간이 이성을 확고하게 신봉함으로써 삶과 사회의 합리화가 촉진되었지만, 그것은 일방적·독단적인 것으로서 정당성을 찾을 수 없는 것이며, 오히려 병적인 것이라고까지 본다. 예컨대 푸코는 『광기와 문명』에서 이성의 담론 체계가 비이성의 담론 체계를 폐쇄하고 억압한다는 것을 밝힘으로써 '이성의 비이성에 대한 억압'을 해체시키려고 한다. 정신질환자들을 정신병원에 감금해 끊임없이 감시하며 저주하는 것은 광기를 올바르게 처리하는 것이 아니고, 오히려 그들로 하여금 언제나 이성의 냉혹한 응시 대상과 감시 대상으로 남게 한다. 푸코는 정치·경제·사회적 제도를 주의 깊게 살핌으로써 이성의 비이성에 대한 억압과 지배의 발생을 고찰하고, 그와 같은 병적 상태를 해체하고자 했다.

포스트모더니즘은 현대의 인간이 더 이상 이성적 합리성의 주체일 수 없고 자연 또한 유기적 전체가 아니며, 사회나 역사의 진보 역시 날조된 허구에 불과하다고 주장했다. 포스트모더니즘은 근대성, 다시 말해서 이성 중심적 합리주의에 대한 근본적 비판을 가장 중요한 과제로 삼았다. 그러한 비판을 출발점으로 삼을 때, 후기자본주의라든지 후기산업사회와 같은 세기말의 새로운 현실을 해명하고 새로운 시도를 마련하기 위한 실험적 태도가 가치를 획득할 수 있었기 때문이다.

모더니즘의 위기와 포스트모더니즘의 실험적 태도

가. 모더니즘의 위기

사회학자 막스 베버(1864~1920)는 관료화, 기술적 계산, 과학적 전문화가 점차로 증가하는 것을 일컬어 '합리화'라고 불렀는데, 그가 보기에 이러한 합리화는 돌이킬 수 없는 필연적인 것이다. 사실 베버가 말한 의미의 합리화는 오늘날 극단에 달한 감이 있다. 모든 생산 체계의 자동화, 인공지능의 지배 등은 우리에게 가장 이상적인 것으로 나타난다. 오늘날의 경제 및 국가의 체제는 합목적적 행위 방식을 기초로 삼고 있으며, 그것은 '합리주의'라는 명칭을 가지고 삶 전반에 확산되고 있다.

호르크하이머, 아도르노 등 프랑크푸르트학파의 철학자들도 도구 이성이 이끌어가는 계몽 변증법이 현대사회를 지배해, 경직된 형식적 합리주의가 세계를 좌우한다고 보았다. 이들은 베버와 마찬가지로 삶을 염세주의적 관점에서 바라보면서, 일차원적 사회의 병폐를 실천이성에 의해 치료할 수 있는 가능성을 제시했다. 그러나 포스트모더니즘의 입장에서 볼 경우, 실천이성 역시 이성 중심적 합리주의의 한 양태에 지나지 않는다.

나. 포스트모더니즘의 실험적 태도

미셸 푸코(1926~1984)는 로고스(이성) 중심의 합리주의를 전복시키려고 했다. 이러한 태도를 이어받은 장프랑수아 리오타르(1924~1998)는 전통과학으로부터 단절해 새로운 실험을 시도하는 포스트모던의 과학을 예로 들어, 형식적·독단적·체계적 '큰 이야기'를 파괴하고, 다양하고 이질적인 '작은 이야기'들을 정립하고자 했다.

리오타르가 말하는 '큰 이야기'는 한마디로 독단적 주장으로서의 허구를 일컬으며, 그것은 구체적으로 이성 및 이성에 대한 신뢰를 가리킨다. '작은 이야기'는 독단적 전제를 배제한 다양한 가능성을 가진 다원적 담론의 체계들이다.

리처드 로티(1931~2007)는 『철학과 자연의 거울』에서 해석학은 설명이 아니라 세상과의 관계에서 훌륭하게 적응하는 방법으로서의 해석을 강조해야 한다고 주장했다. 이러한 주장은 종래의 인식론 대신 해석학을 인간 삶의 체험으로 제시하는 것이다. 근대적 사유는 확고한 근거를 바탕으로 삼는 인식론과 아울러, 표상 이론을 절대적으로 지지했다. 그러나 로티는 확실한 기초를 근거로 삼아야 확실한 인식이 성립한다거나, 외부 실재를 표상할 때 비로소 언어가 의미를 갖는다는 근대적 사유가 더 이상 정당성을 가질 수 없게 되었다고 주장했다. 세계는 다양하고 항상 변화하기 때문이며, 따라서 언어도 세계 관계에서 어떻게 쓰이느냐 하는 '사용으로서의 의미 이론'으로서만 타당성을 가질 수 있기 때문이다.

이상과 같은 로티의 입장은 신실용주의 또는 후기 분석철학이라고 일컬어지지만, 형식적·고정적·일차원적 사고방식을 해체하려고 하는 점에 있어서 포스트모더니즘의 한 유형이라고 말할 수 있다.

한 사상의 흐름은 당대의 사회 현실을 반영한다. 포스트모더니즘도 예외는 아니다. 복잡다단한 현대사회를 직시하고 그 안에서 전개되는 무수히 많은 문제점들을 해결하고자 할 때, 우리는 포스트모더니즘의 주장 중에서 긍정적인 요소들을 발견할 수 있다.

푸코, 지식의 고고학과 성의 역사

푸코는 데리다, 리오타르와 함께 프랑스의 포스트모더니즘을 대변하는 철학자이다. 그의 초기 저술들은 마르크스주의와 실존주의적 현상학의 영향권 안에 머물러 있었지만, 그는 곧 자신의 독자적 사상의 길을 개척하기 시작했다. 푸코는 개인적 신념과 의도를 떠나서 추론적으로 형성되는 '지식의 고고학'을 발전시켰다. 지식의 고고학은 지식의 근원을 추적함으로써 인간 중심적 사고를 탈피하고자 한다.

그러나 지식의 고고학은 한 체계로부터 다른 체계로 사상이 전환하는 것을 설명할 수 없었기 때문에, 푸코는 니체를 모델로 삼아 계보학적 방법을 채택했다. 그러므로 푸코는 마르크스나 프로이트와 같은 결정론적 독단론을 배격했다. 왜냐하면 소위 관념론이나 경험론이라고 하는 전통 철학은 포괄적인 설명의 도식을 가지고 모든 것을 해결하는 만능열쇠의 역할을 담당하지만, 그러한 역할은 단지 허구에 지나지 않기 때문이다.

푸코가 보기에 사상의 체계란 무수하게 많은, 작고 상호연관성이 없는 원인들이 모여서 된 우연적 산물에 지나지 않는다. 푸코에 의하면 지식과 권력은 필연적으로 연관되어 있으므로, 지식은 근세철학자들이 일반적으로 생각했던 것처럼 자발적인 지적 구조가 아니고 사회적 조종 체계에 종속된다. 푸코는 『감시와 처벌』에서와 동일한 방법으로 분석했다. 철저한 사색의 목표는 고대 그리스와 로마의 윤리적 자아를 이해하는 데 있었다.

가. 고고학적 방법

푸코의 고고학적 방법은 바슐라르와 캉길렘의 과학철학, 루셀과 바타이유 및 블랑쇼의 모더니스트 문학, 그리고 브로델과 아날학파의 사료 편찬 등을 종합한 결과이다.『병원의 탄생: 의학적 관점의 고고학』에서 푸코는 정신질환에 대한 윤리적 비판을 신체적 질환에 대한 윤리적 비판으로 확장시킨다. 그러나 푸코는 곧 현대 의학의 바탕에 깔려 있는 언어학적 및 개념적 구조를 분석하기에 이른다.

푸코의 고고학은 특히 문학적 언어구성에 있어서 개인적 주관을 탈피하고 사상사에 있어서 근본적인 범주와 구조를 찾아내고자 한다. 푸코의 계보학적 탐구는 지식과 권력의 관계를 해명하고자 한다. 푸코에 의하면 인간의 지식 체계는 특정한 권력제도가 채용하는 자발적인 지적 구조가 아니다. 권력은 억압적일 수도 있고 창조적일 수도 있어서, 그와 같은 권력이 지배하는 사회 조종에 지식은 밀접하게 연관되어 있다.

나. 성의 역사

푸코의 말기 저술인『성의 역사』두 권은 각각 '쾌락의 사용'과 '자기의 관심'이라는 부제목을 달고 있다. 푸코는 성의 역사를 계보학적으로 분석함으로써 근대 주체 개념의 원천을 해명하려고 했다. 푸코는 우선 성에 관한 담론은 인간 의식의 배후에 있는 심연으로부터 형성된다고 보았다. 다음으로 그는 개인의 한계를 넘어서서 인간의 자기 창조 가능성을 제시했다.

예컨대 고대 그리스인들에게 있어서 성 윤리의 기준은 쾌락을 적절히 사용하는 것이었으므로, 그리스인들은 중세 기독교도들처럼 성행위를 악으로 규정하지 않았다. 그리스인들에게 있어서 성행위는 자연스럽고 필연적인 것이었기 때문에, 그들이 위험하다고 여긴 것은 성 자체가 아니라 지나친 성행위였다. 따라서 푸코는 성에 관해서 인간존재의 미학을 탐구할 경우, 우리는 근대의 그릇된 성 관념으로부터 해방될 수 있다고 말했다. 결국 푸코는 무릇 철학적 주제들은 큰 담론이 아니라 작은 담론에 의해서 논의될 때 비로소 가치가 있다고 본 것이다.

해체주의자 데리다의 차이와 동일성

자크 데리다(1930~2004)의 해체주의 철학은 아리스토텔레스, 칸트, 헤겔, 니체, 마르크스, 후설, 하이데거, 소쉬르, 레비스트로스, 레비나스, 프로이트, 라캉 등 매우 다양한 사상가들의 핵심 이론을 이해하지 않고서는 이해하기 힘들다. 데리다가 말하는 '해체(déconstruction)'는 바로 '차이(différence)'를 근거로 삼고 있다. 해체는 전통 형이상학의 해체이며, 동시에 독단적 사유의 해체이다. 일부 사람들은 데리다의 해체를 일컬어 텍스트 읽기의 한 양식으로 본다. 즉 텍스트를 고정된 틀 안에서 읽지 않고 자유롭게 읽는 양식을 해체라고 한다. 그러나 데리다의 해체는 데리다 자신의 철학함의 방법이며, 그것은 전통 형이상학을 떠나서 전적으로 다른 것에 접근함으로써 불가능한 것을 체험하는 태도이다.

데리다에게 있어서 불가능한 것의 체험이란, 독단적 형이상학에서는 불가능한 것을 해체의 방법에 의해서 체험하는 것을 말한다.

데리다에 의하면, 전통 형이상학은 자기 동일적 직립성을 진리의 가치로 주장한다. 예컨대 전통적 의미에서 실체는 자기-원인을 소유하며 자기 동일적이다. 그러나 데리다는 글보다 말이 존재론적 우월성을 가진다는 전통적 사고에 의해서 동일성만 주장되고 차이는 무시되었다고 주장했다. 차이는 동일성으로 환원될 수 없다는 것이 데리다의 견해이다.

데리다의 차이, 해체 등의 개념은 헤겔 및 하이데거의 영향을 나타낸다. 하이데거는 시간을 존재의 지평으로 이해하기 위해서는 아리스토텔레스로부터 데카르트, 칸트에 이르기까지의 형이상학의 역사를 해체해야 한다고 말했다. 형이상학적 시간은 동일성의 시간이다. 데리다는 하이데거의 견해를 따라서 모든 개념은 차이들에 의해서 성립한다고 보았다.

하이데거에 의하면 형이상학의 역사의 해체는 존재자들의 존재에 관하여 근원적인 예술적 언명을 밝혀주지만, 데리다는 사유의 출발점으로서의 근원도 인정하지 않는다. 왜냐하면 근원이란 실체와 마찬가지로 또 하나의 동일성에 지나지 않기 때문이다.

데리다는 언어 문제를 논의하면서 전통 철학에서는 발언이 글쓰기보다 우위에 있었다고 말했다. 발언은 말하는 사람과 듣는 사람 사이에서 직접 사유를 표현하지만, 글쓰기는 발언의 기호 역할만 담당한다. 약간 더 구체적으로 말하자면 음향적 글쓰기는 지적인 것으로 여겨지는 데 반해, 비음향적 글쓰기는 덜 지적인 것으로 생각된다. 데리다에 의하면 존재의 형이상학의 바탕을 구축한 것은 논리 중심적, 음향 중심적 사유이며, 그는 그러한 사유를 해체하고자 한다.

데리다는 발언과 글쓰기를 엄밀히 구별할 수 없으며, 발언과 글쓰기 모두의 기초를 이루는 것은 차이라고 했다. 물론 데리다는 존재의 형이상학(동일성의 형이상학)을 해체하기 위해서 차이라는 개념을 사용하지만, 정확히 말해서 차이는 모든 종류의 첫째가는 또는 중심되는 용어가 참다운 의미에서 성립할 수 없다는 것을 지적하기 위해서 사용되었다. 즉 실체와 같은 용어는 발언에 의해서 성립된 동일성을 표현하므로 실체라는 용어는 해체되지 않으면 안 된다.

데리다가 말하는 차이는 해체와 긴밀한 연관성을 가진다. 차이라는 용어는 예컨대 헤라클레이토스의 '만물은 흐른다', '투쟁은 만물의 아버지이다' 또는 '같은 강물에 두 번 발 담글 수 없다'는 명제들이 뜻하는 생성·변화와 유사한 의미를 가진다. 데리다의 차이 개념에 대해서 가다머, 하버마스 등 여러 사람들이 반박했지만, 데리다는 그러한 반박을 또 다른 차이로 여겼다. 데리다는 윤리, 정치적인 측면에도 차이 개념을 도입함으로써 전통적 현실을 해체하고 개방된 삶의 가능성을 모색하였다.

작은 담론을 주장하는 리오타르

리오타르는 푸코 및 데리다와 함께 현대 프랑스의 포스트모더니즘을 대변하는 철학자이다. 리오타르는 포스트모더니즘의 맥락에서 형이상학적 철학을 해체하고자 했다. 왜냐하면 리오타르가 보기에 현대의 후기산업사회와 후기자본주의 사회 역시 형이상학적 철학의 산물로서 인간을 질식시키고 있기 때문이다. 리오타르는 '작은 담론'에 의해서 '큰 담론'을 해체함으로써 개방적인 새로운 철학함의 길을 제시하고자 했다.

가. 큰 담론의 해체

리오타르는 형이상학적 철학(전체화의 철학)을 해체해야 할 가장 대표적 예를 아우슈비츠에서 찾았다. 근대성은 자유, 해방, 휴머니즘의 보편적 실현을 목적으로 삼는 낙천주의에 물들어 있었다. 근대성의 이러한 경향은 정치, 경제, 과학, 예술, 철학에 공통적이었다. 그러나 제2차 세계대전의 좌절과 실패를 맞이하였다. 리오타르가 보기에 이것은 근대성의 위기이며, 형이상학적 철학 내지 독단적·이론적 미학의 붕괴를 의미했다. 그렇지만 근대에서와 마찬가지로 오늘날 후기산업사회에서도 여전히 큰 담론(형이상학적·독단적 철학)이 지배적이다. 큰 담론을 구성하는 것들은 정신의 변증법, 의미의 해석학, 합리적 주체, 노동자의 해방 등이다. 큰 담론의 형태들을 구체적으로 나열한다면, 그것들은 합리론, 관념론을 비롯하여 실증주의, 마르크스주의, 구조주의 등 결정론적인 독단적 형이상학의 성격을 지닌 것들이다.

포스트모던의 미래지향적 지식의 조건이라는 관점에서 볼 경우, 큰 담론은 현재 상태의 위기를 반영할 뿐만 아니라 이를 증대시키기 때문에 포스트모더니즘의 미학(또는 철학)은 작은 담론에 의해서 큰 담론을 해체하고자 한다.

나. 형상, 리비도, 작은 담론

리오타르가 작은 담론에 의해서 큰 담론을 해체하려고 할 때, 도대체 작은 담론이란 무엇을 뜻하는 것일까? 리오타르에 의하면 작은 담론의 근거를 제공하는 것은 형상인데, 형상은 심도에 따라서 세 가지로 구분된다. 그것들은 각각 '상의 형상', '형태의 형상', 그리고 '모체의 형상'이다. 우리는 담론의 표현에서 상의 형상을, 그리고 담론 내에서 형태의 형상을 발견한다. 그러나 담론 자체의 근거는 환상적 모체 내지 원형의 형상이다.

물론 담론은 언어에 의해서 성립한다. 언어의 논리적 질서는 상의 형상에 해당하고, 언어 내의 비(非)언어의 현존은 형태의 형상이며, 그것은 담론 안에 자리 잡는다. 형상들은 '논쟁(différend)'의 요소들로써 예술은 이 요소들에 의해서 성립한다. 리오타르의 논쟁은 데리다의 '차이(différence)'에 매우 근접하는 의미를 가지고 있다. 리오타르에게 있어서는 형상론이 예술뿐만 아니라 정치나 철학의 기본이기도 하다. 형상들은 큰 담론을 해체하는 작은 담론의 기초이자 근거이다.

리오타르의 형상론은 이미 그의 비판적 미학이 프로이트의 정신분석학을 채용하고, 그것을 적용해서 예술의 성립 요소들을 분석하고 있음을 나타낸다. 리오타르에 의하면 예술은 형상을 원하고 아름다움은 형상적이며, 연결된 것이 아니라 율동적인 것이다. 여기서 연결된 것이란 체계적이며 형식적인 것을, 그리고 율동적인 것은 역동적이며 심층적인 것을 의미한다.

리오타르는 "인간의 작품이 모체의 후예에 불과하다"고 말했는데, 여기에서 작품은 우선 예술을, 그리고 다음으로 인간이 만든 모든 산물을 뜻하며, 모체는 읽을 수도 볼 수도 없는 원형으로서의 욕망, 곧 리비도를 뜻한다. 리오타르에 의하면 우리는 욕망(리비도)을 작은 담론에 의해서 표현할 수는 있어도 결코 큰 담론에 의해서 표현할 수는 없다. 따라서 정치·경제·예술·사회·과학·철학 등에 있어서의 절대론이나 결정론은 큰 담론으로서의 허구이므로 작은 담론에 의해서 해체되어야 한다. 리오타르 철학의 궁극 목적은 자유와 해방이다. (리오타르에 관한 설명의 대부분은 필자의 저서『니체와 예술』에서 해당 부분을 그대로 인용하였다.)

생성과 변화의 철학

들뢰즈

들뢰즈는 스토아학파의 철학자들, 흄, 스피노자, 라이프니츠, 베르그송 등의 사상을 철학사적 맥락에서 연구하였고, 그들의 사상을 종합하여 생동하는 철학함의 길을 제시하고자 했다.

질 들뢰즈(1925~1995)의 철학은 철학사적 고찰을 바탕으로 성립하지만, 그의 철학사는 서양철학사 전체를 고찰하는 것이 아니라 선별적으로 철학자들을 골라서 그들의 사상만 탐구한다. 그 결과 들뢰즈는 전통 형이상학과 포스트모더니즘 양자를 모두 연결할 수 있는 중도적 철학을 구성했다.

들뢰즈의 철학은 단순히 정지되어 있는 형식논리를 떠나서 차이와 우연을 부가시키며 소쉬르의 구조주의 언어학에서 주장하는 기표와 기의의 기호가 아니라, 사건 내지 사태로서의 대상을 탐구한다. 또한 들뢰즈의 철학은 지속의 철학이므로 힘의 내용과 표현 형식을 이분법으로 구분하지 않기 때문에, 힘의 내용과 표현 형식은 분리 불가능하다.

들뢰즈에게 있어서 시간과 강도와 지속은 모두 '뿌리줄기(rhizome)'이다. 뿌리줄기는 객관이나 주관을 고정시키는 단위가 아니라 항상 생성·변화하는 것이다. 그러므로 들뢰즈가 그의 동료인 정신분석학자 가타리와 함께 말하는 뿌리줄기는 구조적이거나 발생적인 관계가 아니라 다른 뿌리줄기와 연결될 수 있으므로, 뿌리줄기의 어떤 점은 수시로 소멸하고 동시에 생성된다.

'이미지-운동'과 '이미지-시간'

들뢰즈는 부분들을 고려하지 않는, 다시 말해서 부분들을 초월하여 전체를 주장하는 철학을 벗어나서 연속적인 운동의 관계를 주장했다. 전통 형이상학의 철학은 독단적 원리를 강조했음에 비해, 들뢰즈는 생성·변화하는 관계(뿌리줄기들의 관계)를 제시했다.

특히 들뢰즈는 『이미지-시간』과 『이미지-운동』 두 저술을 통해서 물질과 기억(정신)의 특징 및 관계를 밝혔다. 들뢰즈가 이미지를 논의하는 것을 보면, 그가 베르그송이 말한 '생명의 약진'의 영향을 지대하게 받았다는 것을 알 수 있다. 요컨대 들뢰즈는 물질과 기억 역시 분리 불가능하다고 보았다. 왜냐하면 이미지-시간(기억-지속)의 관계 또는 확장에 의해서 이미지-운동(물질)이 산출되기 때문이다.

베르그송은 물질이나 공간은 단지 실용적 지성의 산물이고, 물질과 공간도 궁극적으로는 생명의 약진인 지속에 지나지 않는다고 보았다. 들뢰즈는 베르그송의 전통을 이어받으면서 물질은 뿌리줄기들로서의 지속의 관계 또는 확장에 지나지 않는다고 보았다. 예컨대 우리는 영화를 감상하면서 생생한 역동적 감동에 젖는다. 영화 필름은 수많은 조각으로 연결된 공간적 물질이다. 들뢰즈에 의하면 우리가 영화를 감동적으로 감상하는 이유는, 물질적인 영화 필름의 근거가 바로 이미지-시간(기억-지속)이기 때문이다.

철학의 창조는 개념의 창조이다

들뢰즈는 정신분석학자이며 정치활동가인 가타리와 세 권의 책을 함께 썼다. 『자본주의와 정신분열증』 두 권은 각각 '앙티-외디푸스', '천 개의 고원'의 부제목을 가지고 있으며 전자는 현대사회의 허무주의적 성격을 분석하고 있고, 후자는 무수한 뿌리줄기들, 곧 개방된 전체의 실현을 의도하고 있다.

소쉬르는 기호에 있어서 '기표(signifiant)'와 '기의(signifié)'를 구분하지만, 들뢰즈는 어떤 사건에 의해서 내용과 형식을 이분법적으로 구분하지 않는다. 내용과 형식을 절대적으로 구분하면, 개방된 전체가 드러날 수 있다.

들뢰즈는 가타리와 함께 철학의 과제는 과학의 과제와 다르다고 말했다. 과학은 진리와 창조의 외적 국면에 초점을 맞추고 그것을 추구하는 데 비해, 철학은 개방된 전체를 드러내기 위해서, 곧 기억-지속을 제시하기 위하여 개념을 창조한다. 과학은 사건의 상태와 물체의 혼합을 추구하지만, 철학은 지속적 사건의 내재적 변화로부터 개념들을 창조한다. 세계의 근원인 뿌리줄기를 지속적이고 창조적으로 보는 들뢰즈에게 있어서, 철학의 과제가 개념을 창조하는 데 있다는 것은 당연한 귀결이다.

들뢰즈가 말하는 개념은 기존의 정지된 형식적 단어가 아니고 베르그송이 언급한 '개방 도덕'이나 '동적 종교'에 대응한다. 들뢰즈는 뿌리줄기들이 구성하는 부정적 국면과 긍정적 국면 양자를 모두 보면서도, 개방된 전체의 가능성을 제시하였다. 그는 후기산업사회와 후기자본주의 사회에 있어서 인간의 암울한 모습을 응시하면서도, 창조적 기억-지속의 가능성을 역설하였다.

시뮬라크르와 시뮬라시옹
보드리야르

보드리야르는 현대사회의 소비 문제와
미디어 현실을 비판적으로 고찰하고 분석함으로써
시뮬라크르와 시뮬라시옹을 구분하고 분석한다.

프랑스의 철학자 장 보드리야르(1929~2007)가 보기에 현대 산업사회의 특징은 소비와 미디어에 있다. 사실 현대사회의 인간은 정보기술(IT)와 인공지능(AI)을 최대한으로 이용하면서 그것들의 혜택을 받으며 풍요로운 삶을 누리고 있는 것처럼 보인다. 그러나 다른 한편에서 보면, 첨단 과학기술은 정치적·경제적으로 인간들의 빈부격차를 극단화하고 있다. 따라서 인간의 삶 자체가 허무해지고 있다고 할 수 있다. 보드리야르는 소비와 미디어를 좌우하는 시뮬라시옹(simulation)이 지배하는 디지털-사이버 후기자본주의의 특징을 인간의 삶을 무의미하다고 보는 허무주의라고 말한다.

시뮬라크르와 시뮬라시옹

보드리야르가 말하는 시뮬라크르(simulacre)는 가치법칙의 도식

(질서)을 말한다. 세 가지 시뮬라크르를 알면 보드리야르가 말하는 시뮬라크르와 시뮬라시옹의 뜻을 명확하게 파악할 수 있다. 첫 번째 시뮬라크르는 '복제'로, 고전적 시기인 르네상스로부터 산업혁명에 이르기까지 사회적 가치를 현실적으로 지배하는 도식을 일컫는다. 두 번째 시뮬라크르는 '생산'으로, 산업시대의 사회적 가치를 지배하는 도식을 말한다. 세 번째 시뮬라크르는 '시뮬라시옹'으로서 부호(코드)가 사회적 가치를 지배하는 도식이다. IT와 인공지능(AI)을 포함한 21세기 첨단 과학기술에 의해 운영되는, 사회적 가치를 지배하는 시뮬라크르는 바로 시뮬라시옹이다. 시뮬라시옹은 부호이고, 인간의 삶과 사회는 부호에 의해, 그리고 부호를 사용하는 미디어에 의해 지배된다. 이러한 삶과 사회는 허무주의로 물들 수밖에 없다는 것이 보드리야르의 입장이다.

주체의 종말

현대사회에서 언론매체, 텔레비전, 자동기계(스마트폰, IT 기계, AI 기기 등), 여론과 대중은 사실 모두가 코드(컴퓨터언어 또는 AI 언어인 부호)에 의해 조종당한다. 보드리야르에게 이러한 현대사회는 살아서 생생하게 숨쉬고, 느끼며, 생각하는 인간의 의미를 상실한 사회이다. 다시 말해서 현대사회는 주관, 객관, 정치경제학, 현실, 진리, 허위, 의미 등 종래의 모든 전통적 가치와 개념을 상실하고 말았다. 보드리야르는 현대 첨단 과학기술의 시뮬라시옹이 초래한 허무주의 사회를 극복하고 의미를 되찾을 돌파구를 마련하기 위해서 절규한다.

현대 첨단 과학기술의 사회는 곧 허무주의 사회다. 보드리야르는 허무주의의 극복은 오직 허무주의에 의해서만 가능하다고 외친다. 그는 지하철을 비롯해 모든 최첨단 과학 기기를 파괴해야만 무의미한 시뮬라시옹이 해체될 수 있다고 주장한다. 그의 주장은 코드에 의한 코드의 해체인가? 아니면 원초적인 인간의 감각, 정서, 그리고 의지와 지성에 의해서 코드를 해체하고자 하는 것인가?

과학기술은 인간중심적이어야 한다
21세기 응용윤리학

　인간의 삶과 사회를 지배하는 21세기 문화의 특징은 실용주의와 더불어 진보주의, 그리고 첨단 과학기술에서 찾을 수 있다. 따라서 철학도 전통적인 형이상학, 인식론 및 윤리학과 거리를 두고 주로 응용윤리학에 초점을 맞추고 있다. 왜냐하면 최첨단 과학기술은 탈가치적 특징으로 인해서 인간의 삶과 사회를 위험에 빠뜨릴 수 있기 때문이다.

응용윤리학의 현상들
　20세기 중후반부터 의학이 급속도로 발달함에 따라 질병의 치료, 임신과 낙태, 장기이식, 안락사 등에 있어서나 보험산업에서 윤리적 문제들이 제기되면서 의료윤리학 또는 생명윤리학이 발달하였다.

인간은 삶의 질을 개선한다는 목적으로 첨단 과학기술을 발전시켜 자원을 개발하고 주택과 공장을 건설함으로써 강과 바다의 지형을 변화시켰다. 또한 에너지 확보를 위해서 화력, 수력, 원자력 발전소를 건설하였다. 환경개발은 인간의 삶과 사회에 이익을 가져다주는 측면이 많음에도 불구하고 미처 예측하지 못했던 부작용들을 초래하였고, 이로써 환경윤리학의 연구도 활발히 전개되었다.

현재 가장 큰 목소리를 내고 있는 응용윤리학의 한 분야는 인공지능 윤리학이다. 선진국들은 한 가정, 한 도시 또는 한 국가, 나아가 전 세계를 조정하는 인공지능 체계를 구축하기 위해서 온갖 힘을 쏟아붓고 있다. 물론 인공지능은 삶과 사회를 풍요롭고 윤택하게 해주는 측면이 많긴 하지만, 만일 이것이 특정 계층 사람들에 의해서 잘못 사용된다면 인간을 절대적으로 통제하고 심지어는 국가 간 전쟁을 발발케 하는 최악의 상황을 가져올 수도 있다.

가. 생명윤리학

1970년대부터 미국, 유럽 등의 대학병원에는 소위 '윤리위원회'가 설치되어 윤리적으로 문제의 소지가 있는 환자 치료의 경우 윤리위원회의 결정에 따르고 있다. 1960년대 초 남미에서 최초로 심장이식 수술이 성공하였다. 미국의 어떤 병원에서는 식물인간 상태의 환자가 41년간 병원 침대에서 생존해 최장 기록을 세웠다. 30년 이상 식물인간으로 생존한 환자들도 있다.

낙태를 허용하는 국가에서는 임신 후 몇 주째부터 낙태를 금지할지를 윤리위원회에서 논의한다. 장기간 중병을 앓거나 고령으로 거동이 불편한 환자의 안락사 문제를 병원의 윤리위원회에서 논의하기도 한다. 사회 구성원의 건강·복지나 저출생 문제 등도 생명윤리학의 주요 주제로 등장하였다.

나. 환경윤리학

산업사회는 20세기와 21세기를 거치면서 최첨단 과학기술이 동원되고 자연환경의 파괴 현상이 극심해졌다. 저탄소 운동과 아울러 깨끗한 물, 울창한 숲 만들기 운동이 지구상 모든 곳에서 활발히 벌어지고 있지만, 재해는 시와 때를 가리지 않고 지구 곳곳에서 나타나고 있다.

지진이나 태풍으로 인한 자연 재난, 체르노빌과 후쿠시마의 원전 재난, 부실 건축의 붕괴에 따른 재난, 공장폐수와 플라스틱 폐기물에 의한 강과 바다의 오염, 사막의 모래와 화력발전 및 석탄 에너지 사용에 의한 대기오염, 공장 부지와 농토 확장을 위한 동남아·아프리카 및 아마존 밀림의 삼림 소멸 등은 모두 재해의 대표적인 실례들이다. 현재 선진국들을 중심으로 환경윤리학이 매우 광범위하게 활발히 연구되고 있을 뿐 아니라, 실천적으로 정책화되어 운영 중이다. 그러나 개발도상국들은 환경오염에 대한 대책을 강구하기보다는 에너지를 얻기 위해 여전히 눈앞의 개발에 급급한 현실이다.

다. 인공지능 윤리학

최근의 인공지능은 인간의 상상을 넘어설 정도의 능력을 가지고 있다. 실제로 체스나 바둑 경기에서 슈퍼컴퓨터와 인간이 대결했을 때 인간이 승리한 경우는 거의 없다. 현재 많은 선진국들이 생산과 소비와 유통 등의 분야에서 인공지능을 사용하고 있다. 예컨대 아마존이나 쿠팡과 같은 유통업체에 인공지능을 탑재한 기기들이 없다면, 이 업체들은 한낱 허수아비에 지나지 않을 것이다. 스마트폰 역시 인공지능 기술이 없다면 단지 전화기에 불과할 것이다. 그뿐인가. 챗GPT와 같은 생성형 인공지능의 약진은 인간의 주요한 지적활동을 빠르게 대체하고 있다. 이미 우리가 헤아릴 수 없는 속도와 범위로 인공지능이 쓰이고 있다.

과학기술로서의 인공지능을 개발하는 개발자들은 물론이고 인공지능 기기를 사용하는 시민 한 사람, 한 사람은 인공지능 기술이 무엇보다도 인간중심적이어야 한다는 것을 명심해야 한다. 자유롭게 생각하고, 타인을 배려하며 관용을 베풀고, 서로 협조하고 사랑할 수 있는 인격체를 위한 인공지능 기술 개발을 한시도 망각해서는 안 된다. 특정인이나 집단, 특정 국가의 이익만을 위한 인공지능은 인간의 삶을 붕괴시킨다. 창조적이고 비판적이며 자유롭고 관용을 베풀고 배려하는 인간상을 동반하지 않으면 인공지능의 발달은 필히 재앙에 지나지 않는다.

찾아보기

용어 및 개념

가능태 88, 157, 162
가언적 추리 281
가지계 292
가치문제 314, 315
각성적 진단 330, 331
감각경험 37, 47, 51, 206, 217, 218, 235, 236, 260, 275, 276
감각주의 99, 228, 267
감존성 350
개념실재론 142
객관적 관념론 299
거울 단계 386
결여의 목록 213
결혼 제도 375
경험론 62, 209, 238
경험심리학 228
계급투쟁 392, 393
고려 333
공리주의 220
관념론 265~307
구성 철학 290
구조주의 354, 373, 415
구조주의 언어학 355, 363, 365, 374, 385, 386, 418
국가철학 216~219
군주제 30, 220
궤변철학자 48, 49, 60, 61, 66, 71, 74
귀납법 205, 206, 209, 210, 212~215, 241, 395
귀납추리 86
그노시스 114
그노시스주의 114~117, 120
극장의 우상 212

긍정 신학 123
기의 365, 386, 419, 420
기초 존재론 360
기표 365, 386, 418, 420
기호학 364, 365
나치 329, 331
논리실증주의 399~403
논리학 22, 86, 123, 141, 218, 223, 301, 302
누스 53
능동태 88, 162
단자 198, 258~262
대륙합리론 8, 265, 267, 271, 273, 313
대자 336
덕 39, 42, 56, 60, 72, 81~83, 89~90, 95, 96, 125, 131, 166, 237, 238, 249, 257, 261, 262, 285,
도구적 인간 339, 340
도구주의 397, 398
도덕론 296
도덕법칙 284, 285
도덕철학 219
동굴의 비유 80, 82, 211
동굴의 우상 211
동일자 293, 298~300
동일철학 268, 293, 297~299
랑그 364, 365
로고스 44, 46, 96, 127, 130, 380, 408
르네상스 109~111, 174, 175, 181, 182, 192, 194, 195, 251, 252, 423
리비도 415, 416
마니교 113~115, 127
마르크스주의 344, 389~393, 410, 415
마르키온주의 113~117
만물유전 324
만유인력설 218

말놀이 368
메가라학파 74, 94, 95, 100
모사 166, 185, 188~191
무신론 52, 62, 231, 293, 340
무신론 논쟁 294
무위자연 324
무한 양태 254, 255
무한성 182, 252
무한정자 35~38
문화과학 314, 348
물, 불, 공기, 흙 51
물자체 236, 268, 273, 280, 282, 292~295, 319, 401
물질영혼론 35
물활론 35, 194~198
미래적 인간 340
민주정치 43, 44
믿으려는 의지 396
반대의 일치 185, 187~189
반어법 69, 70
법이론 296
변증법 297, 299, 301~307, 328, 385, 389
변증법적 논리학 302
변증법적 유물사관 389, 392, 393
보증된 언명 가능성 397
보편논쟁 141~143, 146, 152, 172
본유관념 223, 233, 245~247
부동심(아타락시아) 56, 99, 101
부르주아지 392
부정 신학 123, 171
분석판단 274~276
불교 24, 47, 111, 116, 210, 283, 324
비아 295, 299
비판철학 232, 267, 271, 291, 315~317
빈학파 399, 400
뿌리줄기 418~420

사태 자체 357, 358, 370
산파술 69, 71
삶에의 의지 319~325
삶의 약진 299, 319, 325, 326
삼단논법 160, 177, 212
삼위일체 114, 115, 120, 122, 130, 163, 165, 199~201, 214
상상 이론 386
상징 신학 171
상징 이론 386
상징적 동물 343
생명윤리학 8, 425~427
생산관계 390, 391
생산력 390, 391
선언적 추리 282
선의 이데아 82, 103, 186
선험적 환원 358, 359
섬광 201
성부 119, 199~201
성선설 227, 266
성신 165, 199~201
성악설 227
성자 114, 119, 125, 199~201
세계-내-존재 333, 350, 352
세계시민 사상 97
세기말적 인간 339, 340
소피스트 59~61, 66, 71, 79
수이론 40, 42
수학적 사고 252
순수 자아 279, 294
순수직관 277
순수 형상 84, 88
순환 구조 349, 352, 353
스콜라철학 110~113, 124, 139~156, 163, 169, 174, 175
스토아철학 93~99, 114, 120

찾아보기   431

시뮬라시옹 422~424
시뮬라크르 422~423
시장의 우상 211, 212
신의 자기 출산 199
신 존재 증명 119, 148, 157~160, 170, 231, 246
신플라톤주의 94, 102, 103, 106, 120, 127, 140, 142
실념론 140~143, 172
실용주의 315, 340, 394~400
실존주의 327, 334~336, 360, 405
실존주의 철학 334, 335, 354
실천이성 274, 285, 286, 293, 408
실천철학 295, 296
심연 199~201
심층 의식 377~383
심층구조 373
씨앗 51~54, 79
아우슈비츠 415
아카데미아 78, 84, 100, 111
아토마 54
알렉산드리아학파 120, 121
암호해독 316, 329
암흑시대 109, 195
양태 225, 226, 254, 255, 280, 288, 408
언어철학 366~371
에피쿠로스 철학 94, 98~101
엘레아학파 46, 47, 79
엘리스학파 74
역사법칙주의 392
역사철학 22, 133, 135, 296, 305, 397
역설의 방법 69, 70
연상심리학 228, 233
연역법 205, 206, 214, 241, 245, 395
연역추리 86, 87, 177, 212
열등감 383

염려 332~334
영겁회귀 323, 324
영혼 불멸 121, 182, 214, 243, 252, 273, 284, 285, 292
예정조화 260
오르페우스교 31
오성 100, 101, 129, 130, 136, 216, 223, 253~255, 265~267, 273~289
오성형식 276, 280~283, 320
오컴의 면도날 175, 176
온건실념론 141~143, 172
우상 210~212, 243
원자 52~56, 79, 99, 217, 259
원자론 54, 55, 59, 79
원화 185, 188, 189
위(僞)디오니시우스 122, 123
유명론 141~143, 152, 153, 172, 175~178, 218, 222, 224
유물론 221, 231, 266, 267
유물론적 사고방식 96
유물론적 역사관 389~391
유물론적 우주론 54~56
유출설 104, 299
유한 양태 255
윤리위원회 426
윤회 40, 42
윤회설 196
음양 사상 300
의식된 것 358, 386
의식하는 것 386
의지의 사유 218
의지의 자유 218, 236, 284, 286
이기론 141
이데아 6, 42, 77~83, 87, 88, 96, 103, 104, 132, 142, 143, 147, 186, 241, 281, 321
이드 381

이론이성 274, 286
이상국가 78, 82, 83
이성적 인간 339
이원론 82, 88, 114, 116, 249, 251, 252, 293, 295, 319
이원론적 일원론 89
인격적 인간 339, 340
인공지능 윤리학 427
일상성 23, 316, 331~333, 360
일원론 45, 89, 105, 197, 201, 396
일자(一者) 46, 47, 102~104, 186
자기보존 255~257
자아 294~297, 306, 329, 359, 381~383, 386
자연과학 87, 139, 182, 192, 194, 198, 205, 209~215, 222, 241~243, 273, 292, 313, 314, 316, 338, 344, 347~349, 355, 400, 403
자연과학적 인간학 338
자연적 종교 195, 252
자유연상법 378, 380
자유의지 132, 343
작은 담론 412~416
절대 자아 292, 293, 295, 299
절대적 관념론 268, 297
절대정신 293, 304, 305, 358
절약의 원리 176~178
정도의 목록 213
정신과학 314, 316, 348, 349, 403
정신분석학 354, 377, 381~387, 406, 416, 419, 420
정신철학 296
정언명법 284
정언적 추리 281
제행무상 324
종교개혁 181, 182, 194

종교적 인간 339
종족의 우상 211
종합판단 274~276
주관적 관념론 230, 235, 297, 299
중력 218
즉자 335, 336
즉자-대자 336
지구중심설 41, 196, 291
지동설 194, 196, 218, 291
지식의 고고학 410
지양 305, 306, 370
직관 형식 276~283
집단무의식 381~383
차별성 385
차이 412~416, 418
창조적 지성 397
철학적 인간학 316, 338, 339, 342~344, 360
초인 321~324
초자아 381
최면요법 379, 380
친족관계 373~375
카타르시스 42, 380
코즈모폴리터니즘 97
큰 담론 412, 414~416
키레네학파 73
탐구 이론 397
토테미즘 375, 376
파롤 364
판단 중지 358, 359
포괄자 316, 329, 331
포스트모더니즘 6, 321, 405~410, 414, 415, 418
표상 230, 233, 248, 253, 259, 260, 278~281, 287, 290, 320, 409
프로토콜 명제 400, 403

찾아보기 433

프롤레타리아트 392
피타고라스학파 39~42
학문 비판 313, 314
합리론 206, 218, 227, 241, 242, 251, 278, 326, 336, 357, 359, 415
해석학 331, 347~356, 365~367, 409, 415
해체 412~417
해체주의 7, 325, 412
허무주의 6, 8, 322, 407, 422~424
헬레니즘 시대 93, 118
현상계 82, 236, 292
현상학 314, 331, 351, 354, 357~361, 365~367
현상학적 환원 358
현실태 88, 157, 162
현존의 목록 213
현존재 316, 323, 329~337, 350, 352, 360, 370, 406
형상 87, 88, 374, 415, 416
형상적 환원 358, 359
형식논리학 86, 426, 427
형이상학 8, 22, 54, 141, 162, 236, 242, 243, 260, 262, 266, 268, 271~273, 322, 357, 359, 400~402, 412~414, 418, 419, 425
환경윤리학 8, 426, 427
회의론 철학 94
회의학파 73, 74, 100, 101
힘에의 의지 6, 315, 319, 321, 324, 325

인명

가다머, 한스 게오르크 348, 351~354, 370, 371
갈릴레이 182, 218, 221
겔렌, 아놀드 342, 343
고르기아스 65, 66
공자 77
노자 200, 324
뉴턴 218, 222, 258
니세누스 122
니체, 프리드리히 빌헬름 6, 311~325, 334, 336, 340, 377, 406, 410, 412
니코마코스 84
다마스케네스 123
데리다, 자크 325, 353, 405, 406, 410, 412~416
데모크리토스 54~59, 98~100
데카르트, 르네 129, 216, 222, 223, 241~254, 277, 335, 359, 406, 413
돌바크 265, 267
듀이, 존 307, 315, 394, 397, 398
들뢰즈, 질 418~420
디오게네스 73, 98, 99
디오니소스 31, 323
디오니시우스 1세 78
디오니시우스 2세 78, 83
딜타이, 빌헬름 312, 314, 315, 331, 347~350, 352, 360
라 메트리 265, 267
라이프니츠, 고트프리트 빌헬름 198, 241, 258~262, 277, 418
라캉, 자크 365, 381, 384~387, 412
레비스트로스, 클로드 355, 373~376, 385, 386, 412
로스켈리누스 143, 146, 147, 150, 152, 172

로크, 존 218~238
로티, 리처드 409
리오타르, 장프랑수아 325, 405~410, 414~417
리쾨르, 폴 351, 354~356, 381
마그누스, 알베르투스 155, 162, 164, 166
마니 116
마르키온 115
맹자 227
몽테뉴 265, 266
바실리데스 115
바실리우스 122
바이겔 199
발렌티니아누스 114, 115
버클리, 조지 227~235
베르그송, 앙리 루이 299, 316, 319, 322, 325, 326, 418~420
베버, 막스 408
베이컨, 프랜시스 209~215, 229
보나벤투라 125, 164~167, 170
보드리야르, 장 422~424
보에티우스 125, 139~145
뵈메, 야코프 199~202, 298, 299
브루노, 조르다노 183, 192~201, 205, 252, 298, 299
비트겐슈타인, 루트비히 366~371, 400
사르트르, 장 폴 327, 334~336
삭카스, 암모니우스 102, 121
설리반, 해리 스택 382, 384
세네카 95
셸러, 막스 314~316, 338~343, 360, 361
셸링, 프리드리히 빌헬름 요제프 폰 202, 265, 268, 291, 293, 297~301, 304~306, 313, 319
소쉬르, 페르디낭 드 355, 363~365, 385, 386, 412, 418, 420
소크라테스 10, 48, 68~73, 77~80, 131, 339

쇼펜하우어, 아르투어 307, 311~313, 319~325, 340
순자 227
스미스, 애덤 228, 232
스코투스, 둔스 143, 146, 163, 169~174
스피노자, 바뤼흐 223, 241, 251~257, 298, 418
아낙사고라스 51~55, 79, 96
아낙시만드로스 33~38
아낙시메네스 33, 35, 37, 38
아니케리스 78
아들러, 알프레트 377, 382, 383
아리스토클레스 77
아리스토텔레스 68, 83~93, 96, 99, 114, 119, 121, 123, 127, 132, 139~144, 155~157, 160, 162, 164, 175, 176, 182, 196, 209, 212, 267, 271, 277, 302, 356, 359, 412, 413
아리스티데스 119
아리스티포스 73
아베로에스 157, 252
아벨라르 150~153
아비센나 157
아우구스티누스 120, 125~136, 139, 142, 146, 147, 156, 160~164, 172, 271, 340
아우렐리우스 95
아인슈타인 313, 322, 377, 406
아퀴나스, 토마스 119, 125, 142, 146, 155~172, 271, 340, 359
아테나고라스 119
아테나시우스 122
안나 378
안셀무스 119, 142, 146~149, 160, 170, 172, 247
알렉산드로스 대왕 73, 84, 85, 93, 98
암브로시우스 125~128

야스퍼스, 카를 316, 327~331, 334, 354, 369
에리우게나 139, 140, 166
에우아틀로스 63, 64
에이어, 앨프리드 줄스 399, 402, 403
에피쿠로스 94, 98, 99, 238
엘로이즈 150, 151
엘베시우스 228, 265, 267
엠페도클레스 50~52, 55
예수 그리스도 114~116, 122, 127, 130, 191, 288, 328
오리게네스 120, 121
오컴, 윌리엄 143, 146, 163, 172~178, 218, 222
유불리데스 74
유스티누스 119
융, 카를 구스타프 377, 381~383
이라니우스 119
제논 46, 48, 49, 94
제임스, 윌리엄 315, 394~397
카르나프, 루돌프 399~403
카시러, 에른스트 338, 339, 342, 343
칸트, 이마누엘 8, 119, 228, 232, 236, 265~307, 319, 320, 323, 347, 352, 357~360, 395, 397, 412, 413
케플러 182, 218
코페르니쿠스 182, 194, 196, 218, 221, 291
콩디야크 228, 265, 267
쿠사누스, 니콜라우스 111, 182, 185~192
크세노파네스 43, 46~48
클레멘스 120, 121
키르케고르, 쇠렌 오뷔에 307, 312, 313, 327~329, 334, 336
키케로 95, 126
타티아누스 119

탈레스 33~38
테르툴리아누스 122
테오필루스 119
티몬 100
파라셀수스, 아우레올루스 필리푸스 182, 183, 192, 193, 199
파르메니데스 31, 46~48, 82
판타이누스 120
퍼스, 찰스 샌더스 364, 394~397
펠릭스 122
포르트만, 아돌프 342, 342
포르피리오스 102, 143, 152
푸코, 미셸 325, 405~412, 414
프로이트, 지그문트 6, 313, 322, 354, 373, 377~387, 406, 410, 412, 416
프로타고라스 18, 60, 62, 63
프롬, 에리히 382, 383
플라톤 6, 21, 31, 42, 48, 62, 68, 72, 73, 77~90, 96, 99~102, 111, 113, 119~121, 131, 132, 139, 140, 142, 146, 157, 161, 186, 196, 211, 241, 252, 267, 271, 281, 304, 319, 348, 359, 370
플로티노스 102~106, 113, 114, 120, 121, 185, 186, 197, 299
피론 98, 100, 101
피타고라스 39~43. 79
피히테, 요한 고틀리프 265, 268, 291~306, 313, 319
필론 121
헤겔, 게오르크 빌헬름 프리드리히 202, 265~268, 291, 293, 296~298, 301~313, 319, 327, 328, 358, 385, 389, 390~393, 397~413
헤라클레이토스 31, 43~46, 79, 82, 96, 300, 324, 414
호나이, 카렌 382, 383

처음 시작하는 서양철학사
제1판 1쇄 2000년 8월 30일
제2판 1쇄 2025년 10월 20일

지은이 | 강영계
펴낸이 | 송영석

주간 | 이혜진
편집장 | 박신애 **기획편집** | 최예은 · 이나연
디자인 | 박윤정 · 유보람
마케팅 | 김유종 · 한승민
관리 | 송우석 · 전지연 · 채경민

펴낸곳 | (株)해냄출판사
등록번호 | 제10-229호
등록일자 | 1988년 5월 11일(설립일자 | 1983년 6월 24일)

04042 서울시 마포구 잔다리로 30 해냄빌딩 5 · 6층
대표전화 | 326-1600 **팩스** | 326-1624
홈페이지 | www.hainaim.com

ISBN 979-11-6714-125-5

파본은 본사나 구입하신 서점에서 교환하여 드립니다.

『신국론』 133, 134, 161, 162
『신들에 관하여』 62
『신약성서』 114, 130
『신을 향한 영혼의 순례기』 165
『신학 대전』 156, 158
『신학 입문』 151
『실존주의는 휴머니즘이다』 334, 335
『실천이성 비판』 268, 272, 274, 283, 284, 286
『아에네아스』 126
『에네아데스』 102
『역사철학』 301
『영국사』 232
『오디세이』 30, 126
『왜 신은 인간이 되었는가』 147
『우리들의 관념을 분명하게 만드는 방법』 394
『우주에 있어서 인간의 지위』 341
『윤리학에 있어서 형식주의와 실질적 가치윤리학』 360
『의지와 표상으로서의 세계』 319
『의지의 철학 1』 354
『의지의 철학 2』 354
『이 사람을 보라』 324
『이미지-시간』 419
『이미지-운동』 419
『이성과 실존』 331
『인간 본성론』 233
『인간 오성론』 222, 223
『일리아드』 30
『일반 언어학 강의』 363, 365
『일상생활의 정신 병리』 380
『자본주의와 정신분열증』 420
『정신 현상학』 301, 303~306, 385
『정치경제학 비판』 390
『존재와 무』 334, 335

『종교철학』 301
『지식과 무지에 관하여』 62
『지혜의 샘』 123
『진리론』 147
『진리와 방법』 351, 352, 370
『철학과 자연의 거울』 409
『철학의 논리적 구문』 402
『철학의 위안』 144, 145
『친족관계의 기본 구조』 375
『탐구의 이론』 397
『텍스트로부터 행위로』 356
『판단력 비판』 272, 274, 286, 352
『편지』 78
『프로슬로기움』 147
『학문으로 등장할 수 있는 미래의 모든 형이상학에 대한 서설』 272
『해석 이론』 356
『해석에 대하여: 프로이트에 관한 시론』 354
『해석학과 인문사회과학』 356
『○○○○학 서설』 273

호메로스 30, 43, 47
홉스, 토머스 178, 216~221, 227, 228, 238, 256
후설, 에드문트 314, 315, 331, 335, 354, 357~361, 412
흄, 데이비드 178, 218, 221, 228, 232~238, 418
히에로니무스 125

도서

『고백록』 134~136
『광기와 문명』 407
『교육자로서의 쇼펜하우어』 323
『구약성서』 115, 130
『국가론』 80, 161, 211
『긍정과 부정』 151
『기계 인간』 267
『기관』 209
『꿈의 해석』 380
『논리 철학 논고』 368
『논리학』(칸트) 272
『논리학』(헤겔) 301~303, 306
『니코마코스 윤리학』 89
『단일성과 신성한 삼위일체』 151
『대개혁』 210, 214
『리바이어던』 219
『명제론』 140, 143
『모놀로기움』 147
『범주론』 140
『법철학』 301, 306
『병원의 탄생: 의학적 관점의 고고학』 411
『비존재자에 관하여』 65
『상징 형식으로서의 철학』 343
『성의 역사』 411
『성의 이론에 관한 세 가지 논문』 380
『소크라테스의 변호』 78
『순수이성 비판』 268, 272, 274, 276, 278, 286, 293
『슬픈 열대』 373
『시간과 이야기』 356
『시학』 356
『식물 인간』 267
『신 기관』 209